# Eve Nicklin
# Ella del Corazón Valiente

## BORIS HANDAL

Copyright © Boris Handal 2024
Segunda edición - Published 2024 by Boris Handal

Eve Nicklin: Ella de Valiente Corazón

ISBN: 978-0-6458963-4-3 (print)
ISBN: 978-0-6458963-5-0 (e-book)

El derecho de Boris Handal a ser identificado como autor de esta obra ha sido ejercido por él de conformidad con los artículos 77 y 78 de la Ley de derechos de autor, diseños y patentes de 1988.

Segunda edición. Reservado todos los derechos. Este libro no podrá ser reproducido, ni total ni parcialmente sin la autorización previa del autor.

Eve Nicklin

"Vuestra firmeza, vuestra devoción, vuestros históricos servicios, son cosas que yo gratamente valoro". — Shoghi Effendi —

¡Por la rectitud de Dios! Si un hombre, completamente solo, se levanta en el nombre de Bahá y se pone la armadura de Su amor, el Todopoderoso le hará victorioso, aunque se juntaran contra él todas las fuerzas de la tierra y del Cielo.[1]

Bahá'u'lláh

A menudo ha acontecido que un alma bendita ha sido la causa de la guía de una nación.[2]

'Abdu'l-Bahá

Una sola alma madura, con entendimiento espiritual y un profundo conocimiento de la Fe, puede incendiar todo un país; así es el Poder de la Causa actuando a través de un canal puro y desprendido.[3]

Shoghi Effendi

---

[1] Shoghi Effendi, *El Advenimiento de la Justicia Divina*, p. 85.
[2] 'Abdu'l-Bahá, *Tablas del Plan Divino*, p. 33.
[3] Shoghi Effendi, carta fechada el 6 de noviembre de 1949 a un creyente individual y citado en *Recopilación de Escritos Bahá'ís sobre la Enseñanza*, págs. 40-41.

# Índice

PREFACIO .................................................................................. I
RECONOCIMIENTOS .................................................................. IV
INTRODUCCIÓN ......................................................................... V
1 - EL MANDATO DE IR AL SUR .................................................. 9
2 - "EN LAS MANOS DE DIOS" ................................................... 18
3 - DE DIACONISA A PIONERA .................................................. 33
4 - LA CONQUISTA DEL PERÚ ................................................... 42
5 - UNA GRAN VICTORIA .......................................................... 56
6 - UNA COMUNIDAD BAHÁ'Í EN CRECIMIENTO ....................... 85
7 - MADRE DEL PERÚ ............................................................... 110
8 - VIRTUDES DEL PIONERISMO ............................................... 140
9 - SEÑALES DE MADUREZ ....................................................... 153
10 - SERVICIOS EN TODO SUDAMÉRICA .................................. 183
11 - UNA SIERVA DE 'ABDU'L-BAHÁ ......................................... 201
APÉNDICE I: "TABLA DE SUDAMÉRICA" ................................... 215
APÉNDICE II: HISTORIA DE LA COMUNIDAD BAHÁ'Í DEL CALLAO ......... 219
APÉNDICE III: CUENTOS DE "LÉEME UN CUENTO" ................... 238
   ¡FELIZ NUEVO DÍA! ............................................................... 238
   LLEGÓ PUNTUAL A LA CASA DE ALFREDITO ......................... 241
   LOS LLORONES RÍEN ............................................................ 244
   LLEGAN LOS BEBÉS .............................................................. 246
   PEPE Y EL PERICOTE GRIS .................................................... 249
   EL BOTECITO Y LA OLA GIGANTE ......................................... 253
   TAN LINDO COMO ÚTIL ....................................................... 255
   GALLETITAS DE FIGURAS ..................................................... 257
   CANTOS DE LA CIUDAD DURMIENTE ................................... 260
**BIBLIOGRAFÍA** ..................................................................... 263

Mapa de América
Source: Jorge2888 (CC BY 3.0 DEED)

# PREFACIO

Estas páginas cuentan la historia de una vida que transformó a tantas personas y comunidades con su calidez, modestia y consideración naturales. Revisan los logros de la señorita Eve Blanche Nicklin, una de las primeras pioneras bahá'ís estadounidenses en América del Sur.

Nacida en la ciudad minera de Roanoke, Illinois, en 1895, Eve provenía de una familia profundamente religiosa y fue diaconisa parroquial para la Iglesia Metodista en New Castle, Pensilvania. Se declaró bahá'í en 1932, bajo la enseñanza de los legendarios Mabel y Howard Ives. La inmortal Mano de la Causa de Dios, Martha Root, también inspiró a Eve y le sugirió que fuera a Sudamérica, lo que llevó a Eve a establecerse en seis países Sudamericanos durante casi cinco décadas. Mujer valiente, acudió a sus puestos con pocas pertenencias personales pero con mucha fe.

Eve viajó mucho para enseñar la Fe Bahá'í y por razones administrativas también de la Causa, aprovechando la oportunidad de vivir entre los pueblos indígenas y prestando especial atención a la educación de las generaciones más jóvenes. Su vida estuvo impulsada por una fuerte creencia de que las enseñanzas de Bahá'u'lláh eran el medio para lograr la unidad mundial, la paz universal y la hermandad de todas las religiones. Eve nunca dudó en promover estos nuevos principios a todos los que se encontraba.

"Dado que Sus preceptos [de Bahá'u'lláh] tienen que ver principalmente con una forma de vida", son las reflexiones de Eve, "no es difícil introducir Sus palabras en la conversación dondequiera que estemos. Debido a su atractivo universal, la Causa de Dios nos ha puesto en contacto con personas de todas las razas y de diferentes orígenes religiosos en los diversos países que hemos visitado: hombres y mujeres profesionales, oficinistas, trabajadores, amas de casa, estudiantes..."[4]

---

[4] Bahá'í World Centre, *The Bahá'í World: Vols. XI 1946–1950*, p. 762.

Incluso a una edad avanzada y con una salud frágil, siguió siendo una inspiración para todos hasta que murió en 1985 en Perú, un país al que siempre llamó su hogar. El amado Guardián, las Manos de la Causa y, más tarde, la Casa Universal de Justicia, con mucho amor elogiaron sus brillantes servicios a la Causa de Bahá'u'lláh.

Seguir la vida de Eve Nicklin en tantos países resultó para el autor ser una tarea formidable en términos de entrevistas y correspondencia con creyentes e instituciones de todo el mundo. Estoy muy agradecido con todos los que de una forma u otra me echaron una mano e hicieron posible este trabajo.

Esta investigación no habría sido posible sin la ayuda del Centro Mundial Bahá'í, así como de las Asambleas Espirituales Nacionales del Perú y los Estados Unidos, que pusieron a disposición documentos históricos y fotografías. También me gustaría agradecer a las Asambleas Espirituales Locales de Peoria (Illinois), Arequipa, Lima y Chiclayo (Perú) por facilitar mi trabajo de investigación para este libro.

La ortografía de algunos términos en este libro sigue siendo la misma que en las fuentes originales. Por ejemplo, la palabra *bahá'í* a veces se escribe como *Bahai* o *Bahá'í* en algunas de las primeras publicaciones.

Este ha sido un viaje extraordinario del que he adquirido invaluables experiencias de vida. Sin este trabajo de investigación no habría sido posible conocer y entrevistar a varios de los primeros creyentes que ya han dejado esta existencia terrenal. Tampoco se me habría permitido escuchar todas esas notables historias de audacia y amor que me contaron aquellos primeros creyentes, a menudo con lágrimas en los ojos. Separados por la cortina de la muerte, todavía puedo escuchar sus voces entusiastas mientras releo sus narraciones. Mi trabajo también me llevó a visitar antiguos lugares históricos bahá'ís, bibliotecas, hemerotecas o a los primeros creyentes que durante décadas no habían estado en contacto con sus comunidades.

Como implica cualquier investigación biográfica, hubo largos períodos de trabajo tedioso, como la transcripción de extensas cintas de entrevistas y la búsqueda de información específica a través de miles de materiales de archivo en el Centro Nacional de

Perú, la primera sede de la administración bahá'í para los diez países Sudamericanos. Eve Nicklin nunca llevó un diario, por lo que recopilar datos y reunir toda la historia parecía una tarea interminable e insuperable. Un desafortunado percance de limpieza en el Centro Bahá'í de Lima provocó la pérdida de la mayoría de los valiosos y personales registros escritos y recuerdos de Eve Nicklin. Sin embargo, mi imaginación siempre volaba con la asombrosa historia de que, como un maravilloso tapiz, mi narrativa se estaba desarrollando. El apoyo de las instituciones y de los amigos de todo el mundo fue precioso y me mantuvo en pie mientras tenía que luchar con otros compromisos diarios.

Hubo tantas bendiciones que experimenté durante mi investigación por las que estoy agradecido, como cuando encontré una carta original de Shoghi Effendi guardada como un tesoro por un creyente mayor que durante décadas no había visto a otros amigos bahá'ís, un documento que no había sido enviado al Centro Mundial Bahá'í. También tuve acceso a muchas cartas inéditas del Guardián y leí con avidez sobre su visión del destino espiritual del pueblo latinoamericano dentro del mundo bahá'í.

En última instancia, creo, hay algo de Eve Nicklin en cada uno de nosotros, ya sea latente o evidente, cada vez que transmitimos el Mensaje de Bahá'u'lláh con alegría, siguiendo sin reservas los llamados de nuestras instituciones o fomentando el amor en nuestras comunidades. Sin duda, como alguien comentó, en el futuro escuelas, hospitales, universidades y todo tipo de instituciones humanitarias llevarán su nombre.

Boris Handal Morales
Sydney, julio de 2024

# RECONOCIMIENTOS

Fueron muchos amigos que facilitaron el proceso de recopilación de información y el trabajo editorial. Entre ellos se encuentran: Fred Harris, Eugenia Pritchard, Gayle Woolson, Richard Hollinger, Alejandro Reid, Margaret Mills Leonard, Terry Vojdani, Janet Beth Alexander, Athos Costas, Gilbert Grasselly, Dolores Swastley (Eve Nicklin's niece), Mario León, Alberto Lobatón, Dr. Guillermo Aguilar, Mercedes Sánchez, Isabel de Sánchez, Dr. Enrique Sánchez Rivera, Enrique Sánchez Camacho, Nora and Ada Tirado, Margot Malkin, Ben Levy, Rosario Urteaga de Molero, Oscar Salazar, Kristine Burgess, Dora Bravo, Manuel Rosas, Nima Idelkhani, Rosario and Alberto Guerrero, Sarah Newton-John, Rosemary Beckett de Baily, David and Mary Beckett, Robert Stockman, Tahereh Ahdieh, Roger Dahl, Lewis Walker, Morris Taylor Jr., Katharine Meyer, Sara de Rosell, Iza de Meza, Artemus Lamb, Vicente López, Margot Worley, Demetrio Taboada, Satu Hessar-Amiri, Ellen Sims, Amelia Buxton, Janet Dodge, Frank Ayers, Nur Mihrshahi, Janet y Thomas Dodge, Badi Villar, Shahbaz Fatheazam, Behrooz Khomassi, Dr Grover Gonzales y Mirna León de Donaires.

# INTRODUCCIÓN

Se pueden atribuir muchos elogios espirituales a Eve Nicklin. Antes de llegar a Lima, Perú en 1941, ya había respondido al llamado de pioneros de Shoghi Effendi en 1937 durante el primer Plan de Siete Años y se había establecido en Brasil. Gracias a sus esfuerzos, en 1944 se formó la primera Asamblea de Lima, evento que Shoghi Effendi calificó como "una gran victoria". Posteriormente vivió en Chile, Paraguay, Uruguay y Venezuela pero siempre llamó al Perú su "país adoptivo".

Aunque Eve se convirtió en la Madre Espiritual del Perú, la misma designación informal puede aplicarse de alguna manera a sus servicios en Paraguay, donde sirvió en tres momentos diferentes. Eve regresó al Perú en varias etapas para vivir en otras cinco ciudades con el fin de formar con éxito Asambleas Espirituales Locales.

En el ámbito administrativo, Eve fue elegida miembro de varias Asambleas Espirituales Locales, así como miembro en 1951 de la primera Asamblea Espiritual Nacional para diez países de América del Sur (Argentina, Bolivia, Brasil, Chile, Colombia, Ecuador, Paraguay, Perú, Uruguay y Venezuela). En 1957 cuando se crearon dos Asambleas Nacionales regionales en América del Sur, para los países del sur y para los del norte, Eve permaneció como miembro de esta última y años más tarde sirvió como miembro del Cuerpo Auxiliar bajo la dirección directa de las Manos de la Causa de Dios. Tales deberes implicaron no sólo la participación en la administración bahá'í sino también extensos viajes por toda América del Sur para asistir a reuniones de la Asamblea, eventos regionales y visitar y fortalecer las comunidades bahá'ís emergentes.

Eve Nicklin vivió con un espíritu caracterizado por la obediencia, la perseverancia y la sabiduría. Ella respondió casi instantáneamente a los llamados de enseñanza, tanto generales como específicos, del amado Guardián, las Manos de la Causa y la Casa Universal de Justicia a través del desarrollo sucesivo del primer Plan de Siete Años (1937-1944), el segundo Plan de Siete Años (1946-1953), la Cruzada de Diez Años (1953-1963), la

Cruzada de Nueve Años (1964-1973), el Plan de Cinco Años (1974-1979) y el Plan de Siete Años (1979-1986).

Eve viajó y sirvió en casi todos los países de América del Sur con dedicación y celo inquebrantables. Ella no mostró vacilación o dudas, ya sea que se necesitara un pionero en el extremo más meridional y helado del continente, o que visitara a bahá'ís aislados en la selva profunda, o que se requiriera que alguien se estableciera en el corazón mismo de los Andes, ella era entre los primeros en aceptar con alegría cualquier misión.

Al llegar al Perú era una mujer de cuarenta y tantos años, lejos de familiares y amigos, sin dinero ni conocimiento del idioma, sin literatura bahá'í en español y sobreviviendo con unos ingresos mínimos como profesora de inglés en escuelas y hospitales. No había instituciones bahá'ís a la mano ni otros pioneros a quienes recurrir en tiempos de dificultades. Vivía en medio de incertidumbre política, en una nueva cultura y presionada por regulaciones migratorias hostiles a la entrada de extranjeros, particularmente misioneros. La única fuente de orientación y aliento de Eve Nicklin provino durante muchos años únicamente de su correspondencia con el amado Guardián y el Comité de Enseñanza Interamericano, ambos ubicados a miles de kilómetros de distancia.

Probablemente por eso Eve se llamaría a sí misma *La del Corazón Valiente* en un poema que habla de sus primeras luchas. Los servicios postales tenían grandes retrasos, la gente todavía viajaba por mar y las comunicaciones por cable eran caras. A pesar de todas esas difíciles condiciones, ella perseveró y logró mucho.

Alguien la describió una vez como una "personalidad tranquila y poco glamorosa" y, sin embargo, tenía la perspicacia espiritual para llegar a todas las capas de la sociedad, habiendo traído a la Fe a personas de todos los ámbitos de la vida, desde el profesor universitario hasta la gente sencilla y analfabeta, desde dignatarios hasta el ciudadano común y corriente, tanto a los jóvenes como a los viejos, ya sean de origen rico o pobre. Ya en la década de 1950, Eve fue una de las primeras figuras en llegar a las poblaciones indígenas, particularmente a las etnias guaraní y quechua en Paraguay y Perú, respectivamente. Desarrolló la literatura bahá'í en sus lenguas nativas, organizó institutos de enseñanza y viajó y fue pionera en sus áreas. También llegó a ser muy hábil en transmitir el Mensaje a través de ayudas visuales en forma de álbumes que representaban una gran variedad de temas que se pueden enseñar.

Formada originalmente como misionera metodista, se volvió experta en construir, desarrollar y unir comunidades sin dejar de alcanzar el alma individual. Eve tenía una relación particularmente especial con los jóvenes y niños con quienes disfrutaba trabajar. De hecho, publicó literatura profesional sobre educación infantil para la comunidad en general, tanto en inglés como en español. Proveniente de una familia minera tradicional, Eve también se convirtió en una excelente minera, pero en lugar de carbón trabajó con el alma humana, a la que Bahá'u'lláh se había referido como una "mina rica en gemas de valor inestimable".[5] El Club de la Amistad Universal que ella formó en Lima acogió a los jóvenes, tanto bahá'ís como sus amigos, y fue fundamental para la conversión de un gran número de nuevos creyentes en los primeros años de la Fe en el Perú. El amor infinito y la paciencia hacia sus hijos espirituales y todos estaban entre sus principales atributos pioneros.

¿Qué es lo que nos hace fijarnos en grandes personas como Eve Nicklin? Se ha dicho que todos nos sentamos sobre los hombros de gigantes. Las vidas de estas grandes almas son fundamentales para comprender el desarrollo temprano de la Fe, y para nosotros, sus herederos espirituales, nos ayudan a darnos cuenta de dónde nos situamos como bahá'ís en este momento de la historia. Como cuestión de reconocimiento, estas almas construyeron con devoción, ladrillo a ladrillo, los cimientos sobre los que ahora nos encontramos. Desde su llegada hemos recorrido un largo camino. Más importante aún, su labor de amor impregna nuestra existencia, enriquece nuestras vidas con significados reveladores y nos ilumina con ejemplos de fe y valentía. Como gigantes espirituales, su trabajo nos llevó a mayores alturas espirituales para ver cosas que de otra manera no podríamos haber experimentado.

Shoghi Effendi elogió sus atributos pioneros en diferentes momentos y se refirió a su trabajo como: "sus notables e inolvidables servicios"... "sus labores meritorias y de hecho

---

[5] Bahá'u'lláh, *Pasajes de los Escritos de Bahá'u'lláh*. CXXII.

históricas"... "sus esfuerzos y servicios verdaderamente notables"; "Aprecio profundamente vuestros elevados esfuerzos y el espíritu que tan admirablemente os anima al servicio de nuestra amada Fe"; "¡Ciertamente estás empezando a ver el llegar de la cosecha, muchas semillas que tú misma sembraste con tanto cuidado y sacrificio!"; "Sus invaluables servicios, prestados con tan ejemplar devoción y en campos tan distantes, evocan mi más sentida admiración" y "...profundamente agradecido por sus firmes y nobles esfuerzos " y, se le aseguró, "que el Amado está muy complacido con el estándar de vuestros logros al servicio de Su Fe".

Todas las religiones del mundo tienen héroes y santos cuya memoria se mantiene viva y admirada. La Fe Bahá'í se enorgullece y honra afectuosamente a sus primeros pioneros, aquellos que hicieron historia y construyeron comunidades nacionales desde la base, como madres y padres espirituales. Esta designación familiar nos convierte *de-facto* en sus hijos espirituales. También crea dentro de nosotros la obligación de continuar su legado para que leyendas cautivadoras como Eve Nicklin sigan viviendo para siempre.

# 1 - EL MANDATO DE IR AL SUR

Si la luz del cristianismo tardó quince siglos para llegar a las costas de Sudamérica y junto con la cruz vino la imposición de la espada para teñir de sangre el libro de la historia, no puede decirse lo mismo del arribo de la Causa de Bahá'u'lláh a estas mismas playas.

Los primeros años de los anales de la Fe de Dios en este continente americano fueron caracterizados por el apostolado amoroso, silencioso, solitario y sacrificado de cuatro damas cuya dimensión espiritual en esa aventura de gloria apenas podemos ponderar en su magnitud en el tiempo actual, y solo podemos limitarnos a admirar y reverenciar.

Ellas fueron Martha Root, Leonora Armstrong, [6] May Maxwell y Eve Nicklin. Martha, "Primera Embajadora de Su Fe,[7] Leonora "Madre Espiritual de Sudamérica", May Maxwell, "la Pionera Mártir"[8] y Eve la "Madre Espiritual del Perú", entre muchas otras mujeres pioneras. Entre ellas estaban Marcia Steward Atwater a Chile (1940), Priscilla Rhodes (1938) y Gwenne Sholtis (1942) a Venezuela, Gayle Woolson a Costa Rica (1940), Rouhiyyah Jones y Katherine Didier a Puerto Rico (1940). Elizabeth Cheney a Paraguay (1940), Eleanor Smith Adler a Bolivia (1940), Margaret Lentz (1938) a la República Dominicana y Louise Caswell y Cora Oliver a Panamá (1939).

Shoghi Effendi escribió que la "audacia" de las mujeres bahá'ís elogiadas por 'Abdu'l-Bahá, debe "en el transcurso del tiempo y a lo ancho y largo de los vastos territorios vírgenes de la América Latina, ser demostrada más convincentemente y ganar para la amada Causa victorias más conmovedoras que cualquiera hasta ahora ganadas".[9] Tal efusión de celo religioso nunca antes había visto el Nuevo Mundo.

---

[6] Gabriel Marques. *Leonora Armstrong, A Mãe Espiritual da América do Sul e do Brasil.* Brasil: Editora Bahá'í, 2006.
[7] Shoghi Effendi, *Dios Pasa*, p. 367. EBILA. 1977.
[8] May Maxwell (1870-1940) fue pionera a Buenos Aires, Argentina, en marzo de 1940 pero falleció pronto después de su arrivo. Ella fue la madre de 'Amatu'l-Bahá Rúhíyyih Khánum ("In Memoriam", The Bahá'í World, Vol. VIII, págs. 631-642)..
[9] Shoghi Effendi, *El Advenimiento de la Justicia Divina*, p. 102.

## Las Tablas del Plan Divino

El escenario para tan gloriosa empresa se preparó en 1919. Tuvo lugar cuando las inmortales Tablas del Plan Divino, que fueron reveladas por 'Abdu'l-Bahá a los bahá'ís de Estados Unidos y Canadá, se presentaron en la Convención Bahá'í Americana celebrada en la ciudad de Nueva York. Muchos creyentes tomaron las exhortaciones con especial fervor e inmediatamente se levantaron para llevarlas a cabo y establecer la Fe en tierras lejanas. Dos de esas almas especiales fueron Martha Root y Leonora Armstrong.

En esas Tablas se menciona dos veces al Perú como una de esas repúblicas donde "personajes significados, o que por propio impulso, tras prescindir del descanso y asueto del mundo, se alcen y recorran...".[10] El llamamiento de 'Abdu'l-Bahá a salir y ser pioneros fue electrizante e inspirador:

> Deseo para vosotros éxito y prosperidad eternas y ruego para cada uno confirmación perfecta en el mundo divino. Mi esperanza para vosotros es que cada uno pueda brillar como la estrella matutina desde el horizonte del mundo y, en este Jardín de Dios pueda convertirse en un árbol bendito, que produce frutos y resultados eternos.[11]

'Abdu'l-Bahá escribió en una Tabla dirigida a los bahá'ís de Estados Unidos y Canadá que "Su Santidad Cristo dice: 'Viajad al Levante y al Poniente del mundo y convocad a las gentes al Reino de Dios'"[12] (Marcos 16:15). El Maestro también exhortó a ir a

> ... México ... a familiarizarse con el idioma español ... [así como a] Guatemala, Honduras, El Salvador, Nicaragua, Costa Rica, Panamá y al séptimo país Belice ... Dar gran importancia a la población indígena de América ... Así mismo las islas de ... Cuba, Haití, Puerto Rico, Jamaica, ... Islas Bahamas, incluso la pequeña Isla de San Salvador ... Haití y Santo Domingo ... las islas de Bermuda ... las repúblicas del continente de América del Sur: Colombia, Ecuador, Perú, Brasil, [las Guayanas], Bolivia, Chile, Argentina, Uruguay, Paraguay, Venezuela; también las

---

[10] 'Abdu'l-Bahá, *Tablas del Plan Divino*, p. 138.
[11] 'Abdu'l-Bahá, *Tablas del Plan Divino*, p. 59.
[12] 'Abdu'l-Bahá, *Tablas del Plan Divino*, p. 62.

islas al norte, este y oeste de América del Sur, tales como las Islas Malvinas y las Galápagos, Juan Fernández, Tobago y Trinidad...[13]

Apenas fueron dadas a conocer las Tablas del Plan Divino, Martha Root viajó por Sudamérica visitando sus principales ciudades. Al final de esta misión única, visitó sucesivamente Venezuela, Brasil, Argentina, Chile, Perú y Panamá. Se plantaron las primeras semillas de la Fe y se abrió la puerta para que futuros pioneros norteamericanos avanzaran en la obra trazada por 'Abdu'l-Bahá.[14]

En una Tabla dirigida a Martha Root, 'Abdu'l-Bahá elogia sus esfuerzos y la admirable dedicación evidenciada en ese viaje. En ese documento encontramos algo que podría llamarse una visión del establecimiento de la Fe de Bahá'u'lláh en esas regiones. El Centro de la Alianza, citado por Shoghi Effendi, dice sobre ella:

> Tú eres en verdad un heraldo del Reino y la anunciadora del Convenio. En verdad te sacrificas. Muestras bondad hacia todas las naciones. Estás sembrando una semilla que, a su debido tiempo, dará origen a miles de cosechas.[15]

**Yendo al sur**

Diecisiete años después, en la Convención Nacional Bahá'í Americana de 1936, una directiva de Shoghi Effendi instruía formalmente a los creyentes de Estados Unidos y Canadá a mirar hacia el sur y lanzarse sistemáticamente a la conquista espiritual de América Latina:

> Llamamiento a los delegados reunidos reflexionen sobre el llamado histórico expresado por 'Abdu'l-Bahá en Tablas del Plan Divino. Insto a una deliberación seria con la Asamblea Nacional entrante para asegurar su pleno cumplimiento. Primer siglo de la era bahá'í llega a su fin. La humanidad entra en los límites exteriores de la etapa más peligrosa de su existencia. Oportunidades del momento actual son inimaginablemente preciosas. Ruego

---

[13] 'Abdu'l-Bahá, *Tablas del Plan Divino*, p. 64.
[14] Martha Root, "A Bahai Pilgrimage to South America". *Star of the West,* Vol XI, No. 7, 13 july, 1920, págs. 107- 118 y No. 12, 16 octubre, 1920, págs. 206-216.
[15] Shoghi Effendi, *Dios Pasa,* p. 370.

a Dios que cada Estado dentro de la República Americana y cada República del continente americano pueda, antes del fin de este glorioso siglo, abrazar la luz de la Fe de Bahá'u'lláh y establecer las bases estructurales de Su Orden Mundial.[16]

Garreta Busey recordó el poderoso efecto que el mensaje de Shoghi Effendi provocó entre los asistentes:

> La Convención quedó electrizada. Los bahá'ís estadounidenses al principio quedaron aturdidos y luego impulsados a la acción por las amplias exigencias del mensaje. Para la mayoría de la gente de Estados Unidos, los países de América del Sur y Central ... eran tierras desconocidas y románticas, mucho más distantes que el continente europeo.[17]

El mensaje dio lugar a una serie de consultas que finalmente dieron lugar a la formación del Comité de Enseñanza Interamericano y al lanzamiento en 1937 del Primer Plan de Siete Años por parte del amado Guardián. Una de las "triples tareas"[18] del Plan era crear un centro permanente en cada una de las repúblicas latinoamericanas, "para cuya ingreso a la fraternidad de Bahá'u'lláh había sido formulado primordialmente el Plan".[19] Shoghi Effendi había escrito en 1937:

> No debería olvidarse, ni por un momento, que América Central y del Sur abarcan no menos de veinte naciones independientes, que constituyen aproximadamente un tercio del número total de Estados soberanos del mundo, y están destinadas a desempeñar un papel cada vez más importante en la configuración del destino futuro del mundo.[20]

El progreso de la Causa de Bahá'u'lláh hasta 1944 en suelo latinoamericano había tenido ahora un impulso extraordinario

---

[16] Shoghi Effendi, *Messages to America: 1932-1946*, p. 6.
[17] Bahá'í World Centre, *The Bahá'í World*, Vol. IX, p. 187.
[18] Los otros dos objetivos eran completar la ornamentación exterior del Templo Madre de Occidente en Chicago, EE. UU., y formar una Asamblea Espiritual Local en cada estado de los Estados Unidos y en todas las provincias de Canadá.
[19] Shoghi Effendi, *The Decisive Hour: Messages from Shoghi Effendi to the North American Bahá'ís, 1932-1946*, p. 46.
[20] Shoghi Effendi, *El Advenimiento de la Justicia Divina*, p. 86.

desde el lanzamiento de este Plan de Siete Años. 'Abdu'l-Bahá había confiado a los creyentes americanos la implementación de las Tablas del Plan Divino para la conquista espiritual del planeta; habían asumido seriamente esta responsabilidad histórica.

Shoghi Effendi había dicho que en este establecimiento del Reino de Dios en la tierra, los creyentes norteamericanos eran los ejecutores del Plan Divino mientras que los canadienses eran sus aliados y los creyentes latinoamericanos sus asociados. Shoghi Effendi escribió años después:

> En el lejano campo latinoamericano, donde ya se han cosechado en tanta abundancia los primeros frutos del Plan Divino, que opera más allá de los confines del continente norteamericano, las comunidades bahá'ís latinoamericanas, desde la frontera con México hasta el extremo de Chile, deben esforzarse en las colectivas, históricas y gigantescas tareas que les esperan, y que deben culminar, antes de la expiración del presente Plan, en la formación de dos Asambleas Espirituales Nacionales para Centro y Sudamérica.[21]

Fueron tales las victorias que en 1940, casi veinte años después del fallecimiento de 'Abdu'l-Bahá, sólo dos repúblicas latinoamericanas requerían pioneros. Shoghi Effendi indicó que la campaña de enseñanza en América Latina fue "uno de los capítulos más gloriosos de la historia internacional de la Fe".[22]

En 1944 ya existían 57 centros y 15 Asambleas Espirituales Locales de acuerdo a las estadísticas del amado Guardián. Estas cifras habían crecido para 1950 en 70 centros y 35 asambleas.[23] Estas comunidades en ascenso fueron nutridas con amor por los pioneros residentes y los maestros de viajes provenientes de América del Norte. Estaban madurando rápidamente en la administración bahá'í, encontrando un lugar para sí mismas en el mundo bahá'í bajo el cuidado directo del amado Guardián y de la Asamblea Espiritual Nacional de los Estados Unidos y Canadá con su brazo ejecutivo: el Comité Interamericano de Enseñanza.

---

[21] Shoghi Effendi, *Citadel of Faith: Messages to America 1947-1957*, p. 12.
[22] Ruhiyyih Rabbani, *La Perla Inapreciable*, p. 454.
[23] Ruhiyyih Rabbani, *La Perla Inapreciable*, p. 462.

Igualmente, un gran flujo de pioneros norteamericanos fue decisivo para alcanzar las metas:

**Pioneros en el Primer Plan de Siete Años (1937-1944)**

| | | |
|---|---|---|
| Argentina | La familia Kevorkian | 1939 |
| Bolivia | Eleanor Smith Adler | 1940 |
| Bolivia | Floria Hottes | 1942 |
| Chile | Marcia Steward Atwater | 1940 |
| Chile | Artemus Lamb | 1944 |
| Colombia | Gerard Sluter | 1940 |
| Costa Rica | Gayle Woolson y Amalia Ford | 1940 |
| Cuba | Philip Marangella y señora | 1939 |
| República Dominicana | Margaret Lentz | 1938 |
| Ecuador | John Stearns | 1940 |
| El Salvador | John Eichenauer | 1939 |
| Guatemala | Gerard Sluter | 1939 |
| Haití | Ellsworth Blackwell | 1940 |
| Haití | Ruth Blackwell | 1940 |
| Honduras | Antonio Rocca | 1939 |
| Nicaragua | Mathew Kaszab | 1939 |
| Panamá | Louise Caswell | 1939 |
| Panamá | Cora Oliver y Louise Caswell | 1939 |
| Paraguay | Elisabeth Cheney | 1940 |
| Perú | Eve Nicklin | 1941 |
| Puerto Rico | Katherine Didier | 1940 |
| Puerto Rico | Rouhiyyah Jones | 1940 |
| Uruguay | Wilfrid Barton | 1940 |
| Venezuela | Emeric y Rosemary Sala | 1939 |
| Venezuela | Priscilla Rhodes | 1938 |
| Venezuela | Gwenne Sholtis | 1942 |

Nota: Leonora Holsapple Armstrong se estableció en Brasil en 1921

El crecimiento se había vuelto tan excepcional que Shoghi Effendi se sintió impulsado a afirmar algunos años después que:

Ninguna comunidad, desde el comienzo de la Fe de Bahá'u'lláh, de un siglo de edad, ni aun la comunidad del Más Grande Nombre de Norteamérica, puede jactarse de una evolución tan rápida, una consolidación tan firme, una multiplicación tan veloz de Centros Bahá'ís, como aquellos que han marcado al nacimiento y surgimiento de la comunidad de sus creyentes en América Latina.[24]

En 1952 Shoghi Effendi se refirió al mismo impulso:

En comparación con el tiempo que le tomó a América del Norte o a las comunidades británica y francesa para que crezcan y se extiendan, su crecimiento [de las comunidades latinoamericanas] es como un relámpago.[25]

Shoghi Effendi había descrito a los creyentes latinos como "... los entusiastas, los de buen corazón, los de mentalidad espiritual... este privilegiado, este más joven, este miembro dinámico y altamente prometedor de la orgánica Comunidad Mundial Bahá'í."[26] El Guardián les pidió que recuerden y reflecten sobre el mensaje que Bahá'u'lláh había dirigido a los governantes del continente americano, contenido en el *Kitáb-i-Aqdas*, donde la Más Grande Manifestación de Dios aconseja:

Escuchad, oh gobernantes de América y presidentes de sus repúblicas, lo que la Paloma gorjea sobre la Rama de la Eternidad: No hay otro Dios sino Yo, el que Siempre Perdura, el Perdonador, el Todo Munífico.

Adornad el templo del dominio con el ornamento de la justicia y del temor de Dios, y su cabeza con la corona del recuerdo de vuestro Señor, el Creador de los cielos. Así os aconseja Aquel que es la Aurora de los Nombres, como ha ordenado Aquel que es el Omnisciente, el Todo Sabio.

El Prometido ha aparecido en esta glorificada Posición, por lo cual se han regocijado todos los seres, tanto los visibles como los invisibles. Aprovechaos del Día de Dios.

---

[24] Shoghi Effendi, *Citadel of Faith: Messages to America 1947-1957*, p. 13.
[25] Shoghi Effendi, Carta en su nombre a la Asamblea Espiritual Nacional de Sudamérica fechada 30 de junio de 1952.
[26] Shoghi Effendi, *Citadel of Faith: Messages to America 1947-1957*, p. 19.

Ciertamente, encontrarle es mejor para vosotros que todo aquello sobre lo cual brilla el sol, si sólo lo supierais.

¡Oh concurso de gobernantes! Prestad oído a lo que se ha elevado desde la Aurora de Grandeza: Verdaderamente, no hay otro Dios sino Yo, el Señor de la Expresión, el Omnisapiente.

Atad a los quebrantados con las manos de la justicia, y aplastad al opresor que crece rápidamente con la vara de los mandamientos de vuestro Señor, el Ordenador, el Todo Sabio.[27]

**Grandes victorias**

Durante el primer Plan de Siete Años, quince Asambleas Espirituales Locales fueron formadas. Es de notar que aunque el primer Plan de Siete Años concluyó en 1944, éste fue seguida por una "tregua de dos años"[28] que concidía con los tiempos finales de la Segunda Guerrra Mundial cuyas atrocidades habían paralizado al mundo incluyendo comunicaciones entre países y con la Tierra Santa (1939-1945). Las estadísticas compiladas por Shoghi Effendi mencionan las siguientes asambleas: [29]

1. Ciudad de Méjico, Méjico (1938)
2. La Paz, Bolivia (1940)
3. Santiago, Chile (1941)
4. San José, Costa Rica (1941)
5. Port-au-Prince, Haití (1942)
6. Havana, Cuba (1942)
7. El Salvador, San Salvador (1942)
8. Bogotá, Colombia (1943)
9. Lima, Perú (1944)
10. Asunción, Paraguay (1944)
11. Caracas, Venezuela (1945)
12. Ciudad de Guatemala, Guatemala (1945)
13. Ciudad de Panamá, Panamá (1945)
14. Ciudad Trujillo, República Dominicana (1945)
15. Rio de Janeiro, Brasil (1946)

---

[27] Bahá'u'lláh, *The Kitáb-Aqdas* #88.
[28] Ruhiyyih Rabbani, *La Perla Inapreciable*, p. 472.
[29] Shoghi Effendi, *The Bahá'í Faith: 1844-1950: Information Statistical and Comparative.*

De acuerdo a Artemus Lamb otras asambleas formadas fueron durante el mismo periodo: Managua en Nicaragua (1946), Montevideo en Uruguay (1942), Puerto Rico (1943), Quito en Ecuador (1943), Buenos Aires en Argentina (1940) y Bahía en Brasil (1940).[30] Asambleas también fueron formadas en Tegucigalpa en Honduras (1944) y Guayaquil en Ecuador (1945).[31]

Con razón, Shoghi Effendi escribió en 1944:

> Las magníficas victorias logradas en el campo de la enseñanza y en la esfera de la actividad administrativa por la comunidad bahá'í estadounidense coronaron de gloria los servicios históricos prestados por los seguidores de Bahá'u'lláh en todo Occidente durante los últimos cincuenta años de la primera centuria bahá'í. Me regocijo por las brillantes celebraciones que, como corresponde, consumen el historial de logros espléndidos. La atención inmediata debe centrarse en el curso del primer año del segundo siglo en la consolidación de las victorias noblemente ganadas mediante el refuerzo de las Asambleas recién formadas, la multiplicación de los grupos y el aumento del número de Asambleas, así como el esfuerzo correspondiente en toda América Latina.[32]

Lo que sigue es la historia de una de esas grandes almas pioneras, la señorita Eve Blanche Nicklin, una heroína bahá'í estadounidense, y de cómo conquistó Perú, la tierra de los Incas.

---

[30] Artemus Lamb. *Remembranzas: Los Comienzos de la Fe Bahá'í en América Latina*. p, 62.
[31] Glenn Cameron y Wendi Momen. *A Basic Bahá'í Chronology*, págs. 270-272.
[32] Shoghi Effendi, *Messages to America: 1932-1946*, p. 73.

## 2 - "EN LAS MANOS DE DIOS"

A dos horas en coche de la Casa de Adoración Bahá'í en Wilmette, Illinois, el pueblo de Roanoke se yergue tranquilo como el lugar donde nació Eve Nicklin. Está situado en una región conocida como la Gran Pradera, donde antiguamente manadas de búfalos vagaban libremente por esas vastas y fértiles praderas.

Los primeros colonos blancos llegaron a la región en la década de 1830 para ocupar la tierra que alguna vez estuvo habitada por las tribus Sac, Fox y Pottawantomi. Se dijo que la relación entre nativos y europeos americanos era amistosa desde el principio. La propia Roanoke se fundó formalmente en 1875 y la región ya había atraído a un gran número de pioneros que buscaban tierras agrícolas o trabajo como mineros. Roanoke en ese momento estaba habitada por menos de 1,000 personas. Procedían de muchos estados de la Unión, así como de países del viejo continente como Inglaterra, Alemania, Francia, Italia, Suiza e Irlanda, quienes pertenecían a diversas denominaciones cristianas que convivían en paz.

En el corazón del condado de Woodford, en el centro de Illinois, Roanoke fue el lugar elegido por William y Mercy James Nicklin para establecerse con sus cinco hijos en el verano de 1880. El propio William Nicklin, que entonces tenía 33 años, era minero de carbón, la que podría haber sido la razón para elegir esa próspera región minera de carbón como residencia familiar.

Trabajar en los pozos de carbón de Roanoke era peligroso, tenían mala ventilación e incluso se empleaba a niños en la industria. Por ejemplo, el 20 de junio de 1906, en un trágico accidente que sacudió a todo el pueblo, cuatro mineros perdieron la vida y muchos otros resultaron heridos.

**El clan Nicklin**

El antepasado inmediato de William había sido un predicador de alforja en Inglaterra. Los ministros de alforja eran pastores religiosos que solían viajar a caballo dentro de jurisdicciones geográficas específicas para servir a pueblos rurales y comunidades aisladas y desorganizadas.

William Nicklin (1847-1933) nació en la ciudad de Tipton, Staffordshire y se casó con Mercy James (1852-1898), nacida en Dudley, Worcestershire. La boda tuvo lugar el 20 de mayo de 1872.

Nadie sabe la razón exacta por la que los Nicklin se mudaron a los Estados Unidos, pero uno podría invocar la fuerte contaminación que arrojaban las chimeneas de las fábricas, así como las condiciones de vida superpobladas que hicieron que Tripton, por entonces una ciudad con intensa minería de carbón, fuera conocida como "la quintaesencia de la Región Negra" del país. Dudley, a pocos kilómetros de Tipton, tenía condiciones industriales similares y había sido declarado "el lugar más insalubre del país". Probablemente debido a la falta de agua potable y alcantarillado la edad promedio de muerte en 1852 era de 16 años y 7 meses.[33]

Estos entornos urbanos deplorables, típicos de la época victoriana, podrían haber inspirado a los Nicklin a cruzar el Atlántico y cumplir, como a muchos otros, el legendario sueño americano. Mejores oportunidades de trabajo y salarios más altos hicieron que la inmigración alcanzara su punto máximo en la segunda mitad del siglo XIX, por lo que había competencia entre los transatlánticos que llevaban pasajeros en unos diez días, dependiendo de la velocidad del barco y, por tanto, en el precio de la tarifa. No había oficinas de inmigración y Nueva York era el típico puerto de llegada. Desde allí, los inmigrantes podían tomar trenes a varios estados o viajar por vías fluviales.

De la unión de William y Mercy vinieron al mundo nueve hijos: Mary (1873), Isaac (1875), Sophia (1878), Arthur (1878), Eliza (1880), William (1883), Alice (1884), Lily (1893) y, finalmente, Eve Blanche (1895). Arthur, William y Lily murieron muy jóvenes. La tristeza por la pérdida del último bebé podría haberse aliviado cuando dos años después, el 25 de enero de 1895, les nació una niña prometedora. Ella era Eve Blanche James Nicklin.

Después de dos años, las sombras volvieron a surgir sobre la fortuna familiar cuando falleció la madre Nicklin. Sus últimas palabras, que Eve siempre sintió como un presagio profético, fueron: "Dejo este bebé en manos de Dios". En consecuencia, Eve

---

[33] William Lee. *Report to the General Board of Health*, London, 1852.

fue criada por su padre y sus hermanas mayores. Eve muy a menudo reconocía una sensación de conciencia permanente de la guía divina en su vida y decía que siempre había "sido criada por Dios y siempre había hablado con Dios".

El censo de Estados Unidos de 1880 revela que los Nicklin vivían temporalmente en el pequeño pueblo de Braceville en el condado de Grundy de Illinois, alojándose en la casa de William y Annie Redford. Poco sabemos de la infancia de Eve, excepto que otros miembros del clan Nicklin también emigraron de Inglaterra y también se establecieron en Roanoke. Sin duda, debe haber sido un ambiente feliz de estar rodeada de sus hermanos y muchos primos, tíos y tías. También sabemos que en 1906 la tragedia volvió a golpear a la familia cuando su tía materna Isabel fue asesinada por su marido. El periódico local informó que: "Era una esposa fiel y una madre amorosa y era respetada por todos los que la conocían. Fue miembro de la iglesia ME [Metodista Episcopal] durante varios años y vivió una vida cristiana fiel".[34] La joven Eve asistió al funeral, un evento que podría haber causado una fuerte impresión en su tierna mente. Cabe preguntarse si ese incidente junto con el fallecimiento temprano de su madre afectó su forma de ver la vida y la hizo vivir buscando percepciones espirituales más elevadas o, como se refirió hace muchos años una amiga suya, la "capacidad interior de Eve para ver lo que era invisible físicamente para los ojos". Para entonces, varios miembros de la familia Nicklin se habían casado y se habían establecido fuera de Roanoke.

No tenemos mucha información sobre el crecimiento de Eve hasta la madurez en Roanoke. Sin embargo, es fácil adivinar que en ese pequeño municipio del campo de Illinois había oportunidades limitadas para las mujeres jóvenes además de trabajar en casa. La economía giraba principalmente en torno al funcionamiento de la Roanoke Coal Mining Company, que en un momento dado empleó a 300 hombres. Los cultivos de maíz y cereales dominaban la producción agrícola en el campo, que se mecanizaba mediante máquinas motorizadas alimentadas con carbón. La vida generalmente giraba en torno a eventos religiosos en los que convivían diez denominaciones diferentes, en su

---

[34] *Pontiac Daily Leader*, Funeral of Mrs. Thomas. Pontiac, Livingston County, Illinois: 23 Agosto 1906.

mayoría protestantes. Los servicios acompañados de predicaciones y cantos eran el centro de los servicios religiosos, incluida la tradicional escuela dominical. Había una serie de escuelas en la zona que se habían establecido principalmente a través de iniciativas comunitarias para promover la educación de niños y jóvenes. El municipio estaba conectado por trenes de vapor servidos por Ferrocarriles de Santa Fe que transportaban pasajeros y carbón y ayudaban a reducir el aislamiento económico y cultural.

Se pueden identificar dos eventos históricos dentro del período de crecimiento de Eve hasta convertirse en mujer. La Gran Guerra (1914-1918) vio a algunos ciudadanos de Roanoke morir en acción en el extranjero, un conflicto que había sacudido el núcleo de la vida estadounidense, matando a 116,709 militares estadounidenses y dejando a otros 205,690 heridos. La vida en una pequeña ciudad de 1,000 habitantes, especialmente durante ese período sangriento y los años posteriores, debe haber sido triste y deslucida. El propio 'Abdu'l-Bahá había predicho el estallido de la Gran Guerra dos años antes, en 1912.

También en 1912, 'Abdu'l-Bahá había bendecido la región cuando visitó el norte de Illinois cuatro veces, particularmente la ciudad de Chicago. El 1 de mayo del mismo año, 'Abdu'l-Bahá colocó la piedra angular de la Casa de Adoración bahá'í a orillas del lago Michigan, a sólo 190 kilómetros de donde vivía Eve. Refiriéndose a la promesa espiritual de la región, 'Abdu'l-Bahá afirmó en una de las Tablas del Plan Divino revelada el 8 de febrero de 1917:

> Continuamente mis ojos y oídos se orientan hacia los Estados Centrales. ¡Ojalá que la melodía de varias almas benditas llegue a mis oídos! Almas que son las alboradas del amor de Dios, las estrellas del horizonte de santificación y santidad, almas que iluminarán el oscuro universo e infundirán vida en este mundo yerto. ¡De ello depende la alegría de 'Abdu'l-Bahá![35]

El declive de la industria minera del carbón de Roanoke a mediados de los años veinte afectó gravemente a la economía local y mucha gente emigró. En 1925 Eve y su padre casi

---

[35] 'Abdu'l-Bahá, *Tablas del Plan Divino*, p. 114.

octogenario se mudaron a la ciudad de Delavan, Wisconsin, para vivir en la casa de su hermana Eliza, quince años mayor que ella.

Durante un tiempo, Eve trabajó como empleada en la empresa Holstein Guernsey. Rápidamente se hizo amiga de sus colegas y con la familia formó un club de caminatas para divertirse. Salían temprano por la mañana al campo, después encendían un fuego y preparaban el desayuno.

Dolores Swatsley, la hija de Eliza nacida en 1918, creó un fuerte vínculo con Eve que las mantuvo en contacto durante todos sus largos años pioneros en Sudamérica.

Eve Nicklin de niña

Martha Root, Mano de la Causa de Dios

Celebración del Día del Trabajo en Roanoke en 1911

La iglesia de la avenida Croton — Cortesía: Stephanie Parrott

Eve Nicklin de joven en los Estados Unidos

Leonora Armstrong, Madre Espiritual de Sudamérica, arribando a Bahía en 1921

Mabel y Howard Colby Ives

Dr Federico Vargas y esposa

Eve Nicklin en 1935

Lima en la década de 1940

Nellie Stevinson French (1868-1954)

Theodore y Isabelle Dodge en Morococha, Perú Eve Nicklin in 1935

Edificio Raffo, el primer centro bahá'í

Eve en su casa en la calle Conquistadores 785, Lima

# 3 - DE DIACONISA A PIONERA

Fue sin duda la educación religiosa del hogar y su espíritu místico que la llevaron a matricularse en la Escuela Nacional Metodista para Diaconisas y Misioneros en la ciudad de Kansas. Allí entró en el otoño de 1925. El propósito de la institución era formar en el servicio misionero para el interior del país y el exterior. El requisito mínimo de matrícula era haber concluído la educación secundaria (High School).

Entre los cursos que formaban el currículo estaban: Historia Hebrea, Ciencias Sociales, Recreación, Artes Industriales, Economía del Hogar, Historia de la Iglesia, la Biblia, las Misiones, temas del Nuevo Testamento, Historia de la Educación, Historia de las Civilizaciones, Psicología Infantil, Narración de Cuentos, etc.

Eve destacó por sus dotes especiales de artista. Su mejor amiga de clase, May F. Brown, señaló: "Eve pintaba, dibujaba, escribía en prosa, ficción y poesía. Tenía el alma de un artista. Su cuerpo tenía una fragilidad que no era sino engañosa pues tanto su cuerpo como su espíritu eran fuertes. Eve era rápida para ver lo que era invisible al ojo físico. Tenía también un agudo sentido del humor. Cuando fui su compañera de clase en el penúltimo año, pronto nos comocimos y nos hicimos amigas. Era una estudiante consciente".

A May le escribió el siguiente poema:

"Hablando psicológicamente"
Se ha dicho
Si odiamos
Todo el odio
de eones pasados
Es nuestra herencia;
Y el amor
Atrae Amor
Entonces
Todas las grandes amistades
A través de las edades
me pertenecen.
Porque
Tengo una amiga comprensiva
Y ella será mía

Por toda la eternidad"[36]

En otra faceta de su vida literaria, escribió una obra de teatro "The Christ of Youth" (El Cristo de la Juventud) de media hora de duración. Su propósito era destacar el servicio en la vida.

Estuvo en esa Escuela hasta el otoño de cuando egresa finalmente. Su consagración fue el 12 de octubre de 1928. En una carta escrita a una amiga íntima suya, cuarenta y cuatro años después, Eve nos habla algo de la manera providencial por la que fue encaminada a servir de diaconisa en la ciudad de New Castle y en donde dio el paso más maravilloso y trascendental de su vida. Eva escribió:

> Algunas veces mis pensamientos regresan a la época en que la mujer del Departamento de Personal vino a Kansas City ... Ella me preguntó si yo tenía algún lugar en particular dónde deseaba ser enviada para trabajar. Dije que no, y ella dijo que deseaba ubicar mejor a los graduados, y me envió a New Castle, Pensilvania, justo donde posteriormente encontré a Bahá'u'lláh mediante Martha Root y los Ives!!"[37]

Vayamos a esta interesante historia.

**La diaconisa de la Avenida Croton**

Era el año de 1930 en la ciudad de New Castle, Pensilvania, y Eve Nicklin se encontraba trabajando como diaconisa de la Iglesia Metodista de la avenida Croton, uno de los cuatro templos de aquella denominación que existían en esa ciudad. Los nombres de dos de las otras tres iglesias eran: La First Methodist Church y la Epworth Methodist Church.

Su misión como diaconisa consistía en ayudar a la labor de la iglesia. Ella vivía en un diaconado con otras tres diaconisas de los otros templos. Su función incluía el servicio a los niños, a los jóvenes y a los adultos.

Cada martes y jueves por la tarde Eve tenía clases con los niños. Les enseñaba manualidades, costura, inglés (a los inmigrantes),

---

[36] Cartas de Dolores Swastley al autor. (s.f.)
[37] Carta de Eve Nicklin a Beuhlah McGruder y Amelia Buxton, fechada 4 de octubre de 1972.

siendo esta materia su dominio especial por ser de ascendencia británica, y por supuesto, también educación religiosa. Los miércoles tenían reuniones de oraciones de siete a ocho de la noche mientras que los domingos en la mañana era el servicio religioso y la escuela dominical; por las noches había otro servicio y además la reunión de jóvenes.

Debido a su trabajo debía de portar el traje obligado a las diaconisas, cosa que a ella no le agradaba. Consistía éste de una boneta negra con cintas blancas, un collar blanco y bobos. Dice la doctora Eugenia Pritchard, a quien le debemos un valioso trabajo sobre los días 'pre-bahá'ís' de Eve, que a ella "no le agradaba el bonete y posteriormente se armó del coraje suficiente para llevar un sombrero negro. En particular, a ella no le gustaba su tarea de pertenecer al 'banco de plañideras' en la iglesia. Cuando los fieles subían al altar al fondo de la iglesia para orar por sus pecados, Eve se arrodillaba con ellos y oraba. Era muy difícil para ella y no gustaba de hacerlo".[38]

Es en esos tiempos que comienza la gran amistad con Amelia Buxton, quien comienza a trabajar como voluntaria en la misma iglesia. Eve vivía muy lejos, en el lado sur de la ciudad. Tomaba dos tranvías para llegar al diaconado. Como los domingos tenía que estar tanto en la mañana como en la tarde, Amelia le invitaba a pasar el domingo en su casa la cual estaba apenas a una cuadra y media de distancia. Algunas veces le invitaban a comer en otros lugares, pero ella iba siempre a donde Amelia a echar una siesta.

De esta manera las actividades compartidas dieron paso a una afinidad que fue luego una amistad muy especial y duradera, que continuó por medio de una afectuosa correspondencia hasta el fallecimiento de Eve.

Algo del espíritu de aquellos días de curiosidad nos lo da Amelia en su propia narración:

> Éramos cuatro (Eve, Leona, Nolan y Sara) y yo que nos reuníamos frecuentemente. Yo no sé por qué, un grupo de cuatro bien integrado, que no podrías imaginar. Sara era una persona muy tranquila y nunca tenía una opinión propia, y Leona era parecida pero no tenía opiniones sino

---

[38] Eugenia Pritchard, *Eve Nicklin*, p. 1. (s.f.)

era bastante conversadora y no de mucho pensar (una dulce persona realmente y yo todavía la quiero). Ella nunca pudo entender la Fe Bahá'í. Ni lo intentó. Una tarde estaban conmigo para un almuerzo, debido al cumpleaños de Leona. Todas vivíamos cerca excepto Eve...

Cuando estábamos almorzando Eve siempre guíaba la conversación tarde o temprano al tema de religión. Conversábamos y en el curso de la conversación Eve dijo: "Ahora, Leona, ¿cuál es tu idea del cielo?, ¿A qué piensas tú se parece el cielo?" Leona, se volvió muy seria y pensó por un minuto y dijo: "No sé. Supongo es sólo un lugar donde todos iremos a sentarnos juntos y conversar". Ella no tenía más de lo que salía de su boca, y la querida Eve levantó sus brazos hacia arriba y dijo: "Oh, yo no espero eso, sería el infierno para mí". Esto nos conmovió a las tres porque estaba seria. Muchas veces conversábamos sobre ello ...[39]

**Aceptando la Fe Bahá'í**

De acuerdo a Amelia, en ambas había algo de insatisfacción con el pensamiento y las enseñanzas que profesaban. Su sed espiritual era mayor de lo que su credo religioso les daba. Fue entonces que empezó una búsqueda en otros movimientos religiosos y esotéricos como los Rosacruces, la Astrología, etc. Y también fue entonces cuando una amiga no-bahá'í de Eve, Ruth Wright, del club Group New Age (presumiblemente un grupo bahá'í), le invitó a escuchar una charla en la Biblioteca Pública de la ciudad. La charla era dada por Howard Colby Ives y su esposa Mabel, renombrados maestros bahá'ís confirmados por 'Abdu'l-Bahá.

Era Dios quien abría esta gran puerta en su vida. Eve participó de ello a Amelia y ella gustosa aceptó llevarla en su carro. La charla fue sobre la Revelación Progresiva.

En este punto es necesario hacer una digresión. En una entrevista hecha por el señor Mario León a Eve en 1975, ella le cuenta que "Un día unos amigos me invitaron a una charla sobre la Fe Bahá'í. La charla fue ofrecida por una señorita de nombre Martha Root". Mario le pregunta a continuación: "¿Ingresó Ud. a la Fe Bahá'í con Martha Root? Eve le responde: "Sí, ella fue mi madre

---

[39] Eugenia Printchard, *Eve Nicklin*, págs. 112-13. (s.f.)

espiritual. Más tarde conocí a los esposos Howard y Mabel Colby Ives. Ellos fueron mis queridos maestros que se encargaron de profundizar mis conocimientos en la Fe."[40]

En una carta a Amelia, cuarenta años más tarde, leemos: "Fue también a ella (Martha Root) a quien le pregunté cómo llegar a ser un bahá'í". Un año después, en otra carta le dice: "... Fue posteriormente que encontré a Bahá'u'lláh mediante Martha Root y los Ives".[41]

Puede ser el año que Martha Root pasó viajando por diferentes ciudades de los Estados Unidos entre ellas Chicago y Madison (en donde estaba la familia de Eve), y viajó por el estado de Pennsylvania. No sabríamos decir si estuvo exactamente en New Castle.

Más adelante revisaremos los viajes que Eve y Amelia hacían a la ciudad de Pittsburgh participando en reuniones hogareñas. Esta ciudad es el lugar natal de Martha Root y en el año de 1931 pudo haberla visitado y encontrado a ellas dos. Sin embargo, Amelia — claro, muchos años después— no recuerda a Martha Root. Pero dejemos a un lado las disquisiciones de la historia y abriendo un poco el corazón, conmoviéndonos con la narración de Amelia:

> Eve era muy débil. Era muy delgada y se cansaba rápidamente. Así, cuando escuchamos de esto, yo dije: 'Bien, Eve, yo manejaré". Así fuimos y escuchamos hablar a Howard Colby Ives. Ahora, Howard Colby Ives tenía tres nombres... Él estaba allí, pero había tenido una operación o una seria enfermedad y estaba convaleciente. Por eso alquilaron una granja en algún lugar en el campo. No me preguntes dónde. Yo no te podría llevar nuevamente. Cómo quisiera, pues era un lugar hermoso o quizás pensábamos que era hermoso. Empezamos a salir para ir a las reuniones y yo no tengo ninguna idea cuántas veces llevé a Eve. Ella fue lo suficiente amable para decirme en una de sus cartas: "Recuerdo aquel tiempo cuando me llevabas a la granja de los Ives y pienso que quizás yo no

---

[40] Mario León, *Carta a un Pionero* No. 1. (s.f.)
[41] Carta de Eve Nicklin a Amelia Buxton, fechada 4 de octubre de 1972.

estaría enseñando la Fe aquí en Perú y Sudamérica si no hubiera sido por ti y tu carro".[42]

Dice la doctora Pritchard:

Cada domingo después, los Ives realizaban reuniones hogareñas en su casa-granja, la cual ellos alquilaron por el mes de agosto, aunque Howard Colby Ives se estaba recuperando."

Eve y Amelia disfrutaron esas reuniones y fueron atraídas a ellas como un imán. Fue aquí, en esta hermosa casa granja situada sobre una colina mirando las montañas, que el Espíritu Santo hizo su hogar en el corazón puro de Eve Nicklin. Su búsqueda había terminado, sus sueños se habían cumplido, su camino se hizo claro. Fue en los hermosos alrededores de esta reunión hogareña en el campo, acompañada de los cantos de los pájaros y perfumada por la fragancia de las flores que Eve volvió todo su ser hacia Dios, bebió de la copa del amor a Dios y dedicó sus servicios a Bahá'u'lláh. La gota había retornado al océano y el pequeño brote había florecido en una hermosa flor".[43]

Hasta aún en 1971, Eve le recordaba a su colega Buelah McGruder de los días idos: "... y yo te recuerdo Beulah, y yo despejando mi cabeza con las enseñanzas y no sabiendo cómo tomar estas Enseñanzas y medio asustada de hacerte saber que yo era bahá'í, etc. pero tratando de cuidar que mi boca esté cerrada".[44]

Demás está concluir que Eve abrazó la Causa y abandonó la Iglesia Metodista. En una carta a Amelia en 1965 le comenta el efecto de la separación en sus correligionarios: "Nosotros nos desconcertábamos cuando alguien dejaba el rebaño".[45]

Su enrolamiento fue el 2 de febrero de 1932 en New Castle. Esto de acuerdo a una ficha que ella llenó para los archivos bahá'ís

---

[42] Eugenia Printchard, *Eve Nicklin*, p. 3. (s.f.)
[43] Eugenia Printchard, *Eve Nicklin*, págs. 3-4. (s.f.)
[44] Carta de Eve Nicklin a Amelia Buxton, 1 enero de 1971.
[45] Carta de Eve Nicklin a Amelia Buxton, 1965.

en 1936 aproximadamente. Registra su dirección en Delavan, Wisconsin, 129 South Street.

Era claro: Tenía un solo corazón y este era sincero. Estaba llena del amor a Bahá'u'lláh. Había dejado a un lado su vida, su tradición familiar, a cambio de lo que ella sentía era el verdadero propósito de su vida desde que su madre la dedicó a Dios.

"Yo pienso," comentó Amelia Buxton, "que ella dejó la iglesia muy pronto después. Escribió artículos para intentar ganar un poco de dinero pues ella sólo tenía lo que ganaba. Ella pudo haber estado en la iglesia simplemente porque no conseguiría otra cosa más en la búsqueda de un empleo. De pertenecer a la iglesia, en su corazón, yo no pienso que ella perteneció a esa iglesia después de la primera noche en que escuchó la charla sobre la Revelación Progresiva por Mabel Ives. Sé que me dió mucho que pensar."[46]

Se logró la parte más "difícil" del viaje, es decir, el pleno reconocimiento de Bahá'u'lláh como una nueva Manifestación de Dios. En cierto modo, había puesto el carro delante de los caballos, porque mientras estudiaba la Fe Bahá'í, a veces se consideraba bahá'í. Jesucristo había estado amorosamente entronizado durante más de treinta años de su vida y debe haber sido difícil conciliar su sistema de creencias tradicional con las enseñanzas de Bahá'u'lláh. Sin embargo, su nueva fe la animó a amar a Jesucristo tanto como antes. Eve había descubierto que Bahá'u'lláh era en realidad el regreso de Jesucristo y, en términos más amplios, el Prometido de todas las religiones. Como Pedro, Andrés, Santiago y Juan (Mateo 4:18-22), ella no necesitaba evidencias teológicas elaboradas porque la verdad es simple y la prueba misma ya estaba en su corazón.

Si bien al principio sus pies podrían haber estado en dos campos, gradualmente se alejó en su propio viaje místico para ver la creación de Dios con nuevas perspectivas. Experimentó cosas nuevas, descubrió nuevos significados y comprendió nuevas realidades hasta el punto en que de repente había cruzado el punto de no retorno. El miedo a perder su identidad social o religiosa se convirtió en coraje, felicidad y asombro. Ella era ahora una bahá'í para siempre.

---

[46] Eugenia Printchard, *Eve Nicklin*, p. 4. (s.f.)

En efecto, en los años de 1933 y 1934 trabaja como directora del orfelinato "Ruth M. Smith" en Cheffield, Pensilvania. Y en 1935 ella pide licencia para ausentarse con el pretexto de ir a una "Escuela" en Chicago.

*Bahá'í News* informó que en el mismo año 1935 "se hizo un intento de fundar una Escuela Dominical en la Casa de Adoración para niños cuyos padres asistían a la reunión regular de la tarde ... Esta Escuela Dominical estaba bajo la dirección de la Sra. Howard Ives, asistido por la señorita Eve Nicklin, la señora Inez B. Ford y la señora [de] Philip Marangella".[47] Todo esto muestra que Eva había hecho bien la transición y tenía el corazón lleno de gozo y paz.

Buelah McGruder fue otra alma sincera que aceptó la Fe mediante Eve. Era la diaconisa de la First Methodist Church, presidenta de su clase en la Escuela de Misioneros en Kansas y, a la vez, vivían juntas en el diaconado. Con el tiempo llegó a ser pionera bahá'í en Colón, Panamá. También sabemos que ella habló con sus colegas con coraje sobre la Fe y que dos de sus profesoras en la Escuela de Kansas aceptaron esta Gloriosa Causa.

En octubre de 1935 Eve le escribe a Shoghi Effendi de su relación con la iglesia Metodista, recibiendo la siguiente comunicación:

> Querida amiga bahá'í,
>
> El Guardián estuvo verdaderamente feliz de leer su carta del 6 de octubre y se siente gratamente impresionado de su inmediata y entusiasta respuesta a sus instrucciones respecto a no pertenecer por parte de los creyentes a otras organizaciones y grupos de aquellos instituidos por la Causa. Él aprecia particularmente la elevada abnegación que ha sobrellevado en razón de sostener este principio vital, la importancia del cual será descubierta en forma creciente a los amigos. Él está seguro de que Bahá'u'lláh le recompensarar sá completamente por todas las pérdidas materiales en que se ha visto incursa como resultado de su separación de la Iglesia Episcopal Metodista. Porque Ud. ha puesto un hermoso ejemplo de coraje, lealtad y

---

[47] *Bahá'í News*, Abril 1936, p. 7. No. 99.

devoción que cada sincero sostenedor de la Causa no puede dejar de admirar. Se espera que a través de este "ejemplo", los creyentes que todavía no estén lo suficientemente convencidos de la necesidad de separarse de sus Iglesias, serán así profundamente animados como para cortar las conexiones oficiales con ellas, y de esta manera llegar a ser sinceros e incondicionales en su fidelidad y lealtad a la Causa de Bahá'u'lláh.

Asegurándole una vez más el permanente aprecio de Shoghi Effendi por sus servicios, y con sus oraciones y mejores deseos para usted, y para todos los amigos en vuestro centro.

Vuestra en Su servicio,

R. Rabbani

Con la renovada confirmación de mis amorosas oraciones por su avance espiritual y por el éxito de sus abnegados esfuerzos en el servicio de nuestra gloriosa Causa.

Su verdadero hermano,

Shoghi"[48]

En 1936, la Iglesia le da oficialmente un "descargo honorario". La actividad de Eve en la transmisión del Mensaje de Dios fue instantánea y entusiasta. Vemos además que habló a sus colegas con valentía y que dos de sus profesores en la escuela de Kansas aceptaron la Fe.

Y fue Martha Root quien le preguntó si quería ser pionera en el Primer Plan de Siete Años, el cual había sido lanzado en 1937 por el amado Guardián. Fue ella también quien la ayudó a iniciar su primera experiencia de enseñanza en el campo internacional, en Brasil, ese mismo año. Pero esto es tema del próximo capítulo.

---

[48] Shoghi Effendi, carta en su nombre a Eve Nicklin fechada 19 de noviembre de 1935.

## 4 - LA CONQUISTA DEL PERÚ

La visita de Martha Root a Lima en el mes de octubre de 1919 fue corta, sin embargo, fue el primer paso que dejaba preparado el camino para futuros maestros y pioneros.

**Martha Root in Lima**

Un relato del paso de Martha Root lo encontramos en la edición de octubre de 1920 del "Star of the West".

Lima, Perú, la sede de la antigua civilización inca, fue la ciudad más importante visitada después de dejar Valparaíso. Su población es de 250,000 habitantes. El Dr. Vargas le había dado a la Srta. Martha Root cartas de presentación a diecinueve ciudades y pueblos y cuatro a sus amigos en Lima, la cual es su ciudad natal —una al propietario de un periódico, otra a un senador y dos a unos médicos—. Como Lima está a media hora del puerto del Callao, y el barco paró solamente tres horas temprano en la mañana, fue un problema cómo ir allí, encontrar esas personas y regresar a tiempo. En el tranvía la señorita Marta Root se encontró con dos jóvenes del barco que hablaban inglés y castellano. Ellos la llevaron al hotel principal para averiguar del gerente, cómo llegar a estas personas. Él era un hombre mayor y maravillosamente amable. Le dijo a la Srta. Root que se siente y que escriba sus mensajes a cada persona que él los podría llevar junto con sus folletos bahá'ís y los recortes de periódicos a cada uno. Él nos aseguró que el propietario del periódico usaría un artículo y se ofreció voluntariamente a traducirlo al castellano. Esto fue hecho muy fácil y rápidamente, y los dos jóvenes del barco estuvieron interesados y despacharon los folletos bahá'ís a sus hermanas en Australia y Nueva Zelandia, desde el hotel. Después del Callao no pudieron utilizarse más cartas de presentación puesto que al barco no se le permitió parar otra vez debido a condiciones de fiebre.[49] [50]

Aquellas actividades se habían ganado el amor de 'Abdu'l-Bahá quien posteriormente le escribió:

> Alabado sea Dios que el Llamado del Reino ha sido recibido en América del Sur y las semillas de Guía han sido sembradas en esas ciudades y regiones. Ciertamente el calor del Sol de la Realidad, la lluvia de la Eterna Bondad y la brisa del Amor de Dios los harán germinar: tenga confianza.[51]

En una Tabla fechada 27 de enero de 1920, 'Abdu'l-Bahá también le prometió en recompensa: "Antes de mucho los resultados de esta poderosa empresa serán descubiertos y puestos ante los ojos de todos los hombres".[52]

## Federico Vargas Valles

El doctor Federico Vargas Valles mencionado previamente, puede ser considerado el primer peruano, que escuchó de la Fe. Él, que era oriundo de Tacna, y su esposa Emilia Lloret de Valles procedente de Barcelona, España, residían en Argentina.[53] Ocho meses después de la visita de Martha Root a Perú, la revista bahá'í norteamericana "Star of the West" en su edición del 17 mayo de 1920[54] identificaba al doctor Vargas como un creyente representando a los Bahá'ís de Argentina. Ellos se reconocieron como bahá'ís cuando Martha Root visitó Buenos Aires.

Como dato curioso, al momento de la visita de Martha Root, el doctor Vargas era secretario general de las Sociedades Teosóficas de Argentina y a través de esa posición, organizó charlas para ella

---

[49] Martha Root, *A Bahá'í Pilgrimage to Sudamérica.* Star of the West. Octubre, 1920, Vol. XI, p. 215.
[50] El autor revisó los periódicos y revistas de la época en la Biblioteca Nacional y de "El Comercio"y no encontró ninguna impresión del artículo aludido.
[51] Kay Zinky, *Martha Root, Herald of the Kingdom*, p. 74.
[52] Mabel R. Garris, *Martha Root: Lioness at the Threshold,* p. 112.
[53] Gracias al señor Behrooz Khomassi de Argentina por suministrar esta información.
[54] Louis G. Gregory. "Celebration of the Feast of the Rizwan". *Star of the West,* Vol XI, No. 4, 17 May 1920p. 60.

en Argentina.⁵⁵ El doctor Federico Vargas, su esposa, otras creyentes y personas fueron los destinatarios de una Tabla de 'Abdu'l-Bahá conocida informalmente como la "Tabla a Sudamérica" (ver apéndice I) fechada 28 de enero 1920. Unos meses después, el matrimonio viajó a los Estados Unidos donde radicaron. El doctor Vargas hizo algunas visitas desde Estados Unidos al Perú aunque no se saben los detalles.⁵⁶

## Kenzo Torikai

Es de notar, que en el mismo año de la visita de Martha Root, Kenzo Torikai (1882-1965) un ciudadano japonés que se hizo bahá'í en los Estados Unidos, estuvo en el Perú por unos meses, para luego irse a radicar al Japón. De acuerdo a Barbara Sims:

> No se sabe mucho sobre el Sr. Torikai, el tercer japonés que se convirtió en bahá'í. Él supo acerca de la Fe en Seattle, Washington, a principios del siglo XX. Se alojó en la casa de la familia de la Sra. Charlotte Gillen durante unos seis años, posiblemente entre 1910 y 1916. También conocía a la Sra. Ida Finch, que vivía en Seattle en ese momento. Algún tiempo después, vino a Japón durante tres años. El Sr. Torikai recibió una Tabla de 'Abdu'l-Bahá que lo instaba a iluminar su propia tierra (Japón). No se sabe mucho de la Tabla, ya que no queda ninguna copia. El Sr. Torikai visitó Japón en 1916/17, conoció a la Srta. Agnes Alexander y al Sr. Torii, y entabló amistad con ellos. Durante ese viaje escribió el primer folleto original en japonés. Los anteriores fueron traducciones. Se llamó "Sekai Shin Bunmei" (Civilización del Nuevo Mundo). Este folleto se difundió por todo Japón. El Sr. Torii transcribió parte del folleto al braille japonés, combinándolo con otro material y lo utilizó como texto para las clases de braille que impartía. Se llamaba "Motomeyo Saraba Ataeraren" (Buscad y se os dará). Fue el primer folleto bahá'í japonés en braille. La señora Torii recuerda que el señor Torikai viajó de Tohoku a Kyushu hablando de la Fe. Llevaría una diadema en la que estaba escrito "Jinrui Goitsu" (Unidad

---

⁵⁵ Martha Root. "A Bahai Pilgrimage to South America". *Star of the West*, Vol XI, No. 12, 16 octubre, 1920, págs. 206-216.

⁵⁶ Gracias al señor Behrooz Khomassi de Argentina por suministrar esta información.

de la humanidad) en japonés. También llevaba una pancarta que se extendía. El Sr. Torikai fue a vivir a Perú en la década de 1920 y como no había actividad bahá'í allí en aquellos primeros días, perdió la pista de los bahá'ís. Finalmente regresó a Japón, donde murió. Pudimos encontrar a algunos de sus familiares. Su amable esposa, Yoshie, que era considerablemente más joven que su marido, dijo que si hubiera podido ver a algún bahá'í en Japón en los últimos años lo habría hecho muy feliz.[57]

## Leonora Armstrong

Leonora Armstrong entendió perfectamente la necesidad expresada por 'Abdu'l-Bahá para la promoción de la Causa en las tierras del Sur. Le escribió a Martha Root pidiéndole su guía. Una respuesta pronta le indicó viajar a Argentina por lo que Leonora empezó a tomar clases de castellano. Pero en una carta recibida por Martha de amigos en su viaje al Brasil le decían que necesitaban un maestro bahá'í que les enseñe más. Esto hace que en una carta posterior Martha le sugiera a Leonora dirigirse al Brasil.

La primera prueba la encontró con sus familiares y amigos quienes le advirtieron de los peligros de llevar a cabo su determinación. Estaba ya flaqueando y pensando viajar a Canadá cuando May Maxwell, la madre de Rúhíyyih Khánum, yaciendo enferma en su lecho, le dice en tono vibrante: "Leonora, ¿qué estás esperando? ¡Anda!".[58]

Leonora Armstrong se instaló en Bahía siguiendo el consejo de 'Abdu'l-Bahá en las Tablas del Plan Divino: "Visitad en especial la ciudad de Bahía, en la costa occidental de Brasil. Puesto que en años pasados dicha ciudad recibió el nombre de Bahía, no hay duda de que ello ha sucedido merced a la inspiración del Espíritu Santo." [59]

Y Leonora fue y se estableció para siempre en el Brasil, esto es, desde su llegada el primero de febrero de 1921 hasta su fallecimiento el 17 de octubre de 1980, ganando gloria

---

[57] Sims, Barbara. *Traces that remain: A Pictorial History of the Early Days of the Bahá'í Faith among the Japaneses*, p. 10. Japan: Bahá'í Publishing Trust, 1989.
[58] *Bahá'í News*, agosto 1982. Pag. 7
[59] 'Abdu'l-Bahá. *Tablas del Plan Divino*, p. 138. Editorial Bahá'í de España, 2013.

imperecedera y sirviendo en sus últimos años como Consejera Continental de la Fe.

Mas el árbol plantado por Martha Root continuó dando frutos y creciendo, Eve Nicklin era otra alma que había recibido el consejo de Martha para ir a Sudamérica, y así lo hizo.

## El debut de Eve en Brasil

En la entrevista realizada por Mario León, Eve habló de Martha Root y de cómo fue conducida por ella en su infatigable labor pionera por la totalidad de los países sudamericanos durante décadas.

ML: Eve, ¿podría contarnos algo de Martha Root?

EN: Ella fue una magnífica maestra bahá'í. Una magnífica pionera. No sin razón, el amado Guardián la llamó "Pionera Estrella". Viajó por el mundo enseñando la Fe a reyes, príncipes, personalidades del mundo. Ustedes tienen que estudiar aparte la vida de Martha Root.

ML: ¿Cómo así se decidió Ud. a ser pionera?

EN: Martha Root fue la que me impulsó en un principio. Un día me dijo que el amado Guardián había lanzado un Plan. Que el Plan se llamaba "Cruzada Mundial de Siete Años". Que él estaba pidiendo a los bahá'ís norteamericanos que salieran a Sudamérica en calidad de pioneros. Me preguntó si yo podría ir.

ML: Entonces... ¿Qué contestó Ud.?

EN: Le dije que lo pensaría. Ella me dijo que en caso de decidirme escribiera al Comité Interamericano. Así lo hice".[60]

La respuesta del Comité la llevó a Brasil para apoyar los esfuerzos de Leonora. Martha Root le ayudó con cien dólares y un boleto por vapor. Eventualmente Eve le devolvió el dinero. Asimismo el 28 de febrero de 1937 Martha Root le obsequió un pergamino con el Más Grande Nombre, el cual se conserva en los Archivos Nacionales Bahá'ís en Lima, Perú. De acuerdo a Amelia Buxton:

---

[60] Mario León, *Carta a un Pionero*, No. 1. (s.f.)

...Yo había visitado a Eve en New Castle el 28 de febrero de 1937, y fue cuando ella me dió un libro para que le copié algunas cosas a ella. Tenía 12 páginas. Escribí este material a máquina a un solo espacio e hice copias de carbón para ella. Pude devolvérselo a ella en una semana. Entonces el 23 de mayo fui a verla porque sabía que pronto viajaría para el Brasil. Regresé la siguiente noche para visitarle otra vez. Ella dijo que iba a estar en el parque la mañana siguiente, y que venga a verla allí. Lo hice porque tenía un traje de baño y un saco fresco para ella como regalos y se los di. Ella salió del puerto de Nueva York el 5 de junio para el Brasil. Supe que iba a regresar en seis meses de manera que yo volví en diciembre y me enteré que tenía una tarjeta de ella. Ella escribió el día de Navidad en el barco viniendo a Nueva York y la despachó para mí desde Nueva York. Mientras tanto, había recibido una tarjeta de su hermana diciendo que iba a venir de regreso el primer día del año aproximadamente, debido a que su visa había sido cancelada.[61]

 La dictadura en Brasil no reconoció su pasaporte y por eso tuvo que abandonar el país. Sin embargo, Eve para su satisfacción ya había ayudado a Leonora en su trabajo, especialmente en la escuela para huérfanos y niños pobres de Bahía que ella había iniciado y esperaba que Eve dirigiera.

 Shoghi Effendi elogió esta labor humanitaria como una forma de llegar a la población local. Había unos diecisiete niños de entre cuatro y once años de edad. Todos vivían en una gran casa alquilada con un gran jardín donde los niños podían jugar y salir ocasionalmente a la playa. La hija de un matrimonio bahá'í era la cuidadora y también actuaba como madre adoptiva. Finalmente, Eve asumió su lugar y vivió en la escuela con los niños. También se enseñaron a los niños oraciones y principios bahá'ís. Además, Leonora contrató para ellos una profesora y una costurera. Esta señora solía remendar la ropa de los niños y enseñarles algunas habilidades prácticas de costura.

 En su libro en portugués sobre Leonora Armstrong, Gabriel Marques describe cómo Leonora tuvo que hacer uso de sus

---

[61] Eugenia Pritchard, *Eve Nicklin*. 1984, p. 17. (s.f.)

escasos recursos financieros para sostener la escuela mientras se le proporcionaban alimentos y otras necesidades. Para la atención médica y dental se contrató a profesionales locales quienes ofrecieron sus servicios de forma gratuita a petición de Leonora.[62]

Desafortunadamente, el escaso conocimiento que Eve tenía del portugués no la ayudó mucho, lo que la hizo sentir un poco frustrada. De acuerdo a Leonora Armstrong "... poco después, Eve prefirió ir a algún campo que ofreciera mayores oportunidades para el servicio bahá'í".[63]

Posteriormente se mudó a la pensión de una señora inglesa que le encontró algunos alumnos para enseñar inglés. Aparentemente, esto la hizo más feliz ya que Eve pudo conectarse directamente y simultáneamente con la población en general y enseñarles la Fe Bahá'í.

Su poema "Navidad en Brasil", escrito durante su "primera Navidad tropical", refleja algunos sentimientos de nostalgia:

¿Qué?, no hay medias
colgando en fila;
No hay Santa Claus,
Ni trineos o nieve
Invernales?
No hay árboles de Navidad
Verdaderos y vivos,
Para rodearlos y
Cantar, y para congelar
los dedos del pie,
Ni Navidad!
Oh!, pero hay zapatos
en fila esperando
a Papa Noel,
Para esconder allí
Sus regalos,
Y palmas reales,

---

[62] Gabriel Marques. *Leonora Armstrong, A Mãe Espiritual da América do Sul e do Brasil*, págs. 37-38.
[63] Gabriel Marques. *Leonora Armstrong, A Mãe Espiritual da América do Sul e do Brasil*, págs. 37-38.

Y mares y cielos
azules, cálidos
Y corazones amigos
Deseándote, "Feliz Navidad".

Desafortunadamente, Eve tuvo que dejar el Brasil. De acuerdo a Leonora Armstrong: "Fue una gran decepción saber que la Srta. Eve Nicklin no pudo quedarse en este país debido a las nuevas restricciones a los extranjeros. Parece extraño que cuando finalmente después de tantos años que [los bahá'ís norteamericanos] hayan envíado otro instructor [Eve Nicklin] a Sudamérica, surja este obstáculo. Tenía muchas esperanzas de que junto con ella pudiéramos formar un grupo más grande aquí."[64]

Según Eve, había hecho su "debut" y ya "llevaba sangre pionera". Estaba impaciente y ansiosa por continuar en ese maravilloso campo de servicio, especialmente en Sudamérica. La Asamblea Nacional de Estados Unidos y Canadá informó en el *Bahá'í News* que "la señorita Nicklin demostró que un creyente con formación profesional puede establecerse financieramente en otro país..."[65]

A su regreso fue pionera en Virginia Occidental en Wayside Farm, Parkersburg. La encontramos sirviendo en el Comité Regional de Enseñanza para Ohio, Indiana y Pensilvania Occidental. Por encima de todas las dificultades brasileñas, el espíritu de Eve había dado uno de sus primeros frutos. Según Doris McKay:

> Eve Nicklin regresó en septiembre. Había estado con nosotros unos días en primavera y, mientras estaba ausente del asilo de huérfanos, su supervisor había abierto parte de su correo bahá'í. Eve estaba en problemas porque su trabajo era con la Iglesia Metodista y la mujer que había abierto el correo no se mostró muy afectuosa al respecto. Había llamado a los dos asistentes de Eve, Wreatha [Cranston] (bahá'í) y Betty (a punto de convertirse en bahá'í). Eve finalmente perdió su trabajo en

---

[64] Gabriel Marques. *Leonora Armstrong, A Mãe Espiritual da América do Sul e do Brasil*, p. 41.
[65] *Bahá'í News*, junio 1938, p. 9. No.116.

la Iglesia, el trabajo para el cual había sido capacitada. Ahora vivía en Rochester y trabajaba como ama de llaves.

Nos contó cómo había estado ahorrando dinero de sus pobres salarios; cómo se había estado preparando para ofrecerse como pionera al Perú. Mientras ella describía sus intenciones, Willard y yo intercambiamos una mirada que no necesitaba palabras. Le dimos a Eve uno de los dos cabellos de Bahá'u'lláh que Martha Root le había dado a Willard después de su gira por el sur con Louis Gregory. Eve estaba saliendo de Jamestown para consultar con miembros de la Asamblea Nacional sobre el servicio de pionerismo. Pero esta Eve, de la osada boína negra y pendientes rojos vivos, se había dejado el pintalabios en casa. Ella se preocupó: "Estoy segura de que no me aceptarán sin mi lápiz labial". Hice un brebaje con caramelo de canela que funcionó como un mal sustituto. Eve fue aceptada y se convirtió en la segunda pionera en partir de Jamestown hacia Sudamérica (John Stearns[66]... fue el primero). Vi a Eve hace varios años en la película Green Light Expedition. La Mano de la Causa, Rúhíyyih Khánum, la había llamado la "Madre del Perú".[67]

También sabemos por Eve que escribió a la Asamblea Espiritual Nacional de los Bahá'ís de Estados Unidos y Canadá informándoles sobre su experiencia pionera. A Eve le dijeron que pensara en otro país. Pasaron los años hasta que recibió una comunicación preguntándole si le gustaría ir al Perú. Ella respondió positivamente e inmediatamente fue a la biblioteca para saber todo sobre el Perú. Su historia la fascinó particularmente. El mes anterior a su partida, el querido Guardián envió el siguiente cablegrama:

> Asegure a [Eve] Nicklin oraciones [por] el éxito [en] Perú. Transmita a [Elizabeth] Cheney cariñosa preocupación, fervientes oraciones [por su] recuperación [y mi] más profunda admiración.[68]

---

[66] Véase el capítulo 6 para más información sobre John Stearn.
[67] Doris McKay, in colaboración con Paul Vreeland, *Fires in Many Hearts*, págs. 263-264.
[68] *Bahá'í News*, octubre 1941, No. 147, p. 6. Cablegram recibido el 30 de septiembre 30, 1941.

Fue así como se embarcó hacia Perú, un país totalmente extraño para ella, sin conocimiento de su lengua, gente ni cultura. Sin embargo, ese fue el país que más tarde llamaría "mi país adoptivo". Edna True, de la Asamblea Espiritual Nacional de Estados Unidos y Canadá, arregló su boleto y le dijo: "Bueno, ya te han levantado el telón". Eso fue Bahía".[69]

Sin embargo, viajar nuevamente al extranjero debe haber sido otra separación dolorosa de su familia, ya que Eve los amaba tanto como ellos la amaban a ella.

## Dodge's teaching in Lima

Es de señalar que desde la visita de Martha Root, pasaron por Lima algunos maestros bahá'ís procedentes de Norte América como: Louis Mathew en 1935, Joel and May Stebbins (1937), Isabelle Stebbins Dodge (1935-38), Stuart W. French y Nellie S. French (1936),[70] Iris Wigington[71] visitó el Perú acompañado de su esposo que era peruano y aprovechó para hablar de la Fe con algunos en Huanta. [72]

Las visitas de Joel and May Stebbins en 1937, y de su hija Isabelle Dodge con su esposo Theodore (Ted) Dodge (no-bahá'í en ese entonces) (1935-38), fueron muy significativas. Ted Dodge, que era geólogo, y su esposa Isabelle tenían un contrato de tres años a partir de julio de 1935, justo después de casarse.

De acuerdo a Janet Dodge, Theodore's daughter[73]:

> En la ocasión de un eclipse solar en Perú en junio/julio de 1937 mi abuelo Joel Stebbins, un astrónomo, y su esposa May viajaron al Perú. Después Joel regresó a EE.UU. y May se quedó para enseñar la Fe [por dos meses].
>
> En un viaje a los Estados Unidos en 1936, a Isabelle Dodge le fue dado el nombre de la Sra. Elisa Rodriguez de García Rosell (1876-1966) quien conoció la Fe en un Congreso

---

[69] Eugenia Pritchard, *Eve Nicklin*, 1984, p. 17. (s.f.)
[70] Nellie Stevinson French. "In Memoriam", *The Bahá'í World*, Vol. XII, págs. 699-701.
[71] Fecha de visita desconocida.
[72] "Bahá'í Teaching in Latin America to 1940", *A Statement* por Loulie A. Matthews, p. 195.
[73] Thomas y Lauren (Lauralie) Dodge, hijo y nuera de Isabelle y Theodore Dodge, arribaron al Perú en 1977 como pioneros.

Panamericano de Paz en Buenos Aires en enero de 1937 a través de la señora Frances Benedict Stewart (una bahá'í americana). La señora García Rosell era una persona liberal y una lideresa entre las mujeres de la comunidad. Era directora y dueña de la revista "Universal" y presidenta de la Liga Internacional de Mujeres Ibéricas e Hispano-Americanas en el Perú.[74][75]

Isabelle escribiría después:

> Yo fuí al Perú en julio de 1935 con mi esposo, un geólogo minero, quien trabajaba en la Cerro de Pasco Copper Corporation. Vivíamos en un campo minero en Morococha, Perú, que estaba situado a 14,000 pies (4,300 metros) de altura en los Andes, aproximadamente a 100 millas (160 kilómetros) de Lima, la capital del Perú. Durante mi primer año en Perú me escribía con la señorita Leonora Holsapple "Armstrong" entonces residente en Bahía, Brasil. Ella había hecho una traducción al castellano de "Bahá'u'lláh y la Nueva Era" del Dr. Esselmont y me envió una cantidad de copias en edición de bolsilibro, para usar en el trabajo de enseñanza. Estas arribaron por correo terrestre después de un viaje de varios meses por la ruta del Pichis a lomo de mula y a través del Amazonas. Muchos volúmenes estaban bañados por manchas de agua.[76]

La primera reunión bahá'í en el Perú fue realizada el 10 de julio de 1937 en el hogar de la señora García Rosell[77] en Lima. La charla fue dada por la señora May Stebbins. Janet Dodge afirmó que:

> [La señora García Rosell] se entusiasmó con la idea de organizar una reunión entre la gente más liberal que conocía en Lima y que no estaban ligadas a la iglesia católica. Asistieron más o menos 20 personas a su apartamento, ingenieros, oficiales militares y sus esposas, hombres de negocio y personas jóvenes, hombres y mujeres. La Sra. Stebbins dio una charla en general acerca

---

[74] Communicación de Janet Dodge al autor (29 de julio de 2021).
[75] Un monumento a ella ha sido erigido en el Parque Neptuno de Lima.
[76] Isabelle. Dodge, *Early Bahá'í Activity in Perú*. (s.f.)
[77] La Sra. García Rosell no era bahá'í.

de la Fe, traducido por el dentista, hijo de la señora García Rosell, e Isabelle habló en español acerca de la construcción del Templo en Wilmette y acerca del simbolismo de la unidad de la religión que representaba. Enseñaron fotos del Templo y de 'Abdu'l-Bahá. Las personas presentes, todos peruanos, respondieron muy bien a las charlas y los que quisieron recibir una copia fueron entregados "Bahá'u'lláh y la Nueva Era".

Un mes después otra reunión se organizó en el mismo lugar. May Stebbins presentó una introducción del libro "Security for a Failing World"[78] (charla traducida por Dr. García Rosell), e Isabelle habló en español sobre la "Ciencia y la Religión". En la primavera de 1938 Isabelle dio una charla sobre "La Meta de un Nuevo Orden Mundial" también en la casa de los García Rosell. Esa carta de Shoghi Effendi ya estaba traducida al español. También entregó copias en español de "Los Siete Valles" a los participantes, y las copias que quedaron las dejó con la Sra. García Rosell.[79]

Es de resaltar que en febrero de 1937, la Sra. Nelli French se detuvo en Lima por un día en un viaje alrededor de Sudamérica. La señora French y yo visitamos la Biblioteca Nacional en ese tiempo y obsequiamos al bibliotecario una copia de "Bahá'u'lláh y la Nueva Era". También visitamos algunas de las oficinas de periódicos en Lima pero no pudimos procurar publicidad alguna para la Fe.[80]

Isabelle Dodge agregó:

A comienzos de octubre de 1938, mi esposo Theodore Dodge, no-bahá'í en ese tiempo, dio una charla sobre los principios bahá'ís en el hogar de los Rosell ante una cantidad de investigadores, muchos de ellos teósofos. El Mensaje fue dado también a otros individuos cuando tuvimos oportunidad de hacerlo durante nuestros tres años de estadía en Perú.

---

[78] Stanwood Cobb, *Security for a Failing World.* Bahá'í Publishing Trust, 1941.
[79] Communicacion de Janet Dodge al autor (29 de julio de 2021).
[80] Communicacion de Janet Dodge al autor (29 de julio de 2021).

Fue difícil hacer algún seguimiento a la labor después de estas reuniones debido a que mi esposo y yo no vivíamos en Lima y "bajábamos" del campamento minero solamente en vacaciones. Mi madre y yo pasamos dos meses en Lima en una pensión durante el verano de 1937. Mi esposo dio su charla en octubre de 1938 justo antes de abordar su barco de retorno a los Estados Unidos al finalizar su contrato.[81]

Los informes de las actividades de enseñanza de Isabelle y Theodore aparecieron en las ediciones de diciembre de 1937 y julio de 1938 de *Bahá'í News*[82] [83] y fueron fundamentales para educar a los creyentes estadounidenses sobre cómo reaccionaban los latinos ante los principios bahá'ís. Esas informaciones aisladas provenientes del extranjero ciertamente fueron leídas por Eve y le hicieron consciente de la receptividad local.

Los destinatarios de Dodge en las reuniones estaban formados por "hombres y mujeres, ingenieros, hombres de negocios, oficiales navales y militares, y sus esposas, y también varios hombres y niñas jóvenes". La señora García Rosell publicaba la revista Universal en Lima y logró invitar a un grupo seleccionado de personas de "pensamiento liberal". Para doña García Rosell "estas doctrinas eran las más altas, las más elevadas del mundo".

Según Isabelle Dodge, la señora García Rosell "ponía avisos en los periódicos y enviaba invitaciones para que la mayor cantidad de gente posible pudiera escuchar hablar a madre [May Stebbins]". Los peruanos también "pensaban que [la Fe Bahá'í] era un plan magnífico para el mundo" cuyos principios "eran muy buenos, muy importantes". Dodge informó que los peruanos estaban muy interesados en el principio de la investigación independiente de la verdad porque, como la parafraseó un asistente, "debemos saber con nuestro propio entendimiento y no con el entendimiento de nadie en el mundo". Estos maestros bahá'ís estaban algo ansiosos de no ofender a nadie debido a sensibilidades religiosas, "pero nadie nos criticó ni intentó discutir con nosotros sobre ningún punto", pero se les advirtió que "aquí había mucha gente fanática y conservadora".

---

[81] Isabelle Dodge, *Early Bahá'í Activity in Perú*. (s.f.)
[82] Bahá'í News, diciembre 1937, p. 6, No.112.
[83] Bahá'í News, julio 1938, p. 10, No. 117.

Isabelle Dodge también relató que las charlas se centraron en temas como "El Templo", "La Unidad de la Humanidad", "Seguridad para un Mundo Fallido" y "Ciencia y Religión". "Parecía haber un considerable interés cuando la gente empezó a discutir nuestras respuestas, más preguntas..." y "compartimos fotografías de 'Abdu'l-Bahá y el Templo" cuya construcción atrajo especial atención y muchas preguntas. También sentían curiosidad por la postura bahá'í sobre la inmortalidad del alma y la reencarnación, así como por la definición de religión. Un profesor de economía se interesó por los principios bahá'ís en ese campo. El grupo tenía hambre espiritual, amaba las nuevas enseñanzas y pedían más.

Se propuso un grupo de estudio para estudiar todos los capítulos de 'Bahá'u'lláh y la Nueva Era', plan que la señora García Rosell prometió llevar a cabo después de que los Dodge se fueran. Las actividades de los Dodge fueron significativas porque, aunque de pequeño alcance, las enseñanzas bahá'ís fueron presentadas formalmente por primera vez a la población local en un ambiente basado en debates. Además, dichas actividades estaban dirigidas por amigos de la fe, acompañados de literatura y publicitados mediante anuncios públicos. Como dijo Isabelle Dodge: "Estábamos encantados de que nuestro público era enteramente peruano y si no fuera por los Rosell, en Lima sólo hubiéramos conocido a estadounidenses e ingleses".[84]

A su llegada, unos tres años después, Eve intentó en repetidas ocasiones ponerse en contacto con la señora García Rosell pero sólo logró reunirse con ella en una ocasión. La reunión no fue muy productiva porque la señora García Rosell no hablaba inglés y Eve no entendía español. Sin embargo, la experiencia de los Dodge había asegurado a Eve que las almas estaban receptivas y esperando, ansiosas por escuchar el Mensaje de Bahá'u'lláh.

---

[84] Comunicación de Janet Dodge al autor (3 Marzo de 2024).

# 5 - UNA GRAN VICTORIA

El viaje por mar al Perú le tomó quince días. Al puerto del Callao, preámbulo de Lima, la "Ciudad de los Virreyes", la "Tres Veces Coronada Villa", la "Perla del Pacífico" y antiguo centro de la catequización de la América Española, llegó, cual sello de la historia, el tres de octubre de 1941.

## Estableciéndose en Lima

Eve llegó con cincuenta dólares, su ropa y unos cuantos libros bahá'ís en inglés. Cincuenta dólares eran trescientos veinticinco soles. Con trescientos veinticinco soles pudo pagar una pensión por un mes para comer y dormir, tal como lo había conseguido de antemano Gertrude Hanks, la directora del Colegio Metodista de Lima quien a la vez de ser antigua correligionaria en el Norte era también una vieja amiga personal. Envió a alguien para que la reciba en el puerto y además la ayudó a establecerse, la preocupación primera de cada pionero; y al cabo de pocas semanas le había conseguido un trabajo. No era necesario que Eve le mencionase su nueva filiación religiosa porque la amistad era verdadera. Alguien ha dicho que los metodistas están entre los mejores ecuménicos y el autor agrega que Dios estaba ya trabajando.

Habiendo empezado a ubicarse, Eve continuó con el pequeño plan que llevaba trazado; ajustarse a una nueva forma de vida, hacer contactos y aprender el idioma, empero, no había llegado en el "mejor" momento de la vida civil y religiosa de Lima. Era en realidad un momento de crisis y transición en la sociedad limeña. Diríamos que se estaban preparando las condiciones para la llegada de Eve a Lima. El día anterior a su arribo se había firmado un armisticio que daba fin al conflicto militar que estremecía la frontera norte. Se agitaba, semejante a todos los pueblos, la tempestad de la Segunda Guerra que sacudía al mundo y contagiaba acaso a las gentes con una sicosis belicista.

Como que, de una manera irónica, los sentimientos de guerra engendran los de paz y el nacionalismo hace aflorar las ansias de la universalidad, Lima vivía una sed de conocimiento de otros países cuya latitud las noticias de la Gran Conflagración le alcanzaban continuamente y le despertaban la curiosidad a manera de una inusitada clase de geografía. Muchos jóvenes se matriculaban en cursos de inglés con el deseo de algún día salir a la gran República del Norte y realizarse en aquellos horizontes que una propaganda y motivación diaria los animaba. Recientemente se había formado el Instituto Cultural Peruano Norteamericano. Era la época de la naciente aviación comercial, del átomo, de la radio, del ventilar ideas tradicionales, del interés por otras nuevas como la paz mundial, la tolerancia religiosa, la unidad de las naciones, de la libertad y la democracia. Eran los tiempos de la angustia pendiente de lo que sucedía al otro lado del mundo, de un conflicto que sacudía y envolvía el globo, de su resolución incierta para muchos, de la furia incontenible de algo que los humanos nunca habían visto, ahora aturdidos. Eran años de cambio.

Una nueva Constitución Política ocho años atrás había consagrado límpida, digna y públicamente la libertad de cultos,[85] merced esto a elementos progresistas que debieron lidiar duro contra las fuerzas del fundamentalismo de entonces que, no obstante la formulación política del derecho de seguir su propio credo, seguían lamentándose de la apertura liberal y utilizaban inclusive instrumentos gubernamentales para reprimir todo aquello que podía significar el desarrollo de movimientos religiosos y misioneros.

Así mientras la mayoría de países latinoamericanos habían dado paso a la libertad de credo no solamente con la ley sino con el espíritu, en el Perú, lastimosamente se continuaba con la práctica de hostilización religiosa. Cierta vez, elementos fundamentalistas que habían ingresado a un templo evangélico dispersaron la reunión y sacaron la Biblia que leían para finalmente quemarla en medio de la calle en "acto de fe". Se habían producido además enfrentamientos violentos en las calles entre miembros de ambas sectas como consecuencia de la intolerancia de elementos tradicionales agrupados en una "Campaña Eucarística para la Defensa de la Fe". "El aprisco ha sido ya asaltado con osadía", leía la pastoral de los obispos, "y el lobo pretende seguir sacrificando a mansalva nuestro querido rebaño, anhelando ampararse bajo las garantías de una tutela oficial. Os

---

[85] Jorge Howard, *Libertad Religiosa en America Latina?* Buenos Aires: Imprenta Metodista, 1945.

prevenimos una vez más contra la legión de pastores mercenarios que han invadido nuestro suelo nacional."[86]

Pero aun siendo tan poderosas las instituciones religiosas tradicionales, sin embargo brotaba espontáneamente el espíritu religioso y buscador del hombre peruano. La cuestión de la libertad de cultos encontró su caja de resonancia en el corazón puro de la gente que veía y sentía con sentimientos de alegría el fin de un monopolio religiosa de más de cuatro siglos en su propia tierra. El principio constitucional, a poco de ser derribado, fue apoyado crecientemente por muchos sectores. El diario "El Callao", uno de esos baluartes, escribía en sus páginas del 13 de octubre de 1943.

> Hace más de treinta años que existe en el Perú, felizmente, la libertad de cultos. Fue una conquista que costó mucho trabajo alcanzar y que no se debe perder tan fácilmente. La vieja Constitución de 1860 que rigió hasta 1919, disponía en su art. 4to. que 'El estado profesa la religión católica, apostólica y romana y, no permite el ejercicio de ninguna otra'. La última parte fue suprimida por los legisladores de 1913, si mal no recordamos, y desde entonces las religiones, y que aun protegiendo a una, la católica, que es la que profesa la gran mayoría del país, tiene el deber de adoptar frente a las demás una posición neutral y de garantía.[87]

Eve pareció haber percibido pronto la atmósfera reinante pues desarrolló el método indirecto de enseñanza como su mejor camino. Tenemos la primera carta reporte de Eve fechada 5 de octubre de 1941 al Comité Interamericano, cuyos extractos nos permitimos reproducir:

> Av. Máximo Abril 513
> Lima, Perú
> 5 de Octubre de 1941
>
> Querida Srta. True, Sra. French:
>
> Hoy es domingo de mañana y pensé que sería buena idea poner al día la correspondencia. Arribamos a Lima el 3. Pienso que compensamos en algo el no haber estado tanto

---

[86] Idem.
[87] Idem.

en diferentes puertos. Estuvimos en una parte de ese huracán que barrió los mares del Caribe. Fuimos algo sacudidos, lo que nos lanzó de nuestras sillas al piso. Yo no sabía que estábamos en un huracán pues nadie me lo dijo. Sólo pensé que era una tempestad. De cualquier modo algunos estuvieron muy asustados y se marearon. Yo no lo estaba. (Quizás estaba demasiado aturdida para conocer el peligro). Algunos de nosotros nos reunimos en una cabina durante la tempestad y nos apretamos entre nosotros todo lo que pudimos. La religión fue traída a colación de manera que eso me dio una oportunidad para hablar de la Fe. Una mujer estuvo tan asustada durante la tempestad que juró no beber más....

Nuestra parada en Panamá fue corta....

Esta mañana vi al Presidente del Perú "Manuel Prado" viniendo en su carro de algún día especial en una de las iglesias. Él anda completamente desprotegido.

Lima es una ciudad agradable y pues muy hermosa....

Necesito vuestras oraciones.

Eve Nicklin"[88]

## Su primer trabajo

Su primer empleo de profesora de inglés de los hijos de los socios del Country Club, cuyas madres habían acudido a Gertrude Hanks a fin de que les consiguiera una maestra adecuada, fue para Eve el canal de su primer encuentro directo con la espontaneidad y hospitalidad del limeño. Estaba feliz porque tenía las mañanas ocupadas y porque la enseñanza de niños y jóvenes era su tarea profesional y le gustaba.

La soledad de estar sin su familia, ni amistades, más la dificultad para comunicarse en castellano, fueron compensadas poco a poco con la familiaridad que iba adquiriendo y que dejaba traslucir a través de su carácter amoroso, dulce y afable.

En esos intentos por cumplir la misión espiritual que la había animado a venir, al caminar por las calles de Lima y entrar en los

---

[88] Nicklin, Eve, carta al Comité Interamericano de Enseñanza fechada 5 de octubre de 1941.

hogares, en su búsqueda de contactos, su mayor seguridad era la recitación de la Oración de las Dificultades del Báb.

A Eve le habían dicho antes de partir que en Lima vivía un bahá'í peruano Alberto Lobatón Mesa enrolado en 1941 en Nueva York pero sólo logró ubicarlo en 1945, como veremos en el próximo capítulo. Estando su país meta en tales condiciones se dedicó a hacerse de amigos y contactos con el fin de formar un centro permanente de creyentes en la capital, tal como era la meta del Plan del Guardián. Eve, sin embargo, oraba fervientemente, para que no sea solamente un grupo sino una Asamblea Espiritual Local la que se forme.

Shoghi Effendi, para ese Plan de Siete Años, había escrito que la "audacia" de las mujeres bahá'ís, alabada por 'Abdu'l-Bahá, debía "en el transcurso del tiempo y a lo ancho y largo de los vastos territorios vírgenes de la América Latina, ser demostrada más convincentemente y ganar para la amada Causa victorias más conmovedoras que cualquiera hasta ahora ganadas".[89]

Eve asimiló el entusiasmo de las palabras de Shoghi Effendi y la figura de su Guardián fue la motivación primordial de su trabajo como pionera residente; indudablemente ella amó mucho al Guardián y recibió un número de cartas de él, a medida que le informaba continuamente de su labor; recibió su guía amorosa, aunque nunca estuvo en su presencia. Ella comentaba en una carta en cierta época: "... cuán querido es él para todos nosotros. Cuánto hemos aprendido a amarle! Él ha sido nuestra guía personal a través de todos estos años en Sudamérica. ¡Cuán preciosas son todas sus cartas!"[90]

Eve nos relata de sus primeros meses en Lima:

> No fue sino hasta que el verano de 1942 terminó que vino la oportunidad para enseñar inglés en una escuela, y luego para enseñar el mismo curso a las enfermeras en uno de los más grandes hospitales de Lima.
>
> Las escuelas y hospitales no ofrecen mucha oportunidad para hablar de la Fe Bahá'í, pero los alumnos me han preguntado de mi religión y yo he hecho una simple

---

[89] Shoghi Effendi, *El Advenimiento de la Justicia Divina*, p. 102.
[90] Carta de Eve Nicklin a Amelia Buxton (16 de enero de 1952).

declaración. Una vez yo dí unas palabras de 'Abdu'l-Bahá para trabajo de memorización —aquellas palabras con un mensaje universal "¡La luz es buena en cualquier lámpara en que brille! ¡Una rosa es bella en cualquier jardín en que florezca! ¡Una estrella tiene el mismo esplendor si brilla en el Este o en el Oeste!"[91] A medida que conversábamos sobre estas palabras y sus significados, los jóvenes parecían captar su significado interior y expresaron su deseo de aprenderlas.

Yo ya me había reunido con mi colega y las madres y padres de mi grupo de kindergarten. En cada momento uno es consciente de usar el arte de dirigir una conversación a canales que puedan guiar a la gente a preguntar sobre la Fe. A un educador, uno tiene la oportunidad de hablar de los principios de educación universal de Bahá'u'lláh, a un artista, la belleza de la Casa Universal de Adoración, a aquellos que se sienten atormentados por el prejuicio racial, la unidad de la humanidad y al refugiado, la esperanza que la justicia se ha manifestado sobre la tierra.

Tan pronto como mis clases de invierno terminaron, me solicitaron enseñar inglés en el Instituto Cultural Peruano Norteamericano (ICPNA). Los miembros están compuestos por una sección sólida y mezclada de gente trabajadora—de correos, empleados, vendedores, oficinistas y hombres de negocios. En uno de los cursos avanzados hemos estado discutiendo planes para un mundo reorganizado y leyendo extractos de revistas principales, incluyendo nuestro propio Orden Mundial. Estamos siguiendo nuestras discusiones a través de distintos períodos de clase. Hasta aquí el consenso general de opinión es que debemos trabajar por una paz duradera.

Cuando un maestro viajero, Philip Sprague vino a Lima (23 de octubre de 1942), tuvimos una reunión en el Hotel Bolívar y 19 amigos estuvieron presentes. Luego, aquellos especialmente interesados vinieron por invitación. En la mesa había norteamericanos con nombres peruanos y

---

[91] 'Abdu'l-Bahá, *La Sabiduría de 'Abdu'l-Bahá*, p. 164.

peruanos con nombres norteamericanos. Luego de una charla informal, se leyeron selecciones de libros bahá'ís. Los invitados hablaron de la belleza de los Escritos Bahá'ís y pidieron libros que ellos mismos podrían leer. Hubo otros tés. Esta manera íntima y natural de dar el mensaje parece llamar la atención de los sudamericanos."[92]

En una carta fechada 31 de octubre de 1942 a la señora French, Eve informa:

> Bien, por fin hay un poco de luz bahá'í brillando a través de las oscuras nubes de Lima. Yo siento que la visita de Philip fue programada en el tiempo correcto. Fue realmente por mi última mudanza que hizo que encontrara a cierta mujer que nos ayudó bastante. (Ella es quien le dijo sobre el préstamo de unos libros y quien había vivido por un tiempo en los Estados Unidos). Ella es la suegra de la mujer con quien yo vivo. Bien, a fin de conseguir un poco de gente junta para que se reúna con Philip, yo recordé a esta mujer y le invité al té al Hotel Bolívar para que le conozca allí primero. Entonces ella nos invitó a un paseo el domingo. En ese tiempo fue fácil sugerir estar unos pocos juntos para estar con Philip y escucharlo. La respuesta fue maravillosa. Otro día, mi amiga y alumna, la artista, invitó a Philip y a mí a un té, e invitó a un amigo —un hombre que habla muy bien el inglés y ha viajado a través del mundo. Invitamos a ellos a nuestra reunión. Este hombre también llevó a Philip por la ciudad y él tuvo la oportunidad de dar el mensaje aunque él (el amigo) no podría ir a la reunión esa noche. Llevé conmigo a Philip a mi clase al hospital a fin de encontrar a esta profesora amiga mía que tengo allí. Invitamos a ella y a su hermano a la reunión. Philip también hizo otro contacto con un hombre de negocios aquí. El jueves tuvimos una reunión en el hotel y dieciséis personas estuvieron presentes allí. Hubo varios especialmente interesados. Estoy ofreciendo un té la semana entrante, y estoy invitando a aquellos que deseen escuchar más.....

---

[92] Eve Nicklin, Libro de Actas de la Asamblea Espiritual de Lima. (s.f.)

Estoy muy entusiasmada por la respuesta dada a la visita de Philip. Era justo lo que se necesitaba —porque yo podría decir que tuve un amigo que yo deseaba que ellos conozcan y escuchen— y Philip tiene una manera propia para conquistarlos. Él piensa que yo debería residir en Lima ...[93]

La razón de aquella sugerencia de Philip, es que Eve desde octubre-septiembre de 1942 había estado viviendo en Grimaldo del Solar 119 en Miraflores. Sus anteriores direcciones en la capital fueron: Conquistadores 785 (San Isidro) en otoño de 1942; Av. Arequipa 951-5 (Miraflores) en noviembre-diciembre de 1941; y Máximo Abril 513, a su llegada.

Encontramos que Eve y Philip escriben al Guardián y en respuesta con fecha 22 de febrero de 1943 llega la siguiente contestación:

> Querida hermana bahá'í,
>
> Vuestra carta del 24 de octubre ha sido justo recibida, junto con la de Philip, y el Guardián me ha instruido responder en su nombre.
>
> Él estuvo muy feliz de escuchar que usted está ahora bien establecida en Perú y pronto será capaz de confirmar algunos de los peruanos en la Fe, y de esta manera empezar allí un activo y devoto núcleo en la Causa de Dios.
>
> Puede estar segura que el Guardián ofrecerá sus ardientes y amorosas oraciones en vuestro nombre en los Santuarios Sagrados, para que almas sinceras y devotas puedan ser guiadas hacia usted a aceptar el Mensaje Divino.
>
> Él estará complacido en escuchar de usted y de su trabajo allí y de aquellos con quienes se contacte.
>
> Con amor bahá'í
>
> R. Rabbani
>
> (En puño y letra del Guardián)

---

[93] Eve Nicklin, carta al Comité Interamericano de Enseñanza fechada 31 de octubre de 1942.

Querida y cara colaboradora:

Aprecio profundamente sus elevados esfuerzos y el espíritu que tan admirablemente le anima en el servicio de nuestra amada Fe. Usted está a menudo en mis pensamientos y oraciones así como su labor en esa lejana tierra. Persevere en vuestra gloriosa tarea y esté segura, que nuestro Amado le recompensará abundantemente por sus servicios meritorios.

Vuestro verdadero y agradecido hermano,

Shoghi.[94]

Las siguientes visitas fueron las de: Ettamew Lawrence el 19 de abril de 1943, la de Flora Hottes el 7 de diciembre de 1942 y la de Mary Barton de paso en agosto. Flora venía de La Paz, Bolivia, en donde residía como pionera. Su propósito era tomar unas vacaciones y de paso ayudar a Eve, y se quedó en Lima hasta el mes siguiente. El 10 del mes de diciembre llegó también a Lima Mary Barton. Eve habla de una bahá'í norteamericana, María Atwater, que llega a Lima y que las cuatro pasan su "navidad bahá'í". Flora Hottes regresa otra vez a Lima en diciembre de 1943 por un mes.

**El primer centro bahá'í**

En la primavera de 1943, Eve se trasladó de Miraflores al centro de Lima, a un apartamento en la Av. La Colmena No. 323, Dpto. 405 —Edificio Raffo. La gran mayoría de creyentes peruanos que siguieron se confirmaron en este apartamento ubicado en este edificio de cierta exclusiva categoría social, al cual Eve Nicklin le dió mucho calor e informalidad. Fue lo que ella llamó el primer "Centro Bahá'í" del Perú, algo que ella siempre desde que vino había soñado, independiente, un lugar para reuniones hogareñas, adornado con alfombras y artesanías peruanas.

Como Flora Hottes quería estar cerca al departamento de Eve y deseaba estar en una casa-pensión, Eve recordó haber sabido de una pensión por los alrededores de manera que tratando de recordar lo que vagamente se acordaba dijo: "Bien, volteemos por esa calle si hay una pensión cerca". Así lo hizo y guiada por

---

[94] Shoghi Effendi, carta en su nombre a Eve Nicklin fechada 22 de Febrero de 1943.

Bahá'u'lláh acertó en la primera casa que preguntó (Jr Chancay 815).

El señor Alfredo Barreda abrió la puerta y manifestó a Eve que había una habitación vacante. Flora Hottes fue a vivir allí por ese mes. Otros maestros viajeros que vinieron se alojaron también allí y en adelante la casa fue llamada "la pensión de los bahá'ís". Estos visitantes durante su estadía con este matrimonio hablaban y enseñaban la Fe. Los Barreda no tenían hijos. Alfredo trabajaba en la Caja de Consignaciones e Isabel atendía la pensión.

En el primer Libro de Registros del Perú encontramos que la primera bahá'í en el Perú fue justamente María Isabel Tirado de Barreda el 7 de febrero de 1944 y luego su esposo el señor Alfredo Barreda Coronel Zegarra el 2 de marzo de 1944. Evidentemente Eve debió haberse sentido muy feliz y bendecida, con estos primeros creyentes que le daban mayor confirmación para lograr el siguiente mes la Asamblea Espiritual de Lima.

Deben haber sido esos los tiempos cuando ya estaba compenetrada en la idiosincracia limeña y era amiga de muchas personas. En una carta a su amiga Amelia le habla de la vida diaria que llevaba:

> La vida está siendo más interesante. Tengo ahora aquí una compañera norteamericana quien tiene un departamento a pocas cuadras del mío e intercambiamos almuerzos muchas veces. El gobierno la invitó a enseñar en el ICPNA donde yo enseño también. Bien, hay otra maestra allí, una inglesa casada con un peruano quien me gusta más. Llegamos a ser grandes amigas. Fui invitada a una fiesta peruana el sábado. El cumpleaños de mi amiga peruana Victoria... Yo bailé con su enamorado, pero ay! yo me perdía bailando cuando era joven y es difícil conseguir el ritmo ahora. Me gustaría tanto! Cuando bailamos en el Instituto los estudiantes quieren bailar conmigo. Hay aquí excelentes bailarines. Estoy esperando que pronto dos bahá'ís vengan a ayudarme. Hay cantidades de semillas sembradas, pero es un poco difícil hacerlas brotar en los países sudamericanos. Es el centenario del aniversario de 1944. Un gran tiempo en el templo este año. Hoy es feriado

y yo con mis dos amigas estamos yendo a hacer algunas cosas por los Boy Scouts...⁹⁵

¡Indudablemente, que ahora Eve la estaba pasando muy bien en Lima! Y se había ganado ya por entonces el afecto de sus alumnos pues al regresar a su casa ellos le acompañaban hasta la puerta y ella les invitaba a pasar y tomar un té y les hablaba de la venida de Bahá'u'lláh, primero discretamente y luego muy abiertamente, a la par que seguía ayudándoles en el inglés. Su carácter amigable, su carisma, eran un imán de atracción para las almas puras, especialmente para los jóvenes. Fue en el ambiente acogedor de aquel departamento en donde se prepararon las condiciones para el establecimiento de la primera Asamblea de Lima.

**Ray Betts y Reginald Reindorp**

Pocos días antes de navidad llega a Lima John Stearn procedente de Quito. Él era el primer pionero norteamericano en el Ecuador a donde había llegado en 1940. Debido a que se encontraba muy enfermo y requería de un tratamiento médico especial se quedaba en Lima. Se internó en el Instituto de Radioterapia. No obstante el dolor agobiante que padecía, John empezó a ayudar a Eve y también a hacer negocios. Con algunos con quienes se contactó fue con Raymond (Ray) Betts y Reginald Reindorp, ambos norteamericanos. El primero de ellos era gerente de la cadena de restaurantes de la CREAM RICA de Lima y quien sabía y apreciaba mucho la Fe gracias a la intervención de Eve y Flora Hottes, pero quien por alguna razón no se decidía a dar el gran paso. John y Ray se hicieron socios.

Cuenta Eve: "Pero a mi me parecía que Ray quería escuchar el punto de vista de un hombre. Entonces, cuando John Stearn llegó y se hospitalizó para someterse a un tratamiento de radioterapia, tratamos de ponerlos en contacto, John se recuperó y pronto los dos amigos se fueron un fin de semana a los Baños de Churín en Ica en donde Ray se confirmó en la Fe. Al regreso se hizo bahá'í..."⁹⁶ El ingreso de Ray a la Causa está registrado el 20 de abril de 1944. Su esposa Irma se declaró bahá'í en 1946 en los Estados Unidos.

---

⁹⁵ Eve Nicklin, carta Amelia Buxton fechada 12 de octubre de 1943.
⁹⁶ Mario León, *Carta a un Pionero*. No. 5. (s.f.)

Virginia Orbinson, de quien hablaremos más adelante, nos ha dejado una breve descripción de Reginald y de lo que inmediatamente hizo por su nueva Fe.

El 9 de abril sucedieron dos cosas de importancia. Por primera vez en el Perú, el Sagrado Nombre de Bahá'u'lláh fue pronunciado en el aire. Fue una charla sobre el Día del Panamericanismo, en una serie de charlas sobre los problemas del correo en la guerra planeadas por el Coordinador de la oficina. El título de la charla fue "Perspectivas de la Solidaridad Panamericana". El charlista fue Reginald Carl Reindorp (Carl) ... Él escribió la charla dando la historia del Panamericanismo, luego desarrolló el tema de la unidad continental, mencionando las cuatro libertades[97] y su importancia, terminando con una larga cita de "El Destino de América" por Shoghi Effendi, y un pasaje de los escritos de Bahá'u'lláh y nombrándolo como el portador del impulso por el cual estos ideales fueron originados. Fue trasmitida a las 9 de la noche el 9 de abril. La estación fue Radio Nacional (estación oficial) del Perú. El anunciador y su hermano, el Dr. Reindorp y yo fuimos los únicos presentes. Muchos de nuestros amigos escucharon, algunos con mucha sorpresa y muchos estaban impresionados. La dirección será publicada en el periódico principal de Lima..... Esa misma noche el charlista, Reginald Carl Reindorp, se unió a este pequeño grupo de creyentes en los grandes principios de Bahá'u'lláh que despierta al mundo. Como dijo antes, él es una persona de extraordinaria percepción y preparación para el trabajo el cual, él sabe, es su destino el realizarlo. Él va a vivir en el Perú por lo menos un año y quizás más. Su misión aquí es de educación y de mucha importancia desde todo punto de vista. Él acababa de viajar a la parte norte del Perú, visitando las escuelas normales de las cuales él es su director de Lenguas Vivas. Eventualmente visitará el país entero en esta capacidad. Él es

---

[97] Libertad de (1) expresión, (2) de religión, (3) de miseria y (4) de miedo. Las cuatro libertades fueron enunciadas por el presidente estadounidense Franklin Roosevelt en 1941.

norteamericano, habla el castellano tan bien como el inglés, teniendo su Ph.D. en educación.[98]

Esa misma noche, Reginald se unió a la Fe. Virginia Orbinson relata una anécdota interesante en una carta dirigida al Comité de Enseñanza Interamérica del 12 de julio de 1944:

> Espero ir a otro pueblo aquí donde Carlos [Reginald Reindorp] conoció a un 'bahá'í' en uno de sus viajes. Es un peruano radicado en Chiclayo, que tiene una tienda en un gran mercado. Dice que su hermano es bahá'í y tiene algo que ver con el Templo. Si sabes algo dímelo. Voy a intentar encontrarlo nuevamente, ya que Carlos no tuvo tiempo de obtener su nombre y dirección. Mientras estaba tomando fotografías en la Plaza, este hombre se le acercó y le dijo que era bahá'í y le preguntó a Carlos si él también lo era. Bueno, esto es ser pionero en Sudamérica: cualquier cosa puede pasar.[99]

Reginald Reindorp (1907-1988) había estado anteriormente asociado a la masonería como lo menciona en su autobiografía. Él llegó a ser un prolífico escritor sobre temas latinoamericanos. Aparentemente, Reginald no tuvo contactos con las comunidades bahá'ís en Latinoamérica por donde viajó extensamente desarrollando programas de enseñanza en inglés, o en Estados Unidos donde eventualmente se estableció y murió. Ningún registro de él se ha encontrado tampoco en los archivos de la Asamblea Espiritual Nacional de los Bahá'ís de Estados Unidos respecto a su asociación con la comunidad bahá'í de ese país. Hasta lo que se sabe, Reginald nunca renunció a su membresía bahá'í original. En su autobiografía no se encuentra además ninguna mención de la comunidad bahá'í de Lima.[100]

Virginia Orbinson, una maestra viajera bahá'í estadounidense que estaba de gira por varios países de América del Sur, llegó de Bolivia a Lima en enero de 1944 para ayudar a Eve en la formación de la primera Asamblea Espiritual. El Comité de Enseñanza

---

[98] Carta de Virgina Orbinson al Comité Interamericano fechada 12 de abril de 1844.
[99] Virginia Orbinson, carta al Comité Interamericano de Enseñanza fechada 12 de julio de 1944.
[100] Reg Reindorp, *An Autobiography*. Independently published, 1988.

Interamericano le pidió que se quedara al menos tres meses, pero ella permaneció siete meses, lo que resultó ser muy valioso. Esta es la impresión que Virginia tiene del trabajo de enseñanza de Eve unas semanas después:

> Primero quiero rendir un homenaje profundamente sentido a Eve Nicklin. No podría hacer ningún intento de exponer exacta y adecuadamente sus cualidades, por lo que sólo diré que es sólida, valiente, tenaz en su determinación de servir a pesar de todos los obstáculos y dificultades que ha tenido. Tiene una personalidad tranquila y poco glamorosa y ha tenido pocas ventajas en su vida, pero ha hecho un uso extraordinario de lo que tenía a su favor. Ahora puedo ver muy claramente, y ella también, afortunadamente, por qué el camino ha sido lento aquí y la razón para ello. La primera base de amistades leales y afectuosas que ha hecho aquí con personas sólidas y de excelente reputación, en su mayoría educadores y algunas familias de niños a los que ha enseñado, además de su asociación con varias instituciones reconocidas y más recientemente con el Instituto Peruano-Americano para Asuntos Culturales, que también le da mucho prestigio, de alguna manera ha plantado una semilla de dinamita espiritual que ahora está en marcha y está teniendo un efecto poderoso (es decir, ¡a nuestra pequeña manera!).... Puedo ver todos los pasos y cada uno ha sido normal y correcto, aunque sea lento.[101]

Pero no nos adelantemos en esta historia tan interesante y regresemos un poquito atrás al cumpleaños de Eve en aquel año verdaderamente memorable. Y no solamente porque Eve cumplía cuarenta y nueve años sino porque arribaba también Virginia Orbinson, maestra viajera norteamericana quien estaba de gira por Sudamérica. Recuerda Eve:

> Hacíamos juntas muy bien las cosas. Por este tiempo había conseguido un trabajo para enseñar en la primera Escuela de Verano para profesores de Inglés en Perú —enseñando literatura americana. Esto me empujó a contactarme con

---

[101] Virginia Orbinson, carta al Comité Interamericano de Enseñanza fechada 8 de marzo de 1944.

100 o más profesores y profesoras peruanas. Debido a que la materia que enseñaba era literatura y trabajos bibliotecarios, fue fácil presentar a Virginia como charlista invitada a mis clases. Su experiencia como bibliotecaria de investigación para la Paramount Pictures, Hollywood, la ponía en buena posición. Habló sobre la biblioteca de investigación terminando con una nota bahá'í en su charla. Invité a todos los que desearan a venir a mi apartamento a escuchar más, insinuando que había otras cosas más interesantes que escuchar. Fue el comienzo de un tiempo muy ocupado. Se llevaron a cabo charlas, tés y enseñanza, casi cada tarde fue pasada de esta manera, Virginia y yo pasamos "los mejores momentos de nuestra vida" debido a que la gran oportunidad para dar la Fe Bahá'í al Perú. Estos maestros no sólo eran de Lima sino de provincias también".[102] "Invité a más de cien de mis contactos", es otra remembranza de Eve, "Una noche yo preparaba el té repitiendo el Más Grande Nombre mientras ella daba una excelente charla.[103]

Virginia Orbinson relata:

El primer Día de la Juventud Bahá'í que se celebró en Perú tuvo lugar en la histórica y hermosa ciudad de Lima, la tarde del domingo [12 de marzo de 1944], en la casa de la Sra. Isabel de Barreda y el Sr. Alfredo Barreda (los dos primeros creyentes en declararse en el Perú ... En este día, tan cerca del final del primer siglo bahá'í, más de veinticinco jóvenes se reunieron para escuchar — algunos por la primera vez: una breve charla sobre la Fe de Bahá'u'lláh como base de la nueva cultura mundial.

Por supuesto, estuvo presente Eve Nicklin, la valiente y fiel pionera bahá'í, que tan firme y desinteresadamente ha desarrollado el conocimiento de la Fe en Lima. Gracias a su colocación de los cimientos fue posible esta hermosa reunión de jóvenes.

La señorita Mercedes Barreda hizo una breve introducción a la charla de Virginia Orbinson, seguida de

---

[102] Libro de Actas de la Asamblea Espiritual Local de Lima. (s.f.)
[103] Mario León, *Carta a un Pionero*, No. 4. (s.f.)

refrigerios, algunas canciones y una discusión considerable sobre la Fe, aunque muy pocos habían oído hablar de ella. Los invitados estaban formados por algunos jóvenes miembros de un centenar de personas que asistían a un curso de profesores en el Instituto Peruano Norteamericano, amigos y alumnos de Eve. Hijos e hijas de otros, y amigos y familiares de los Barreda. Todos ellos son jóvenes de una capacidad y un estado de alerta inusuales. Muchos desean asistir a una reunión de Jóvenes el jueves siguiente, y a partir de esto, esperamos iniciar un grupo regular de Jóvenes... [104]

También sabemos que Eve planeaba ir a Arequipa a fines de marzo por pocos días para unas pequeñas vacaciones, pero no podemos precisar si efectivamente las tuvo.

Podemos considerar la visita de Virginia como la fuerza que se necesitaba para hacer efectivo los otros pasos hacia una celebración única del Riḍván de 1944 con el establecimiento de la Asamblea Espiritual de Lima, la primera del Perú, y la iniciación del Orden Administrativo de Bahá'u'lláh en su suelo.

El 14 de abril ingresa Luz Sáenz, profesora de inglés del Instituto Cultural Peruano Norteamericano, Ricardo Calderón Palma, un joven alumno de Eve y trabajador del New York Bank, y Manuel Ortiz. Luego Georgina Bouverie, otra profesora.

En consecuencia, la meta del Plan del Guardián de levantar un centro de creyentes en Lima, fue sobrepasada, pues para el 20 de abril de 1944, se produjo el gran evento. El 19 de abril Eve informa al Comité Internacional que Flora Hottes le había informado que una peruana Alicia Bustamante (de la Paz, Bolivia) había firmado su enrolamiento y que pensaba venir antes del año a Lima.

La Asamblea quedó constituída así:

    Isabel de Barreda
    Raymond Betts -Coordinador-
    Georgina Bouverie
    Ricardo Calderón Palma -Tesorero-
    Manuel Ortiz Lambert
    Reginald Reindorp -Secretario-

---

[104] Virginia Orbinson, *Bahá'í Youth Day*, Lima, Perú. (s.f.)

Luz Sáenz de Sáenz
John Stearn
Eve Nicklin

La razón probable por la que Alfredo Barreda no integró la Asamblea fue que posiblemente hubo una elección. La pionera estaba muy feliz, tanto que le escribe rápidamente a Shoghi Effendi. El triunfo y el trofeo eran suyos. El premio fue sin duda la siguiente contestación:

> Haifa, 29 de mayo de 1944
>
> Querida amiga bahá'í,
>
> Su carta del 23 de abril llegó al Guardián, y las noticias que le envió de la difusión de la Amada Fe le trajeron gran gozo.
>
> La formación de una Asamblea en Perú fue verdaderamente una gran victoria, y se agregó otro precioso eslabón a la gran cadena de centros bahá'ís en Centro y Sudamérica.
>
> Él está tan feliz del trabajo consumado por los valientes pioneros —¡usted misma incluida en esa categoría! — y tan orgulloso del récord de los logros de los creyentes americanos: ¡Una Asamblea en cada provincia y estado de Norte América y un centro en cada república latina y así muchas Asambleas Espirituales en los centros!
>
> Por favor, envíe a los queridos creyentes peruanos sus amorosos saludos y él les asegura sus oraciones para la consolidación del trabajo de ellos allí para la sagrada Fe.
>
> Él orará especialmente por usted en los Santuarios, y profundamente aprecia todo lo que usted ha hecho por la Causa en estos últimos años en Perú.
>
> Con cálido amor bahá'í,
>
> R. Rabbani
>
> (En puño y letra del Guardián)
>
> Querida y cara colaboradora:

Su constancia, su devoción, sus históricos servicios son cosas que yo gratamente valoro. Fervientemente oraré por que el Amado pueda bendecir sus esfuerzos, guiar sus pasos, contentar su corazón y cumplir su más querido deseo en Su servicio.

Persevere en sus elevados esfuerzos, y esté segura, y sea feliz,

Su verdadero y agradecido hermano,

Shoghi[105]

---

[105] Shoghi Effendi, carta en su nombre a Eve Nicklin fechada 29 de mayo de 1944.

Reginald (Carl/Carlos) Reindorp

La primera Asamblea Espiritual de Lima en 1944 con Virginia Orbinson (sentada en primera fila a la derecha) y Alfredo Barreda (de pie en segunda fila a la derecha) — Eve Nicklin está en el centro. Cortesía: Centro Mundial Bahá'í.

Algunos miembros del Club de la Amistad Universal en 1945

Eve con los primeros bahá'ís de Lima

Asamblea Nacional de los Estados Unidos y representantes latinoamericanos, 9 de julio de 1944 — Isabel Barreda ocupa la segunda posición desde la izquierda

John Stearn, Padre Spiritual del Ecuador

Irene Silva de Santolalla

Portada del libro "Léeme un Cuento" de Eve Nicklin

Octavio Illescas — Cortesía: Archivos Bahá'í de EE.UU

Meche Sánchez y Alberto Lobatón a finales de los años 1980s

Pacora Blue Mountain
Cortesía: Archivos Nacionales Bahá'ís de EE. UU.

Dr. Guillermo Aguilar (izquierda) traduciendo para la Mano de la Causa de Dios Sr. Hasan Balyuzi, Lima, 1961

Congreso bahá'í en Chile, 1948. Eve está sentada en el extremo derecho — Meche está sentada en tercer lugar desde la izquierda

# 6 - UNA COMUNIDAD BAHÁ'Í EN CRECIMIENTO

¡Perú!
¡Tierra del Perú!
¿Qué habré
de recordar más de ti
cuando esté lejos?
¿Será quizás en los altos Andes,
las arenas del desierto,
la espesura de la selva
o un patio fresco oculto
tras un muro de jardín?
Pero yo pienso,
de otro lado,
Lo que recordaré
más que todas las cosas
las palabras amistosas
tu gente diciendo
"¡Su país, amiga mía!"
Que asegura a mi corazón
una bienvenida a tu tierra."

Eve Nicklin[106]

Lo que siguió a la elección de la primera Asamblea Espiritual de Lima fue un período de intenso crecimiento. La primera reunión de la Asamblea tuvo lugar el 25 de abril de 1944 y su primera celebración de la Fiesta de Diecinueve Días tres días después. También recibieron un cable de Shoghi Effendi felicitándolos por la formación de su Asamblea Espiritual que marcó el nacimiento del Orden Administrativo en el Perú.

El amado Guardián envió un cable a Lima el 27 de mayo de 1944, felicitando a la nueva Asamblea a través de Virginia Orbinson: "Aseguro Asamblea aprecio cariñoso saludos orando brillantes victorias"[107] Y en una carta escrita en su nombre a Virginia fechada el 28 de julio de 1944, escribió: "La noticia de la formación de la Asamblea Espiritual allí (Lima) alegró mucho su

---

[106] Eve Nicklin, *To the Universal Friendship Club*, 28 de julio de 1945.
[107] Shoghi Effendi, cable a Virginia Orbinson fechado 26 de mayo de 1944.

corazón, como ya saben. Es prácticamente imposible para quienes participan en estos primeros movimientos del Orden Mundial de Bahá'u'lláh en nuevas tierras estimar adecuadamente su valor y lugar en la historia".[108]

En Lima la histórica ocasión del Centenario de la Fe, abrió las puertas a una exitosa actividad pública en la casa de los Barreda. Los creyentes se reunieron e invitaron a sus amigos a compartir tan auspicioso hito con un espíritu de alegría. Estuvieron presentes cuarenta personas y esa fue la primera charla pública en el Perú. La reunión se celebró el día 22 de mayo a las 18.30 horas. El programa decía textualmente:

1. Sr. Raymond Betts, Presidente. (En ese tiempo se llamaba así al Coordinador)
La bienvenida e introducción de la Srta. Eve Nicklin.
2. Srta. Eve Nicklin, pionera en residencia.
El propósito de la celebración. Traducción hecha por el Sr. Dr. Luis Fernández Briceño.
3. Sr. Alfredo Barreda.
Lectura de los cables recibidos de los Bahá'ís de la Asamblea Espiritual Nacional de los Estados Unidos y Canadá, y de los Bahá'ís de La Paz.
4. Sr. Reginald C. Reindorp
El significado del Centenario.
5. Sr. Raymond Betts
Historia de la Declaración del Báb.
6. Sr. Ricardo Calderón Palma
Historia de 'Abdu'l-Bahá.
7. Sr. Alejandro Franco Lazo
La importancia de la Fe Bahá'í para el Perú y para la juventud.
8. Sra. Isabel de Barreda.
La lectura de su mensaje como delegado a la Convención de Wilmette.
9. Srta. Virginia Orbinson, Maestra viajante por Sudamérica.
10. Sra. Luz Sáenz de Sáenz.
Oración por todas las naciones.

---

[108] Shoghi Effendi, carta en su nombre a Virginia Orbinson fechada 28 de julio de 1944.

Después de los "discursos" se sirvieron refrescos. Fue una reunión de unidad en la que tuvieron su primera experiencia dando una charla sobre la Fe.

El 16 de mayo, días antes, Alejandro Franco, un joven entusiasta que trabajaba en la Armada, ingresó a la Fe. Debido a que Manuel Ortiz retiró su nombre de la Asamblea, él tomó su lugar (11 de julio de 1944). Él fue quien sugirió hacer reuniones hogareñas informales en el edificio Raffo a la que les pusieron por nombre "Noches de Amistad Universal". La Asamblea había formado en junio el Comité de Juventud y había nombrado a Alejandro Franco su director. A la idea y a la participación que tuvieron las reuniones les siguió la concepción de un pequeño club donde viniesen amigos interesados en conversar en inglés y temas de actualidad como la fraternidad, el internacionalismo, la necesidad de aprender idiomas, la necesidad de viajar en tanto el mundo se reducía, un gobierno mundial, la abolición de prejuicios, etc. El propósito del club fue atraer contactos adultos y jóvenes a las reuniones sin presentarles la Fe directamente. Hicieron deporte, teatro, paseos, confraternidad, etc. y este club de la juventud tuvo un marcado éxito.

Las primeras charlas fueron sobre "los inventos en los pasados cien años", y el porqué de este nuevo impulso del mundo. Inicialmente llamaron al club el "Little Friendship Club" (El pequeño Club de la Amistad) y luego se convirtió en el "Universal Friendship Club" (El Club de la Amistad Universal) (octubre 1944) mejor organizado, y que hasta en un momento tuvo papel membretado. Las reuniones fueron los miércoles en la noche mientras que los sábados por la tarde eran las reuniones bahá'ís propiamente.

De acuerdo a Eve, en ese año de 1944, cerca de seis jóvenes de este club llegaron a ser bahá'ís. Esta actividad tan sugestiva fue cuidadosamente orientada por Eve y allí muchos jóvenes encontraron un ambiente de libertad de pensamiento y de informalidad que fue el camino para que una gran parte conociese y reconociese la revolución espiritual que traía la Fe.

John Stearn, por su parte, recuperado de su tratamiento, y de haber estado varias veces internado en el hospital y sometido a duros tratamientos de radiación, se había establecido en Miraflores donde tenía clases bahá'ís los domingos por la tarde.

Entre junio y julio, Ray Betts sale por unos meses a Estados Unidos por negocios dejando a su esposa Irma en Lima específicamente, en una casa en las afueras de Lima a veinte minutos del centro. Irma y Eve entonces estarían siempre al cuidado de John Stearn. Irma por ese tiempo estudiaba la Causa.

## El primer delegado peruano

La Convención del Centenario de las Américas (17 al 24 de mayo de 1944), realizada durante las celebraciones del Centenario en Wilmette, fue convocada por el Guardián e iba a congregar a delegados de los Estados Unidos y representantes de cada uno de los veinte países latinos. El evento fue sin duda una celebración a las victorias duramente ganadas y un homenaje a los valientes pioneros americanos que se aventuraron en aquellos territorios vírgenes como Eve Nicklin.

La celebración del Centenario se desarrolló con gran solemnidad y tuvo mucha publicidad en el auditorio del Templo de Wilmette el 24 de mayo de 1944. En la Convención Continental Panamericana, iban a estar representados los delegados elegidos de los Estados Unidos y un delegado de cada uno de los veinte países latinoamericanos. A esta reunión debería haber asistido la señora Isabel Tirado de Barreda, quien fuera elegida representante del Perú por la comunidad de Lima cinco meses atrás, pero debido a que "en vista de las dificultades que surgen al viajar hoy día y que ella no habla inglés", declinó viajar. [109] La Asamblea Local de Lima elige en su reemplazo a la señora Luz Sáenz. Sin embargo, se desconoce la razón por la que no viajó. Hubo representantes de Guatemala, Colombia, Costa Rica, Cuba, Jamaica, México, Nicaragua, República Dominicana, Ecuador, Panamá y Chile.

Debido a que muchos delegados latinoamericanos no pudieron asistir a las celebraciones de mayo en Wilmette, la Asamblea Espiritual Nacional de los Estados Unidos convocó una conferencia especial del 9 al 15 de julio de 1944. Isabel de Barreda y Raymond Betts de Perú asistieron a la conferencia, así como representantes de Argentina, Brasil, Ecuador, El Salvador, Chile, República Dominicana, Honduras y Paraguay. La conferencia se dedicó a una intensa consulta entre los delegados y los miembros

---

[109] Eve Nicklin, Libro de Actas de la Asamblea Espiritual de Lima. (s.f.)

de la Asamblea Espiritual Nacional de los Estados Unidos para el desarrollo futuro de la obra de enseñanza en tierras de América Central y del Sur. Las actas de la Asamblea nos dicen que la señora Barreda informó a su regreso las impresiones que tuvo:

Ser Bahá'í, es ser hermano para todos como fue demostrado por el cariño con que fueron recibidos los delegados al llegar a Chicago y al Templo. Hubo cenas y comidas; oyeron la voz de 'Abdu'l-Bahá por la radio, vieron una película en la cual salió 'Abdu'l-Bahá siempre rodeado de criaturas.

Luego hubo una reunión con la Asamblea Nacional para la discusión de asuntos de los delegados. Se hablaba de establecer un centro en Panamá y otro en Buenos Aires para la extensión de la Fe Bahá'í. Cada delegado recibió como obsequio una fotografía de 'Abdu'l-Bahá. Al emprender el viaje de regreso fueron despedidos con mucho cariño y mucha atención. Todos los Bahá'ís de allá mandaron saludos cariñosos y recuerdos.

El Templo es hermosísimo, con muchas decoraciones. Vieron la piedra angular[110] con mucha emoción en un capillita donde se va a orar.

La importancia de la Convención fue la de saber y reconocer allá los problemas que tenemos que afrontar en Suramérica y que se conociesen los delegados de los distintos países y que se empapen de la atmósfera y de la manera de conducir los negocios que existen allá. La Asamblea Nacional de EE.UU. estaba satisfecha con los informes que llevó la Sra. Barreda y van a estudiar los problemas de todos para después determinar sus resoluciones y mandar informes a las varias comunidades por correo. Cada delegado leyó su informe y se veía que todos tenían sus problemas.

La Asamblea Nacional de EE.UU. va a mandar informes sobre la Fe y la Causa y sus propósitos y fines a todos los consulados y embajadas de EE.UU. para que faciliten las

---

[110] La piedra angular del Templo fue colocada por el propio 'Abdu'l-Bahá en mayo de 1912.

gestiones de los Bahá'ís en cualquier momento y lugar. Cada delegado tuvo ocasión de hablar a solas con la Asamblea Nacional y con el Secretario, el Presidente y las Sras. de Baker y de True. Hicieron preguntas sobre cómo se había formado la Asamblea, cuántos miembros había, etc. En esta ocasión fue que cada delegado leía su lista.

> La Sra. Barreda trajo consigo copias en castellano de varias charlas dictadas en la Convención que pueden leer en la próxima fiesta por no tenerlas consigo en este momento.
>
> La Asamblea Nacional de EE.UU. tiene mucho interés en la formación de Asambleas Nacionales en los países latinoamericanos y alguien hizo la sugerencia de que pudiera haber una Convención en Suramérica en el porvenir...[111]

El acta de la Asamblea de fecha primero de agosto de 1944 cierra así:

> Entonces se leyó una oración por John Stearn que está para operarse en el hospital. La Srta. Nicklin leyó otra oración y también la oración por el Guardián...[112]

La oración por el Guardián era una que llegó a ser infaltable en las reuniones de las Asambleas de aquellos tiempos. Dice así:

> Que el Bienamado conceda a nuestro Guardián Shoghi Effendi, toda la fuerza y el vigor que le hará proseguir durante un período largo y continuo de trabajo arduo, el triunfo rápido de la Causa de Bahá'u'lláh.[113]

Esta oración fue la adaptación de los creyentes de lo que Shoghi Effendi escribió en 1923: "Abrigo la esperanza de que, de ahora en adelante, el Amado pueda concederme toda la fuerza y el vigor que me permitirán continuar durante un largo e ininterrumpido período de arduo trabajo la tarea suprema de lograr, en colaboración con los amigos de todos los países, el rápido triunfo

---

[111] Asamblea Espiritual de Lima, Libro de Actas de la Asamblea Espiritual de Lima. 1944.
[112] Asamblea Espiritual de Lima, Libro de Actas de la Asamblea Espiritual de Lima. 1944, p. 7.
[113] Versión oral por Mercedes Sánchez

de la Causa de Bahá'u'lláh. Esta es la oración que pido sinceramente a todos mis hermanos y hermanas en la Fe que ofrezcan en mi nombre".[114]

El 7 de julio de ese año se registran los ingresos de Graciela Peirano de Sotero y Emilio Paulsen Vélez. El 4 de noviembre de Demetrio Taboada y de Román Sáenz, esposo de Luz Sáenz. La comunidad limeña iba creciendo y el círculo de simpatizantes iba también en aumento.

En julio es elegido a la Asamblea Alejandro Franco y en agosto se elige a la Sra. Graciela Peirano de Sotero en reemplazo de Ricardo Calderón quien anuncia su renuncia por viaje a EE.UU. Al ir a dicho país, Ricardo Calderón continuó activo en la Causa.

El simple hecho de oír el nombre de Bahá'u'lláh en labios de la gente, era motivo de mucha alegría para mí", comentó Eve Nicklin alguna vez; "Y más tarde, cuando la gente exhibía la foto de 'Abdu'l-Bahá o el Más Grande Nombre, la emoción era indescriptible.... Yo decía ¡Gracias a ti Bahá'u'lláh, la Fe está establecida en Perú![115]

## El fallecimiento de John Stearns

Fue asimismo en ese mes que la condición de John Stearn se empeoró. A comienzos de agosto fue operado pero su estado fue agravándose hasta que se produjo su deceso el 7 de noviembre de 1944 a las 4:45 de la tarde a los 37 años de edad. El entierro fue en el cementerio británico del Callao, en una ceremonia sencilla con la asistencia de sus amigos, al día siguiente a las 4:30 de la tarde.

El Guardián cablegrafió al mundo bahá'í de la pérdida de este valioso pionero:

> SERVICIOS RADIANTES DESPRENDIDOS QUERIDO JOHN STEARN NO SERÁN OLVIDADOS PAÍS VERDADERAMENTE BENDECIDO DONDE PIONERO NO

---

[114] Shoghi Effendi, carta fechada 14 de noviembre de 1923, a los bahá'ís de toda América, Gran Bretaña, Alemania, Francia, Suiza, Italia, Japón y Australasia; citado in *Bahá'í Administration* (U.S., 1974 edition) págs. 51-52. (Traducción del inglés por el autor).
[115] Mario León, *Carta a un Pionero.* (s.f.)

SOLO ENSEÑÓ SINO PERMANECIÓ MURIÓ AMANDO GLORIFICANDO SU FE.[116]

En un cable de fecha 19 de noviembre de 1944, Shoghi Effendi dice:

> COMPARTO PESAR POR FALLECIMIENTO DE DEVOTO FIEL PIONERO (John Stearn) SUS SERVICIOS HAN SIDO INOLVIDABLES Y ALTAMENTE MERITORIOS ACONSEJO CONSTRUCCIÓN DE UN MONUMENTO ASEGUREN AMIGOS EN LIMA (Perú) MI PROFUNDA AMOROSA CONDOLENCIA.[117]

La Asamblea de Norte América envió el siguiente cable:

> SENTIDA CONDOLENCIA LASTIMOSA PÉRDIDA HEROICO ABNEGADO PIONERO BAHÁ'Í JOHN STEARN SU MUERTE ILUMINA UN FARO ESPIRITUAL MAS ILUMINANDO CAMINO UNIDAD AMÉRICA EN REVELACIÓN DE BAHÁ'U'LLÁH".[118]

El 14 de agosto de 1945, Eve Nicklin recibe la siguiente carta del amado Guardián en contestación a una suya:

> Él (Shoghi Effendi) estuvo muy triste al escuchar de la muerte de John Stearn; él era un firme creyente y es una lástima que haya fallecido tan joven pero su recompensa está asegurada y su nombre estará por siempre preservado en la lista de los primeros pioneros a Sudamérica.
>
> Las nuevas del progreso de la Causa en el Perú le complacen gratamente; y él espera que en el modesto pero profundo cimiento que ha sido puesto allí, se levantará una floreciente y ejemplar comunidad que le recompensará a usted y a los otros queridos amigos por vuestros dedicados y generosos trabajos.
>
> Usted puede estar segura de que él ciertamente orará por usted y por el éxito del buen trabajo que está usted realizando allí.

---

[116] Helen Hornsby, *Heroes of God*, p. 11.
[117] Helen Hornsby, *Heroes of God*, p. 11.
[118] Helen Hornsby, *Heroes of God*, p. 11.

Por favor, envíe sus amorosos saludos a todos los queridos amigos allí.

Con cálido amor bahá'í.

R. Rabbani[119]

Vemos que Eve le escribe una carta a Rodella Stearn, madre de John, en términos verdaderamente conmovedores y que nos permitimos reproducir en su totalidad:

> Yo pienso que comprendía muy bien a John, especialmente cuando él vino por aquí por primera vez y yo era su única amiga. Comprendí muy bien cierta timidez y reserva que tenía. Él vino un año atrás en este tiempo. Un día yo fui a la oficina de correos y encontré una carta de John pidiéndome visitarlo en el hospital. En alguna oportunidad yo me había encontrado con él en vuestro hogar en Jamestown. Usted estaba ausente en ese tiempo, pero Fred (Reis) y Aundrey y los McKays estaban allí.
>
> John vino a Lima con grandes esperanzas de estar bien pronto. Él había tenido tratamientos al comienzo con rayos X y pensó que eso sería todo. Yo pienso que él se cansó en Ecuador. Bien, las cosas no pasaron tan rápidas como John había esperado. Entonces vino el tiempo que los doctores le dijeron a John que tenían que poner agujas en su lengua —once agujas de radiación. Los tratamientos no habían tenido la reacción que deberían. Él chistosamente llamaría a las agujas sus "agujas fonográficas" —pero ellas no eran broma, porque él tenía que tenerlas por tres días. Yo nunca vi a alguien tan paciente y sin quejarse como John. Los rayos X quemaron su cuello y garganta tanto que hubo tiempos que él no podía comer o hablar. Yo supe poco después que estaba cerca a la muerte por ese tiempo.
>
> Yo iba a verlo cada día y acostumbraba traerle cosas — Coca Cola, milkshakes, natillas—, pero pienso que no le gustaban debido a su garganta quemada. Él estuvo semanas en el hospital con tratamiento. Ese fue el tiempo

---

[119] Shoghi Effendi, carta en su nombre a Eve Nicklin fechada 14 de agosto de 1945.

que llamé a mi amigo el señor Betts, para que venga a verlo. (Comienzos de 1944). Yo pensaba que John necesitaba de un hombre. Ellos dos llegaron a ser grandes amigos y estuvieron juntos en negocios.

Fue ciertamente un milagro que saliera del hospital. (19 de julio de 1944). Pedimos al Guardián sus oraciones y él dijo que estaba orando fervientemente pero nunca nos aseguró que se pondría mejor. De hecho, nosotros sentimos que había una razón para que John se pusiese mejor esa primera vez, debido a que fue a través de John que el señor Betts llegó a ser un creyente confirmado. John estaba muy feliz con él. Supimos mediante él que John parecía sentir dolor pero que tan pronto se esforzaba por ocultarlo.

No fue sorpresa entonces cuando él me dijo un día que iba a regresar al hospital para un chequeo, como él lo llamó. Yo supe entonces que [el cáncer] era muy serio. Él lo tenía en esta oportunidad (comienzos de agosto de 1944) en su cuello y ellos lo operaron ... Por este tiempo el señor Betts había ido a los Estados Unidos. Su esposa, Irma y una compañera Cora Wilson y yo misma estuvimos en el hospital mientas John estaba siendo operado. Él estuvo en la mesa de operaciones desde las nueve hasta las cuatro. Como usted sabe, ellos le cortaron los músculos en su cuello. Ellos nunca debieron haberle operado por completo. El corte de los músculos hizo que su cuello se inclinase a un lado. Él llegó a impacientarse de ese hospital y se canso de él. Usted no podría reprocharle. Así que nosotros lo trasladamos al hospital americano. Le gustó más su atmósfera pero todavía pensaba que no estaban haciendo nada por él. Usted verá que él nunca renunció a sus esperanzas lo que es típico de la gente con cáncer y que él nunca admitió lo que tenía. Él me lo refirió como un tumor.

Irma Betts sintió tanta pena por él que tuvo que traerlo a su casa. Intentamos antes sugerirle regresar a casa a los Estados Unidos antes que fuese demasiado tarde. Era algo muy delicado.

Él no admitía la derrota. Parecía desear tanto querer seguir viviendo. John podía levantarse y caminar al pequeño patio en casa de Irma y se sentaba en el sol. Se hacía muy difícil visitarlo debido a que no podía hablar mucho y no sabíamos cuándo nuestra presencia le estaba irritando. Así que tuvimos que llevarlo de regreso al hospital, debido a que el dolor estaba era cada vez más fuerte. Irma no podía cuidarlo más.

Conseguimos a un doctor quien vino a darle inyecciones, y le sugerimos ir al hospital. Sabíamos que sería difícil porque él odiaba los hospitales. Ellos le dieron una fuerte inyección para darle fuerza para que entrara al hospital. Él no me permitió ayudarle a bajar las escaleras. Él siempre deseaba hacer las cosas por sí mismo. Y yo siempre le dejé hacer lo que él deseara. Si él deseaba que yo lea, yo lo hacía —o no conversar, yo lo hacía, o no leerle— y yo pienso que él apreciaba cada una de esas cosas.

John me llamó para que le ayude a entrar al taxi. Sabíamos que la reacción empezaría tan pronto como la inyección pasase, pero él entró al hospital y parecía cómodo y jovial.

Él no vivió mucho después y deliró hasta el último momento. Irma, Cora y yo estuvimos con él cuando murió y murió muy pacíficamente. Estábamos tan agradecidos porque pensábamos que se podría ahogar.

El Guardián escribió que él deseaba asegurar a los amigos de Lima su profunda y amorosa condolencia y aconsejó la construcción de un monumento.

Vuestra hija habló de desear colocar una lápida. ¿Cómo desearía usted hacerla? ¿No tendría Ud. inconveniente si los bahá'ís erigen este monumento y usted se encarga de ayudar, o qué? También, le importaría si el MÁS GRANDE NOMBRE estuviese grabado sobre él y algunas palabras de las Enseñanzas? No hay gran prisa por todo esto. Ray Betts y yo preguntaremos los precios y lo demás.

Yo estoy segura de la razón por la que John nunca le escribió más, era porque él no quería preocuparle —en efecto, me lo dijo. Yo pienso que él se suavizó a través de sus experiencias aquí en Sudamérica, es decir, en algunas formas. Cuando algunas personas llegan a ser bahá'ís al comienzo, ellos no pueden ver por qué el mundo entero no ve la misma cosa. A medida que el tiempo pasa, ellos llegan a entender más, quizás.

Dígale a todos los bahá'ís en Jamestown que les envío mi amor. Si Doris y Willard regresan siempre allí, déles mi amor.

Ray e Irma fueron tan buenos con John —ellos fueron su familia. Ray se siente tan agradecido a John por la parte que jugó en convencerlo de la Fe. Irma no es bahá'í. Ella quisiera creer, pero una cosa u otra se interponen en el camino.

Con amor a usted y oraciones para su tranquilidad,

Eve Nicklin[120]

Ray Betts había regresado del Norte pero debido a su mala salud debió ser hospitalizado inmediatamente de manera que no pudo asistir a los funerales. Irma se hizo bahá'í en 1946.

En mayo de 1945 ambos regresan a radicar a los Estados Unidos y compraron una granja en East Berne en Nueva York. El número de julio de 1980 de *The American Bahá'í* informó que su muerte se produjo el 19 de noviembre de 1979 en East Berne, Nueva York. Irma Betts falleció el 9 de abril de 2006 en East Berne a la edad de 91 años. El número de *Bahá'í News* de mayo de 1981 también incluye la noticia del fallecimiento de Ray Betts en el artículo "Rabbani" de Stephen Waite sobre la Escuela Rabbani de Gwalior, India:

Ray Betts, un pionero de 71 años de EE. UU. y Belice que tenía años de experiencia en agricultura tropical. El Sr. Betts pasó casi un año en la Escuela Rabbani mejorando el suelo y los árboles frutales, introduciendo el compostaje y el uso de fertilizantes naturales. Con gran humor, perseveró en las pruebas de inspección de los aldeanos curiosos y, al tener problemas de audición, le resultó bastante difícil aprender un nuevo idioma. El Sr. Betts ascendió recientemente al Reino de Abhá.[121]

---

[120] Fred Reis, *Prelude to History*, págs. a1, a2, a3. (s.f.)
[121] *Bahá'í News,* mayo 1981, p. 5. No. 602.

En septiembre de ese año, Virginia Orbinson dejó el Perú, rumbo a Bolivia, habiendo hecho una magnífica labor y muy querida por todos. En octubre ella pasó por Lima por diez días en ruta al Ecuador. Un tiempo después, Virginia se estableció en España y llegó a ser su Madre Espiritual.

Sabemos también que para octubre-noviembre, el bibliotecario de la Asamblea informa que se han enviado dos ejemplares de "La Sabiduría de 'Abdu'l-Bahá" a las bibliotecas de la Escuela Militar de Chorrillos y al Instituto Pedagógico de Varones.

A la muerte de John Stearn, es elegido en su reemplazo a la Asamblea el Sr. Demetrio Taboada del Callao. Demetrio habíase enrolado en la Causa el 4 de noviembre, tres días antes de su elección. Demetrio había estado asistiendo a las reuniones en el edificio Raffo y era un simpatizante entusiasta. Era amigo de Alfredo Barreda y trabajaban juntos en la antigua Caja de Depósitos (hoy Banco de la Nación). Él lo llevó donde Eve.

Cierta vez, el señor Barreda y sus amigos invitaron a Virginia Orbinson a una reunión de 14 personas sobre la Fe en casa de Demetrio, a fines de agosto o comienzos de septiembre. En octubre va Eve a la casa de Demetrio invitada por su familia. Él fue un activo creyente y en 1949 viajó fuera del país regresando en 1959.

La manera de enrolarse era diferente a la de nuestros días. El "postulante" debería leer ciertos textos como "Bahá'u'lláh y la Nueva Era", "Voluntad y Testamento de 'Abdu'l-Bahá", y luego se reunía con la Asamblea Local para solicitar su ingreso. En la reunión se le hacían preguntas relacionadas a los libros, luego de lo cual se votaba en privado para su aceptación como nuevo miembro.

### 1945: Nuevos ingresos

1945, de acuerdo a Eve, "fue un tiempo de atraer nuevos miembros, aprendiendo responsabilidad mediante el trabajo conjunto, profundizándose en nuestra Fe".[122] Ese fue el año en que la comunidad creció a 23 creyentes y recibió la visita de varios bahá'ís del exterior como Jorge Sarco Manrique de Guayaquil,

---

[122] Libro de Actas de la Asamblea Espiritual Local de Lima.

Ecuador, el 26 de febrero; Gwenne Dorothy Sholtis el 8 de julio por una semana; Elizabeth Cheney —pionera en Paraguay— el 18 de octubre, Virginia Orbinson el 7 de abril y otra vez el 25 de octubre; Haig Kevorkian el 15 de noviembre por una semana, de Argentina, en ruta al Ecuador para su puesto de pionerismo; y Emeric Sala y su esposa en diciembre.

Los ingresos en 1945 fueron: María Magdalena Ontaneda Mesones, Raúl Sáenz Sáenz, Alfonso Bouroncle Barreda, Julia Mendoza Gallardo, Manuel Vera Alva, María Esther Angulo Ruiz (luego Mary de Beckett), Alberto Lobatón Meza (inscrito en Nueva York en 1941), Jorge Sevilla del Villar, Fidela Falcón, Guillermo Aguilar Argandoña (de Ayaviri, Puno), Raúl Alva Rios y Elena Callirgos.

Los jóvenes siguieron igualmente trabajando duro. El 4 de marzo tuvieron una reunión especial para celebrar el "Día de la Juventud Bahá'í".

Algunos miembros de la comunidad de Lima se mudaron al exterior como Ray Betts y Ricardo Calderón que ya mencionamos. Además E. Paulsen a la Argentina, Reginald Reindorp a El Salvador. Raúl Sáenz (hijo de Román y Luz) a Piura. La Asamblea de 1945 estuvo formada por Alejandro Franco, Demetrio Taboada, Alfredo Barreda, Isabel de Barreda, Eve Nicklin, Graciela Peirano de Sotero, Luz Sáenz de Sáenz, María Magdalena Ontaneda y Julia Mendoza Gallardo.

### 'Abdu'l-Bahá y la señora Braddock

En el capítulo anterior vimos cómo, en su viaje a Lima en octubre de 1941, Eve conoció a una dama llamada Sra. Gray que había conocido a 'Abdu'l-Bahá en Tierra Santa. Eve vivió una anécdota similar cuando se encontró con otra señora que también había conocido al Maestro. La señora Braddock estaba de visita en una casa en Lima cuando de repente leyó el nombre de 'Abdu'l-Bahá en un libro. Muy sorprendida, pronunció Su nombre tan fuerte que su anfitrión preguntó a la señora Braddock qué estaba pasando. La señora Braddock luego le dice a su anfitrión que había conocido a 'Abdu'l-Bahá y le preguntó dónde había obtenido el libro. Así conoce a Eve Nicklin y decide con su hija conocerla. Eve relató más tarde:

Había un libro abierto sobre la pequeña mesa junto a su silla. La señora Braddock lo miró. De repente, un nombre cobró vida en la página impresa. "¡'Abdu'l-Bahá!" Pronunció el nombre en voz alta. Su anfitriona levantó la vista de su tejido. "¿Qué dijiste, querida?" "¡El nombre en este libro!" ella dijo: "'Abdu'l-Bahá... Yo Le conocía. ¿De dónde sacaste este libro?" "Una mujer me lo prestó", la señora Braddock y su hija encontraron el camino hacia el Centro Bahá'í. Nos habló de su vida como una joven armenia, que vivía en Egipto, de sus visitas a 'Abdu'l-Bahá y Su familia en Haifa, Palestina. "Aunque yo era sólo una niña, también lo recuerdo", dijo la hija. "Yo también recuerdo sentándome a Sus pies con los otros niños". Y añadió: "Y Él me dio una piedra de anillo que atesoré mucho". Les mostramos los libros del Mundo Bahá'í. ¡Con qué entusiasmo la señora Braddock buscó entre ellos fotografías de rostros familiares! Había un rostro especial que quería encontrar: Lua Getsinger.[123] "Lua era una invitada en nuestra casa", dijo, "y fue allí donde murió". "Todos la queríamos mucho", añadió en voz baja. Le dijimos que Lua había sido nombrada la Madre Maestra de Occidente.

La señora Braddock nos invitó a su casa para conocer a su marido, un inglés. Nos mostraron sus álbumes de fotografías. Una imagen mostraba a 'Abdu'l-Bahá caminando por un sendero, con Su manto ondeando al viento. La Sra. Braddock pareció sorprendida cuando le informamos que la Fe que 'Abdu'l-Bahá había avanzado estaba siendo reconocida en todo el mundo. No había pensado mucho en la religión a lo largo de los años, pero a menudo recordaba el modo de vida ejemplificado por 'Abdu'l-Bahá. Su desinteresada vida de servicio había dicho más claramente que las palabras que Él era bahá'í; ella no podía pronunciar Su nombre sin traicionar su emoción. Para nosotros, que no habíamos conocido personalmente a 'Abdu'l-Bahá, pero que lo amábamos con

---

[123] Lua Getsinger (1871-1916) fue una de las primeras creyentes bahá'ís occidentales que se unió a la Fe en 1894. Fue una de las primeras peregrinas bahá'ís a Tierra Santa en 1898. 'Abdu'l-Bahá la nombró su "Heraldo de la Alianza".

un amor abrumador, la señora Braddock nos había brindado otra vislumbre de Su inigualable ejemplo de vida bahá'í. Nosotros, a su vez, compartimos con los Braddock sus escritos.[124]

## Eve y los niños

En 1945 Eve publicó en Lima un libro para niños titulado *Léeme un Cuento*, en inglés y español. La impresión del libro fue posible gracias a la colaboración de Irene Silva de Santolalla.

Irene (1902-1992) fue una destacada pedagoga y feminista. Miembro de la clase alta y la intelectualidad de Lima, Irene se convirtió en 1956 en la primera mujer elegida para el Senado peruano y también en 1956 fue nombrada Mujer de las Américas. Fue una autora y conferencista solicitada en Perú y en el extranjero. Ella escribió numerosos libros y artículos sobre educación familiar y desarrollo infantil. Su nombre se menciona en una carta de Shoghi Effendi que se cita en el capítulo siguiente.

El Dr. Aguilar, un nuevo bahá'í, le presentó Irene a Eve y pronto se hicieron buenas amigas. Aunque era una admiradora muy cercana de las Enseñanzas, Irene nunca se convirtió en bahá'í. Prologó el libro describiendo a Eve Nicklin como "una especialista en narración de cuentos y libros para niños. Conoce bien los temas de psicología infantil debido a su amplia experiencia trabajando diariamente con ellos. Ha sido supervisora de preescolar y consultora de escuelas de verano para jóvenes, tanto para niños como para niñas, en el estado de Pensilvania de los Estados Unidos de Norteamérica".[125]

Eve escribió:

> Irene es una conocida escritora de libros sobre educación de padres. Estábamos tomando té juntas; Nuestra charla se centró en el tema de la educación. Le traje cuentos que habían sido preparados para niños en edad preescolar y se los dejé para leerlos, comentando que los bahá'ís creen que la formación del carácter es de suma importancia y que, en consecuencia, el objetivo de estos cuentos era

---

[124] Bahá'í World Centre, *The Bahá'í World:* Vols. XI 1946 – 1950, p. 762.
[125] Eve Nicklin, *Léeme un Cuento*. Lima, Perú: Librería Internacional del Perú, 1945.

influir en el niño para que mantuviera su palabra, sea puntual y considerado con todas las criaturas. Luego cité de *La Sabiduría de 'Abdu'l-Bahá:* "Porque a menos que se eduque el carácter moral de una nación, así como el cerebro y los talentos, la civilización no tiene base". Irene se quedó pensativa. "Mi gente aquí en Perú necesita este tipo de capacitación", dijo, "¿Puedo traducir estas historias al español? También te ayudaré a imprimirlos", añadió. Después de mucho trabajo la tarea quedó terminada. Está dedicado a una organización que Irene había fundado, "La Cruzada de Educación para las Futuras Madres del Perú", y también "a esa generación de niños que harán un mundo nuevo y mejor". En el prólogo del pequeño libro se pueden leer las propias palabras de Irene: "... la gente pensante en todas partes se está dando cuenta de la importancia de la educación infantil como base firme para una humanidad mejor.[126]

El libro contiene una colección de nueve cuentos en español y traducidos al inglés con ilustraciones y actividades sugeridas después de cada lectura (Apéndice III). Comienza con el artículo "El cuento, un medio de educar":

> Los psicólogos han dicho que los primeros cinco o seis años de la vida de un niño son los más importantes. Por tanto, las experiencias de la niñez constituyen como un molde en el que ha de tomar forma toda la vida.
>
> Debido a que el cuento tiene *el poder de despertar emociones* que no se limitan a un solo país o a determinado período de tiempo, puede ser considerado como el medio universal más perfecto para educar. Es la llave que abre las puertas del interés de los niños. Este interés le ayuda a sentir simpatía y la simpatía le lleva a compartir sus experiencias con los otros.
>
> Los niños jamás olvidan los cuentos que oyen. Ellos los transforman en anhelos de vida, así que deben ser escogidos cuidadosamente.

---

[126] Bahá'í World Centre, *The Bahá'í World.* Vol XI: 1946-1950, págs. 762-763.

Si el cuento es, pues, la llave que abre las puertas del interés infantil, precisa que éste se adapte al mundo de los niños. La atención de los más pequeños —4, 5, 6 años de edad— está en todo lo que les rodea: su madre, su padre, sus hermanos, sus compañeros de juego y sus animalitos. Para despertar su afición por los sonidos rítmicos el niño debe leer cuentos cuya lectura sea armoniosa.

Las verdades que se repiten impresionan la mente y el corazón por cuyo motivo los cuentos educativos deben ser oídos con frecuencia hasta que formen su conciencia.

No es necesario referirse a la moraleja cuando se ha terminado de leer un cuento, porque eso les hace pensar que se les ha leído con el objeto preconcebido de enseñarles algo. El cuento es mucho más efectivo cuando el niño descubre la verdad por sí mismo.

El grado en que el cuento influencia al niño depende no sólo de que esté bien escogido, sino también del diario ejemplo de los padres.

¿Desea que sus hijos cumplan sus promesas? Cumpla las suyas. Piense dos veces antes de ofrecer algo, y luego esté seguro de que es una cosa que Ud. puede cumplir.

¿Quiere que sus niños sean considerados por todos; bondadosos con los seres vivientes; que aprendan a adaptarse para vivir en armonía con las leyes de nuestro Creador; y que sean obedientes, valerosos y felices? Demuestren los padres primero lo mejor que posean de estas cualidades.

No se debe menospreciar la inteligencia de los tiernos niños. Nuestra vida es un libro abierto y, por tanto, debe ser una diaria y vivida historia de desinteresado amor a los demás, de fe en Dios, de carácter y de honor. Escojamos como enseñanza suplementaria cuentos que enseñen dichas virtudes y así formaremos en nuestros hijos los respetables y amados ciudadanos del mundo que viene.[127]

---

[127] Eve Nicklin, *Léeme un Cuento*, págs. 6-7.

## Clases para niños

Los talentos de Eve en educación constituyeron la base de las futuras clases para niños en Perú que comenzaron en las clases de su departamento. Según el testimonio de Demetrio Taboada, uno de los primeros creyentes:

> Yo tenía la idea de que si la Fe echaba raíces en los niños no tendríamos que preocuparnos tanto, porque cada uno de esos niños iba a ser un pilar, ¡porque cada niño comenzaría a vivir con su fe!... En una de las reuniones, como estábamos intercambiando ideas, cada diecinueve días, decidimos traer niños. Esto ocurrió en relación con mi pequeña hija a quien he estado llevando a las reuniones. Entonces surgió la idea de traer niños. Eve Nicklin lo dijo en inglés. Entonces decidimos llevar a cabo el plan. A partir del domingo invitamos a los niños a tomar el té. Entonces decidimos hacerlo todos los domingos; y entonces los domingos eran como una locura [a causa de los niños]. Luego decidimos que los padres enviaran a sus hijos a una función matinal. Y así empezaron a llegar niños y se jugaron muchos juegos... que Eve Nicklin conocía, porque le gustaba trabajar con niños. Yo estaba a cargo de contarles cuentos a los niños. Bajando hacia el Callao había una pastelería que hasta ahora existe. Fui a buscar pasteles (la panadería nos daba crédito) ... Después hicimos la colecta y pagamos, pero esa no era la colecta de los Diecinueve Días.[128]

## 1946: Consolidando la comunidad

"1946 está lleno de promesas de una incrementada actividad bahá'í", ha consignado Eve:

> En enero empezamos dando charlas por diferentes miembros de la comunidad. Hasta la fecha habíamos tenido nuestras clases regulares de los sábados conducidas por mí solamente, pero el gran día vino cuando el Dr. Aguilar anunció que él estaba ahora listo para estar a cargo de una de las reuniones. Su tópico fue "Economía Divina"... y él lo hizo tan bien que estamos esperando tenerlo a él hablando muchas veces. Manuel

---

[128] Demetrio Taboada, versión oral.

Vera (nuestro hábil traductor) tuvo las siguientes charlas, "Evolución del Pensamiento". La manera como él responde preguntas muestra que está obteniendo un profundo conocimiento de la Fe. Mary Angulo y Albert Lobatón son los siguientes charlistas. Los grupos de estudio de los jueves son principalmente de los jóvenes. La gente viene los lunes para estudiar y el miércoles en la noche del Club.[129]

El Dr. Aguilar además preparó una serie de lecciones sobre el libro "Bahá'u'lláh y la Nueva Era" que agradó a todos. Manuel Vera entretando había traducido "Bahá'í Administration" al castellano.

En agosto de 1946 los bahá'ís de Lima inician los trámites para el registro de la Fe Bahá'í en el Departamento de Culto del gobierno. Después de intensos ajetreos reciben formalmente la noticia que no se necesitaba registro porque en el Perú hay libertad de religión pero que para efecto de permiso para propaganda deben acudir primero al prefecto. Sin embargo, encontramos que el 30 de diciembre de 1947 queda constituida la "Asamblea Bahá'í (LUZ)" ante Notario Público y ante los Registro Públicos el 12 de febrero de 1948, en el tomo de Asociaciones, como una asociación cultural. Estos trámites eran estudiados por la Asamblea Local pues ya los bahá'í limeños empezaban a hablar de expandir la Fe a otros lugares como Cusco, Huancayo y el Callao.

Para ese mismo año de 1946 se registraron tres ingresos: el 8 de abril de Demetrio Molero, el 17 de diciembre del recordado Julio Beteta y el 23 de diciembre de Meche Sánchez. En octubre de 1946 Eve visita Trujillo para estudiar las posibilidades de mudarse a esa ciudad norteña, pero aparentemente nada se concretó.

Una de las fortalezas de Eve fue su formación profesional con niños y jóvenes. Tenía una manera de establecer una relación rápida con los jóvenes, así como un repertorio de actividades para trabajar con ellos.

Así fue como los primeros años de la comunidad bahá'í peruana se dinamizaron mediante la participación activa de la

---

[129] Eve Nicklin, Libro de Actas de la Asamblea Espiritual de Lima.

juventud. Un enfoque particular que desarrolló fue el de hacer álbumes pictóricos para ilustrar los conceptos bahá'ís a sus contactos. Podría haber sido una reacción a sus pobres habilidades para hablar español o que encontró que los medios visuales eran más efectivos para enseñar a la gente. En cualquier caso, Eve desarrolló la habilidad de crear álbumes muy atractivos sobre una amplia gama de temas, citando escritos bahá'ís junto con clips que recortaba de revistas y periódicos.

Además de la satisfacción de tener en la comunidad a una persona como el doctor Aguilar y a un contacto prominente como Irene Silva de Santolalla, otro hecho sirvió para alegrar a Eve y fue la primera Conferencia Pública Bahá'í anunciada en el periódico.

Esto era, la venida de los esposos Sala en diciembre al Perú, en una gira de enseñanza por Latinoamérica. Tuvieron la reunión en la "Acción Femenina" y otra en la sala de lectura del Hotel Bolívar; en la primera con cincuenta presentes y en la segunda con sesenta y cuatro. El señor Sala al igual que los otros maestros viajeros ayudaron con su conocimiento e inspiraron el fortalecimiento de la comunidad dando charlas tanto en las reuniones del Club de la Amistad Universal como en las reuniones de enseñanza.

El aviso en "El Comercio" dice así:

CONFERENCIA

LA COMUNIDAD BAHÁ'Í DE LIMA TIENE EL AGRADO DE INVITAR A SUS AMIGOS Y AL PÚBLICO EN GENERAL, a la Conferencia que sobre el tema "Solución de los Problemas Actuales del Mundo", sustentará el distinguido escritor y sociólogo canadiense señor Emeric Sala quien se encuentra de paso en esta ciudad en gira cultural.

La Conferencia se realizará hoy jueves, a las 7 pm. en el local de la Acción Femenina, Belén 1092.

Entrada Libre[130]

Las visitas del año 1946 fueron: Hugo de Arteagabeitta Olguín, representante de Chile para la primera Escuela de Verano Bahá'í en Panamá (17.01.1946); Mason Remey quien tuvo una charla pública (febrero); Vittorio Magagno, bahá'í colombiano de paso

---

[130] Libro de Registros de la Asamblea Espiritual Local de Lima. (s.f.)

por el Perú (27.03.1946); Artemus Lamb, en ruta a Punta Arenas —Chile— de EE.UU. (5.05.1946); Marcia Steward, la mujer que abrió Chile para la Fe, (18.05.1946); Helen Cuéllar, bahá'í de Bolivia, rumbo a Chicago (5.07.1946) y Gwenne Dorothy Sholtis (del 2 de diciembre de 1946 al 6 de enero de 1947). De fecha incierta, probablemente para el período que sigue, es la visita de Helen Sharon de Arizona, EE.UU. La mayoría de las damas que estaban de paso se quedaban en el departamento de Eve.

Luz Sáenz de Sáenz recibe una carta del Guardián fechada el 5 de marzo de 1946, siendo el primer creyente peruano que recibe esta bendición, además de Alberto Lobatón. En esta Shoghi Effendi le dice:

> Que el Amado de nuestros corazones bendiga ricamente vuestros altamente meritorios esfuerzos, y le capacite de ampliar continuamente el campo de vuestras actividades y ponga un noble ejemplo a vuestros compañeros trabajadores a través de Latinoamérica.
>
> Vuestro verdadero hermano,
>
> Shoghi. [131]

Como se anotó previamente, padre, madre e hijo de la familia Sáenz entraron a la Causa. Su bebe Nancy Gladys Sáenz Sáenz nació en 1946. Esta niña junto con Henrifer Germán Vicent Morales Macedo Mendoza (nacido el 22.01.1947), Rose Mary Elizabeth Beckett Angulo (nacida el 29.07.1947), Emily Joyce Beckett Angulo (nacida el 0.09.1948), Manuel Alfonso Vera Canessa (nacido el 13.12.1949) y Alejandro Javier Vera Canessa (nacido el 9.05.1951), vienen a ser los primeros niños nacidos dentro del seno de la comunidad bahá'í del Perú.

El 29 de mayo de 1946 se concluye la lápida de mármol en el sepulcro de John Stearn. Entre las celebraciones de aquel año de 1946 figuran la fiesta de Naw Rúz con veinte personas, bahá'ís y amigos y la elección de la Asamblea Local con nueve votantes, cuyo resultado fue: Mary Angulo, Manuel Vera, Fidela Falcón, Eve Nicklin, Alberto Lobatón, Guillermo Aguilar, Alejandro Franco, Luz Sáenz y Molly Landívar.

---

[131] Idem.

Molly Landívar fue una creyente trasladada de Bolivia a Lima en abril de 1946 y tenía mucho conocimiento y experiencia bahá'í.

Entre los nuevos creyentes de 1946 tenemos a Demetrio Molero (8 de abril de 1946), David Harry Beckett (25 de abril de 1946), Graciela Casanova (9 de julio de 1946), Mario Rodríguez, alumno del Instituto Cultural Peruano Nortemaricano, (12 de octubre de 1946), Julio Beteta (17 de diciembre de 1946), y Mercedes (Meche) Sánchez en las vísperas de la navidad. En septiembre de ese año 1946, el Dr. Aguilar viaja a Estados Unidos por seis meses, y Alejandro Franco viaja también por seis semanas al mismo país para una operación.

## 1947: Educando a la juventud

La Asamblea de 1947 fue conformada por: Alberto Lobatón, Mary de Beckett, Manuel Vera, Fidela Falcón, Eve Nicklin, Guillermo Aguilar, Alejandro Franco, David Beckett, Luz Sáenz. Del exterior pasaron Artemus Lamb en marzo, Flora Emily Hottes, (del 16 al 20 de abril), Valeria Lamb Nichols (del 16 al 29 de mayo) haciendo un picnic en la cumbre del Cerro San Cristóbal.

En el Callao prosiguió igualmente el trabajo con entusiasmo (ver apéndice II). El señor Demetrio Taboada abrió su casa para la Fe y en la celebración del nacimiento del Báb estuvieron alrededor de sesenta personas.

Debido a que el contrato del Centro Bahá'í en el Callao se venció, con mucha dificultad encontraron otro local pero solamente se podía usar dos noches cada semana, los martes y jueves. Daban clases de inglés y luego hablaban de la Fe con temas de educación los bahá'ís que daban sus charlas. El local empezó a funcionar el 7 de julio de 1947 en la calle Domingo Nieto 169.

A continuación encontramos una descripción de un programa que confeccionaron los jóvenes y Eve para celebrar la Declaración del Báb el 23 de mayo de 1947, y que le extractamos de la conversación imaginaria referida anteriormente:

> Es un sketch de tres personas describiendo los acontecimientos del comienzo de la era bahá'í, una idea que siguió al pequeño drama. Se habían preparado de antemano telegramas y en la noche del aniversario fueron entregados en el Centro Bahá'í y a sus amigos que al abrirlos contenían un mensaje tomado de "La Sabiduría de

'Abdu'l-Bahá". "Una idea verdaderamente novedosa para darse cuenta del significado de los tres grandes acontecimientos que ocurrieron en la misma fecha de la Declaración del Báb, nacimiento de 'Abdu'l-Bahá y el envío del primer mensaje telegráfico.[132]

En otra oportunidad,

> La juventud de la Amistad Universal pidió tener una fiesta en el día de la Navidad en el Centro Bahá'í. Los miembros del Club prepararon el té, y arreglaron una pequeña fiesta. El programa estaba a cargo de la juventud bahá'í. A una señal convenida, la luz eléctrica fue apagada y una gran vela blanca fue encendida, todos los invitados se reunieron alrededor formando un círculo".

El brillo de la luz central reflejaba sobre los rostros de los jóvenes a medida que se les iba narrando una historia de la venida a la tierra de una progresión de grandes profetas y portadores de la Luz, tales como Moisés, un Cristo, un Mahoma, el Báb y Bahá'u'lláh. Cuando la historia finalizó, cuatro jóvenes, representando al Este, el Oeste, el Norte y el Sur, trajeron sus velas y las encendieron de la luz central; entonces encendieron las velas más pequeñas que tenía cada invitado. Simbolizando la difusión de la luz de la verdad del mundo"... Y atado a cada pequeña vela estaba un mensaje de Luz de las Plumas del Báb, Bahá'u'lláh y 'Abdu'l-Bahá. Una invitada especial era la instructora bahá'í Gwenne Sholtis. Ella condujo a los jóvenes a cantar la Canción del Amor, de Nina Benedict Mattson.[133]

Encontramos también que: "Ellos [los peruanos] usaban el método de discusiones en mesa redonda en sus reuniones públicas de cada semana. Los peruanos gozaban especialmente tomando parte en las conferencias; fueron empleadas ayudas visuales. Mario Rodríguez, con un talento especial para el arte, pintaba anuncios y cartas gráficas para este propósito. Se daban charlas gráficas para explicar más ampliamente su significado".[134]

---

[132] Eve Nicklin, *Historia de los Albores de la Causa Bahá'í en el Perú*, (s.f).
[133] Eve Nicklin, *Historia de los Albores de la Causa Bahá'í en el Perú*. (s.f.)
[134] Eve Nicklin, *Historia de los Albores de la Causa Bahá'í en el Perú*. (s.f.)

El Club de la Amistad Universal de Eve siguió creciendo y dio como su mejor fruto al grupo juvenil bahá'í de Lima. A través de sus cartas a Eve, Shoghi Effendi también los educó —en una época en la que no había literatura bahá'í en español— como parece en esta carta de su secretario del 17 de noviembre de 1947:

> Actualmente hay tantos movimientos en el mundo afines a diversos principios bahá'ís que, de hecho, casi podemos decir que los principios de Bahá'u'lláh han sido adoptados por personas pensantes de todo el planeta. Pero lo que no se dan cuenta, y lo que los bahá'ís deben, por tanto, enseñarles, es que estos principios, por perfectos que sean, nunca podrán crear una nueva sociedad, a menos y hasta que estén animados por el espíritu que es el único que cambia los corazones. y caracteres de los hombres, y ese espíritu es el reconocimiento de su origen Divino en el maestro enviado por Dios; en otras palabras, Bahá'u'lláh. Cuando reconozcan esto, sus corazones cambiarán y lo que la gente necesita es un cambio de actitud, no simplemente un cambio de perspectiva intelectual. [135]

---

[135] *Bahá'í News*, diciembre 1950, p. 2. No. 238.

## 7 - MADRE DEL PERÚ

Antes de salir de Estados Unidos, a Eve le dijeron que había tres bahá'ís peruanos, a saber, Octavio Illescas, Pacora Blue Mountain (Salomón Pacora Estrada) y Alberto Lobatón que habían aceptado la Fe en ese país. Estos primeros creyentes ya estaban brillando en el campo de la enseñanza, particularmente en lo que respecta a las poblaciones latinoamericanas. Más importante aún, esas historias revelan el puente que a pesar de la distancia Dios estaba construyendo entre la comunidad bahá'í norteamericana más establecida y las nacientes Sudamericanas.

Con la llegada de Eve entraron a la Fe nuevos creyentes que pronto se dedicaron al servicio de la Fe de Bahá'u'lláh. Verlos convertirse en excelentes creyentes le trajo mucha felicidad a su corazón. Fue otra confirmación de que sus servicios fueron aceptados y bendecidos. Para estos nuevos creyentes, Eve se convirtió en el epítome de su nueva desposada fe, de quien obtuvieron guía e inspiración. Como una madre que cuida cuidadosamente el desarrollo de sus hijos, Eve demostró gran paciencia y tolerancia. Eso fue en una época en la que no había literatura bahá'í en español ni fuertes estructuras administrativas locales a las que podía acudir. El dinero también era escaso, pero Eve ofreció lo poco que tenía para proporcionar un ambiente donde estos nuevos creyentes se sintieran lo suficientemente cómodos para reunirse y aprender a vivir como comunidad. Lo logró magníficamente porque lo hizo con un amor inmenso y puro.

**Octavio Illescas**

Octavio Illescas y su esposa, Inga Illescas, se alistaron en la Fe Bahá'í el 29 de enero de 1940. En ese momento él residía en Beverly Hills, una próspera comunidad adyacente a Los Ángeles, y por lo tanto era miembro de esa localidad. Octavio había emigrado del Perú, soltero, en 1910.

Los Illescas se convirtieron en miembros de la comunidad bahá'í de Los Ángeles el 21 de enero de 1941, cuando se trasladaron a esa ciudad. Al parecer permanecieron en esa comunidad hasta 1946. El 21 de julio de 1946 se trasladaron de la comunidad de Los Ángeles a la ciudad de Clovis. Clovis es una pequeña ciudad al norte de San Francisco en el norte de California. Ambos eran los únicos bahá'ís en esa localidad.

Octavio pudo haberse mudado a Fresno ese año porque su esposa murió de cáncer en un hospital de esa ciudad el 1 de noviembre de 1946. Al parecer todavía estaba en contacto con los bahá'ís de Los Ángeles en ese momento porque la Asamblea Local y los Bahá'ís "enviaron flores para su funeral".[136] En 1947 encontramos que Octavio Illescas se desempeñaba como consultor especial para América del Sur en el Comité de Enseñanza Interamericano. Eve y Octavio nunca se conocieron.

Sabemos que Inga fue miembro del Comité Interamericano de 1943 junto con su esposo. También sabemos que Octavio fue el coordinador del Comité Interamericano de Enseñanza en 1945. En el "Mundo Bahá'í" leemos que Octavio Illescas junto con Dorothy Baker estaban enseñando en México y después de su regreso, permaneció "varias semanas con los creyentes en la Ciudad de México, animándolos y fortaleciéndolos aún más con su amorosa simpatía, sabiduría y clara comprensión de la Fe Bahá'í".[137] Octavio también viajó enseñando a La Habana. Octavio Illescas podría ser considerado el segundo bahá'í peruano después del Dr Vargas quien aceptó la Fe en Argentina.

Según *Bahá'í News* de septiembre de 1940: "El Sr. Illescas, quien es nativo de Perú y graduado de la Universidad de Minnesota y, por lo tanto, está bien calificado para ofrecer los consejos más valiosos a quienes contemplan servir en este glorioso campo ".[138] En el Centenario pronunció un discurso indicando que "La herencia religiosa, el conocido fervor y la devoción de las masas, en las naciones latinoamericanas será el suelo fértil sobre el cual las semillas de la Fe Bahá'í, una religión de acción, una religión en la que el servicio a la humanidad es adoración a Dios crecerá y dará ricos frutos".[139]

## Alberto Lobatón

La historia de Alberto Lobatón y Pacora Blue Mountain se remonta a Nueva York, la Ciudad de la Alianza. Su narrativa es igualmente

---

[136] Richard Hollinger, carta al autor fechada 12 de enero de 1987.
[137] Bahá'í World Centre, *Bahá'í World*, Vols. X: 1944-1946, p. 792.
[138] Bahá'í News, septiembre 1940. p. 6.
[139] Bahá'í News, septiembre 1944, p. 17.

interesante y nos ayuda a ver la Mano de Dios trabajando misteriosamente desde Norteamérica construyendo los pilares de la Fe en el Perú. Escuchemos la versión oral de Alberto Lobatón:

> Nosotros (Alberto Lobatón y Pacora Blue Mountain) dimos un concierto de música inca en Nueva York. Eso le agradó mucho a la secretaria de la Asamblea Espiritual Bahá'í de Nueva York que estuvo presente allí. Ella nos invitó si queríamos participar en una velada musical literaria que iba a organizar la Asamblea Espiritual Bahá'í de Nueva York a la cual asistimos. Pacora Blue Mountain también fue y él tocaba muy bien el piano, era un gran pianista. Yo tocaba en aquella época la quena. La actuación le gustó mucho a la secretaria de la Asamblea Espiritual Bahá'í de Nueva York. Ella era de origen persa y me dijo que la música peruana era de un gran parecido a la persa. Entonces fuimos [a las reuniones bahá'ís] y allí nos familiarizamos con las ideas, las doctrinas, los ideales de la Fe Bahá'í, de qué es lo que propugnaba la Fe Bahá'í. De inmediato nosotros estuvimos de acuerdo. Entonces, poco tiempo después, ya firmábamos nuestra tarjeta de miembros de la Asamblea Espiritual Bahá'í de Nueva York. Primero yo y después Blue Mountain. Su enrolamiento fue casi en seguida porque este señor Safá Kinney,[140] que entonces era el coordinador de la Asamblea Espiritual, era un hombre de una gran cultura y una gran caballerosidad. Inmediatamente se ganó el afecto nuestro. Simpatizamos mucho con él. Y no tardó mucho cuando ya estábamos actuando en las reuniones de la Fe Bahá'í en Nueva York.[141]

La historia del encuentro entre Eve y Alberto en Lima es como sigue. Julia Mendoza Gallardo se casó en marzo de 1945 con el señor Fernando Morales Macedo por la ley civil, no habiendo ceremonia católica pese a la oposición de la familia del novio. La Comunidad Bahá'í le regaló una copia de la Tabla del Matrimonio (o mejor, Consejos para el Matrimonio de 'Abdu'l-Bahá). Ella

---

[140] Edward (Saffá) Kinney. "In Memoriam", *The Bahá'í World*, Vol. XII: 1950-1954, págs. 677-679.
[141] Versión oral of Alberto Lobatón.

trabajaba en el Ministerio de Educación y hablaba fluidamente el inglés.

Alberto, o "Albert", trabajó en la Escuela de Guías Turísticos de Lima donde conoció a Julia Mendoza, una bahá'í. Desde su llegada, Alberto estuvo buscando a los creyentes de Lima hasta que Julia le mencionó a Eve Nicklin. Simultáneamente, Eve había estado buscando a Alberto basándose en la información que le proporcionó el Comité de Enseñanza Interamericano antes de viajar a Perú. Sin embargo, ella lo había estado buscando por el apellido materno de Alberto, es decir, Meza. La membresía de Alberto en la comunidad de Lima data de agosto de 1945. Desde entonces, Alberto se convirtió en el brazo derecho de Eve como su traductor en las clases bahá'ís y en las charlas públicas.

**Los cuatro congresos sudamericanos bahá'ís**

El Segundo Plan de Siete Años iniciado en 1946 —tras una "tregua" de dos años— contemplaba entre sus cuatro objetivos la formación de tres nuevas Asambleas Espirituales Nacionales, una en Canadá, otra en Centroamérica y la tercera en Sudamérica.[142]

Hubo cuatro congresos consecutivos que culminaron con la elección de la primera Asamblea Espiritual Nacional de América del Sur para diez países en 1951.[143] En noviembre de 1946 tuvo lugar en Buenos Aires el primer Congreso Bahá'í Sudamericano. El segundo congreso tuvo lugar en Santiago de Chile en enero de 1948, el tercer congreso tuvo lugar en Sao Paulo (Brasil) en enero de 1949, y el cuarto congreso en Perú en mayo de 1950.

**El primer congreso**

Como se mencionó previamente, a fines de 1946 se realiza el primero de los cuatro congresos Sudamericanos bahá'ís que se iban a suceder hasta 1950. Este se realizaba en la ciudad de Buenos Aires e iba como delegado peruano Alberto Lobatón. En los últimos meses de 1946 se decide que Alberto Lobatón asista al Congreso de Buenos Aires a realizarse el siguiente año. También asiste del Perú Roque Jiménez. De acuerdo a las reminiscencias de

---

[142] Los objetivos adicionales incluían completar la decoración interior del Templo, una campaña sistemática en Europa y consolidar la obra en América Latina.
[143] También se celebró otro congreso en la ciudad de México en enero de 1948.

Alberto, el Congreso fue muy movido y se realizaron una serie de conferencias en diferentes locales con un público heterogéneo. Su viaje lo realizó por tierra, a Puno por tren, cruzó el Lago Titicaca por barco y luego en ferrocarril a La Paz. Estuvo una semana en esa ciudad, alojado en casa de la Familia Cuéllar y entonces tomó el tren viajando durante cuatro días hasta llegar a la capital argentina.

De acuerdo a Artemus Lamb, entre los que atendieron este histórico primer congreso estuvieron "Centurión Miranda y Josefina Pla de Paraguay; Yvonne de Cuéllar de Bolivia; Gambeta Roldan de Uruguay, Salvador Tormo de Argentina; Raúl Villagran y Artemus Lamb de Chile; Valeria Nichols de los Estados Unidos y muchos otros cuyos nombres no se ha podido verificar".[144]

Es en esa medida en que la incipiente comunidad peruana va consolidándose y conociendo a otras similares incipientes comunidades Bahá'í latinas, dando sus primeros frutos, formándose los primeros oradores, con crecimiento sostenido y señales de madurez, destacando su amor y unidad. Ellos fueron los Rompedores del Alba en suelo inca.

Alberto, un talentoso orador público, fue posteriormente bendecido con dos cartas de Shoghi Effendi en 1946 y 1947. La segunda carta, fechada el 18 de febrero de 1947, dice:

> Querido hermano bahá'í,
>
> Vuestra carta fechada el 14 de octubre fue recibida por nuestro amado Guardián y me ha instruido contestarle en su nombre.
>
> Las nuevas del maravilloso éxito de la Conferencia de Buenos Aires le han llegado, y él siente que verdaderamente marca un punto de giro en el desarrollo del trabajo en Sudamérica.
>
> También ha demostrado que los creyentes de Latino América están encaminándose a ser capaces no sólo de elegir sus dos Asambleas Nacionales, cuando el tiempo llegue, sino que serán capaces de administrar los asuntos

---

[144] Artemus Lamb, *The Beginnings of the Bahá'í Faith in Latin America*, p. 26.

de la Causa en estas repúblicas del Nuevo Mundo con dignidad, eficiencia y éxito.

Las noticias que usted le dió sobre el trabajo de enseñanza llevado a cabo por vuestra Asamblea en el Callao[145] le han dado gran satisfacción. Este trabajo es de la mayor importancia, y él le asegura que orará para que pueda ser exitoso, y que una floreciente comunidad bahá'í pueda pronto existir.

Vuestra devoción y amor por nuestra gloriosa Causa, lo siente él muy profundamente, y él orará para que vuestros servicios puedan ser ricamente bendecidos por Bahá'u'lláh.

Con cálido amor bahá'í.

R. Rabbani

(Del puño y letra del Guardián)

Asegurándole mi profundo y permanente aprecio de vuestros meritorios e históricos servicios a nuestra amada Fe, y de mis fervientes oraciones para vuestro éxito, y de la rápida realización de cada esperanza acariciada por usted para su extensión y propagación,

Vuestro verdadero y agradecido hermano,

Shoghi[146]

**Pacora Blue Mountain**

Según Eve, Alberto "conoció la Causa por una de esas famosas reuniones dominicales que se hacían en la casa de los Kinney en Nueva York" y que Pacora Blue Mountain (1899-1969) lo llevó allí.

La Mano de la Causa de Dios 'Amatu'l -Bahá Rúhíyyih Khánum una vez afirmó: "El Amado Guardián consideró al Sr. Pacora Blue Mountain como el primer bahá'í conocido de ascendencia inca, y por esta razón tiene una fotografía del Sr. Pacora Blue Mountain colocada en la Mansión de Bahjí, donde aún puede ser visto".[147]

---

[145] El Callao era el puerto marítimo de Lima que se estaba abriendo a la Fe.
[146] Shoghi Effendi, carta en su nombre a Alberto Lobaton fechada 18 de febrero de 1947.
[147] Bahá'í World Centre,*The Bahá'í World:* Vols. XV 1968-1973, p. 468.

Desde 1941 hasta su muerte en la Navidad de 1961, Pacora Blue Mountain sirvió brillantemente a la Fe como pionero en Ecuador.

Como vimos anteriormente, su confirmación en la Fe tuvo lugar en la casa de Safá Kinney. El 9 de agosto de 1941, Safá Kinney le escribió al amado Guardián:

> Pacora Blue Mountain, un... Indio Inca, ha sido muy importante en la difusión de la Causa tanto en México como en América del Sur. Es un asistente fiel a mis reuniones y absorbe profundamente todo lo que tengo que decir... Le he estado dando el tipo más fuerte de alimento espiritual, que trata sobre las realidades y la verdad; de hecho, él dice que fue precisamente éso lo que lo hizo bahá'í.[148]

El Guardián, a través de su secretaria, respondió a Safá Kinney dos meses después:

> El Guardián se alegró mucho de saber que ha podido confirmar almas de países sudamericanos, como el Sr. Blue Mountain y el Sr. Torres. Orará por su dedicación a la maravillosa labor de difundir su recién descubierta creencia en Bahá'u'lláh entre sus compatriotas que tanto necesitan estas gloriosas Enseñanzas. Estaba particularmente feliz de que el Sr. Blue Mountain, un descendiente de los Incas, hubiera abrazado la Causa, acercándose así a la realización del mandato del Maestro de confirmar a los indios."[149]

El 28 de marzo de 1942 la secretaria del Guardián escribió:

> Él [Shoghi Effendi] estaba muy feliz de saber del exitoso trabajo de enseñanza que está llevando a cabo el Sr. Blue Mountain. La conversión a la Fe de los habitantes originales de América del Norte y América del Sur es motivo de gran regocijo y, sin duda, traerá ricas bendiciones a su paso.[150]

---

[148] Bahá'í World Centre, *The Bahá'í World:* Vols. XV 1968-1973, p. 467.
[149] Bahá'í World Centre, *The Bahá'í World:* Vols. XV 1968-1973, p. 467.
[150] Bahá'í World Centre, *The Bahá'í World.* Vols. XV 1968-1973, p. 467.

En el libro "Heroes of God" sobre la historia de la Fe en Ecuador, Helen Hornsby describe lo que le sucedió a Pacora Blue Mountain después de su conversión a la Fe:

> Después de convertirse en bahá'í, [Pacora] pasó la mayor parte de su tiempo en pueblos pequeños enseñando la Fe. Regresaba a casa los fines de semana y daba conciertos para niños lisiados y en otros hospitales. Se casó con una joven ecuatoriana y después siempre quiso ser pionero en su país.
>
> En marzo de 1961 llegó al Ecuador como pionero y en Riḍván fue elegido miembro de la Asamblea Local de Guayaquil. Era tan querido y apreciado por los bahá'ís que la Asamblea Local hizo una solicitud oficial a la Asamblea Nacional para que se le permitiera permanecer con ellos en esa ciudad. Sin embargo, Pacora disfrutaba trabajando en las zonas más primitivas del país y dedicaba tiempo a la comunidad de Naranjapata donde mantenía un salón para reuniones bahá'ís. Durante el año, tuvo el privilegio de asistir al primer gran Congreso de Enseñanza Indígena en Ecuador en San Pablo, cerca de Otavalo.
>
> Mientras estuvo en Guayaquil, ofreció muchos conciertos de piano intercalados con escritos bahá'ís y también programas de radio en "Ondas del Pacífico". Recibió muchas cartas del Guardián, Shoghi Effendi, a quien era extremadamente devoto y compuso un canto para el Guardián titulado "Ya Shoghi Effendi Val-e- Amrollah". Ruhíyyíh Khánum dijo que el Guardián lo amaba mucho.[151]

El 13 de enero de 1970, la Casa Universal de Justicia escribió a la Asamblea Espiritual Nacional del Ecuador: "Sus largos y devotos servicios a la fe en América Latina y en el Ecuador serán recordados por mucho tiempo". Antes de fallecer, Pacora Blue Mountain donó su propiedad en Sullana, Piura, su pueblo natal, a la Asamblea Espiritual Nacional de los Bahá'ís del Perú para ser utilizada como centro bahá'í. Visitó Lima una vez en los años 1960.

---

[151] Helen Hornsby, *Heroes of God, History of the Bahá'í Faith in Ecuador 1940-1979*, págs. 158-159.

## Guillermo Aguilar

De regreso a la Lima de 1945, otros dos nuevos conversos destacados fueron Manuel Vera y Guillermo Aguilar. Manuel era un joven que comprendió rápidamente las enseñanzas de la Fe. Adquirió un profundo conocimiento bahá'í y se convirtió en el competente y entusiasta traductor de Eve en el Club de la Amistad Universal. Finalmente viajó a Estados Unidos y se instaló allí.

El Dr. Aguilar fue un destacado nuevo bahá'í que se unió a las filas de la primera comunidad bahá'í peruana. Nació en la sierra peruana y se doctoró en economía en la Universidad La Sorbona siendo profesor de la Universidad de San Marcos. Desde el primer momento de su vida bahá'í, el Dr. Aguilar fue consciente del paso que había dado al aceptar a Bahá'u'lláh. Era un orador público talentoso. Años después, en una entrevista con el autor, narró los acontecimientos que llevaron a su encuentro con la Causa de Dios.

Fui a mejorar mi dominio del idioma inglés al Instituto Peruano Norteamericano donde conocí a Eve Nicklin. Había solicitado [al Instituto] tener un profesor nativo de inglés para adquirir el acento. Y me dirigieron a la señorita Eve Nicklin.

En los meses siguientes intenté aprender todo lo que pude de ella y ella me consideraba uno de sus mejores alumnos. Con frecuencia me pedía pasar al frente y repetir de memoria una historia sobre Perú o una historia sobre América. Una vez me invitó a su casa a tomar una taza de té y me habló de su religión.

Yo tenía un conocimiento profundo de la historia de la humanidad [le dijo a Eve]... pero creía en un Dios Supremo, "Soy deísta". Ella aprovechó las ideas y dijo entonces, aquí hay buen material [ risas ] porque podemos hacer de él un bahá'í. En efecto, las cosas que ella me decía eran tan nuevas y tan diferentes de las que había adquirido hasta esa fecha, que me gustaron y comencé a frecuentar su compañía para que me siguiera hablando de la Fe Bahá'í.[152]

---

[152] Versión oral de Guillermo Aguilar.

En ese momento, el Dr. Aguilar junto con su esposa pertenecían a un destacado partido político. Aparentemente, le preocupaba si pertenecer a un partido político era compatible con las enseñanzas de la Fe. Consultó con Eve y ambos recurrieron a Shoghi Effendi en busca de orientación. Como resultado se recibió la siguiente carta fechada el 17 de noviembre de 1945:

> Querida hermana bahá'í:
>
> El Guardián se alegró mucho de recibir su carta del 17 de agosto, junto con la de la juventud bahá'í, y de saber qué tan bien está progresando la Causa allí.
>
> En cuanto a su referencia al Dr. Aguilar, que parece ser un hombre muy ilustrado y sincero, el Guardián considera que usted podría señalarle que, si él, como bahá'í, insistiera en el derecho a apoyar a cierto partido político cuya plataforma considera muy meritoria, no podría negar el mismo grado de libertad a otros creyentes; lo que significaría que dentro de las filas de una Fe cuyo objetivo principal es unir a todos los hombres como una gran familia bajo Dios, habría bahá'ís opuestos entre sí y, debido a la naturaleza misma de la política, en violento desacuerdo entre sí. Entonces, ¿dónde estaría el ejemplo de armonía y unidad que busca el mundo?
>
> El Guardián orará para que el Dr. Aguilar se sienta impulsado a sacrificar sus asociaciones políticas para apoyar plenamente el sistema Divino, que es el remedio para todos los males de todas las personas del mundo. Rezará también para que vuestra amiga Irene Silva de Santolalla se sienta impulsada a abrazar con valentía la Fe que tanto admira.
>
> Su largo y paciente servicio en Perú ha dado una cosecha fructífera y el Guardián está muy satisfecho con los informes que le ha proporcionado. Considera que usted es la mejor para decidir si debe irse a casa [EE.UU.] a descansar o no, ya que podrá juzgar mejor si su ausencia temporal afectará seriamente el trabajo allí o no. Mientras tanto, puede estar segura de que él orará por su éxito, orientación y salud continuos.
>
> Con cálido amor bahá'í,

R. Rabbani

PD: Él piensa que sería una excelente idea traducir algunas de las enseñanzas a los idiomas indígenas.

(de puño y letra del Guardián:)

Con la seguridad de mi vivo y permanente aprecio por sus esfuerzos y servicios verdaderamente notables, y de mis continuas y fervientes oraciones por la extensión de sus valiosas actividades y la plena realización de sus más queridas esperanzas al servicio de nuestra amada Fe,

Vuestro verdadero y agradecido hermano, Shoghi[153]

Las palabras de Shoghi Effendi trajeron tranquilidad al corazón del Dr. Aguilar y en consecuencia renunció a sus afiliaciones políticas. Al mismo tiempo, Eve dejaba de lado su posible viaje a Estados Unidos. El Dr. Aguilar se convirtió en un creyente activo y durante muchos años sirvió en la Asamblea Espiritual de Lima y la Asamblea Espiritual Nacional de los Bahá'ís del Perú. También fue elegido en 1952 miembro de la Asamblea Espiritual Nacional de diez países de América del Sur junto con Eve Nicklin. Además, el Dr. Aguilar actuó como representante del Perú ante las Naciones Unidas en Lima.

El ejemplar de enero de 1953 de *Bahá'í News* informa que: "En Puerto Príncipe, Haití, el Sr. Guillermo Aguilar, ex presidente de la Asamblea Local de Lima, Perú, ha estado dirigiendo el establecimiento de una escuela tecnológica para Haití en nombre de las Naciones Unidas. Ha sido muy activo en la obra bahá'í en la Comunidad de Puerto Príncipe y ha hablado sobre las Naciones Unidas".[154] El Dr. Aguilar murió en 1988 a la edad de 86 años en Lima después de un largo servicio a la Causa de Bahá'u'lláh.

**Mercedes (Meche) Sánchez**

Meche (1912-1999) se unió a la Fe en Lima, Perú, en la Navidad de 1946 a través del club de Eve. Como se vio anteriormente, Eve Nicklin había establecido el Club de la Amistad Universal en su casa para atraer gente a la Fe. El club consistió en charlas estilo

---

[153] Shoghi Effendi, carta en su nombre a Eve Nicklin fechada 17 noviembre de 1945.
[154] *Bahá'í News*, enero 1953, p. 263.

"fireside" donde se discutían temas como la unidad y la hermandad junto con actividades sociales como picnics, juegos, deportes y otras actividades al aire libre. La mayoría de los primeros bahá'ís peruanos habían sido sus estudiantes de inglés y fueron confirmados a través del amor que Eve inculcó en aquellas reuniones.

Meche era diseñadora de vestidos y trabajaban juntos. Como ella deseaba tomar un curso por correspondencia de costura en inglés, decidió tomar lecciones para aprender el idioma. Fue donde un alemán, profesor de inglés, quien al conversar con ella y al ver que su horario de trabajo era complicado le recomienda vaya donde Eve y a la misma vez, le advierte que Eve tenía una "religión rara". Fue también este alemán quien condujo a Mary Angulo de Beckett al Edificio Raffo.

Esta es la narración de Meche de una entrevista con el autor:

> Entonces me mandó donde Eve y así fue conforme yo le conocí. Cuando la conocí era recién también que ella estaba iniciándose y que tenía su Asamblea Local elegida hace dos años, y su Club que fue al que me invitó. Me dijo: "Bueno, espero verte el miércoles que tenemos aquí un club". Bueno, como yo no era bahá'í, no entendía las cosas. Vi los cuadros nomás y pregunté: "¿Quién es el señor de este cuadro?", que era 'Abdu'l-Bahá. Entonces tenía de intérprete a un joven Manuel Vera, que me explicó ... Entonces fui el día miércoles y estaba una americana, la Sra. Gwenne Sholtis que estaba de paso para Bolivia, pionera allá, y entonces ella hizo todo un juego, todos sentados en la alfombra, en el suelo, todos éramos jóvenes y eran las preguntas en inglés y las respuestas en inglés. Fue una cosa muy sencilla así, muy linda, que me gustó y después dijo que leyera algo de su libro, también viejito, "Bahá'u'lláh y la Nueva Era" que era sobre igualdad de derechos de hombres y mujeres, y yo lo leí, y ella me dijo, "ah, has leído bien clarito Meche ¿tú no quisieras venir el sábado para hablar sobre este punto?" "¿Qué cosa hay el sábado?", pregunté. Entonces me dijo: "Se reúnen así, unos jóvenes también y leemos de este libro y tú lees y Manuel Vera va a dar las explicaciones que yo voy a dar en inglés

y él es el traductor". Todo esto era en inglés. "Perfecto", dije yo.

Fui y conté a un amigo íntimo que tenía, que lo conocía yo de pantalones cortos, que se llama Demetrio Molero ... Demetrio en ese entonces trabajaba ya conmigo... y yo le digo, "Demetrio, sabes, que me ha invitado esta señorita Eve Nicklin que es linda y dice que da charlas los sábados y que yo lea este párrafo de este libro y después vamos a comentar, pero sabes, de que yo tengo un poco de miedo porque yo no sé de que se trata, si ella es política porque habla de derechos de hombres y mujeres y también he escuchado de una moneda universal". Y él me dice: "Pero Meche, ¿por qué te metes en estas cosas?, tú no sabes". "Bueno", le dije yo, "pero tenemos que tener también una variante en nuestras vidas. Y yo por eso te invito porque tú eres mi amigo. Invito a mi hermano Enrique y a algunos amigos de la universidad en que él está estudiando. No me vayan ellos a querer tirar [bromeando] tomates". "Bueno", él me dijo, "vamos juntos".

Llegó ese sábado y yo me había preparado sobre este libro; había leído y fuimos con mi hermano, mi cuñado y algunos amigos de mi hermano. Cuando yo terminé de leer este librito y di mi opinión, porque siempre yo estaba interesada, eso sí, de que tenía que haber justicia, pero justicia social no por medio de la religión sino de otra manera. Entonces Eve Nicklin habló y me explicó y dio una relación de lo que es la Fe Bahá'í.

Yo me asombré cuando Demetrio levantó la mano y dijo: "¿Qué cosa tengo que hacer para entrar a este movimiento? "Bueno, usted tiene que leer tal y tal y tal libro". Bueno, allí terminó. El día lunes, cuando él fue a mi casa yo le dije: "Pero Demetrio, ¿qué cosa has hecho tú de pertenecer a un movimiento si este movimiento es cosa que acá dice que es religión?" "Sí pues Meche, pero yo toda la vida he pensado ampliamente. Tú nunca me has visto ir a misa ni comulgar. Tú eres la cucufata, que comulgas, todos los primeros viernes vas a misa y todas esas cosas. Pero mi mente es completamente diferente". Entonces para mí me costó cerca de un año que iba molestando a los bahá'ís, al principio medio que me burlaba de ellos, porque yo veía y decía, "estas cuatro personas, qué piensan, de que si Jesús, Cristo, es el Hijo de Dios ...y cómo pueden ellos decir de que Bahá'u'lláh es el retorno de Cristo". Y entonces, allí fueron mis luchas internas, mis confesiones habladas con el Padre Fordín, que había sido mi guía espiritual desde que tomé la comunión a la edad de siete años. Y yo le expliqué a mí nada me prohiben acá". Y entonces, él, un hombre muy inteligente, dijo: "tienes que tener cuidado ... porque pueden ser... los falsos profetas que llegan (él iba a mi casa). Pero en fin, si nada te prohiben, tú sigue investigando" Y así fue como después de un año, en diciembre, dije "quiero pertenecer a esta Fe".[155]

Y no fue fácil. Porque cuando se reunieron en la Asamblea Local me hicieron muchas preguntas; ya me habían hecho estudiar la "Voluntad y Testamento de 'Abdu'l-Bahá", muchos pasajes de la "Nueva Era" y después me hicieron varias preguntas; yo me acuerdo de que una de ellas fue "¿por qué quieres tú ser bahá'í?" Yo no sé lo que respondí. Y me preguntaron de la Voluntad y Testamento, si yo estaba aceptando a Bahá'u'lláh como el Profeta para esta Nueva Era y estaba aceptando la institución que había de Asambleas y el Guardián que vivía. Entonces yo dije que sí, que estoy de acuerdo, que no sé mucho, pero que voy a seguir estudiando, pero que quiero ser bahá'í.[156]

Para entonces la comunidad bahá'í de Lima no tenía más de treinta miembros. Al año siguiente, Meche fue elegida miembro de la Asamblea Espiritual Local y también elegida por la comunidad para representar al Perú en el Segundo Congreso Bahá'í Sudamericano que se celebraría en enero de 1948 en Santiago de Chile.

Este congreso, al que siguió una escuela de verano, tuvo una gran impresión en Meche y en los demás creyentes nativos. Allí, estos pocos primeros creyentes sudamericanos, armados con un conocimiento muy básico de la Fe y dispersos por el vasto

---

[155] Versión oral de Mercedes Sánchez.
[156] Versión oral de Mercedes Sánchez.

subcontinente, se dieron cuenta de que eran parte de una gran hermandad que los unía, a pesar de la tiranía de la distancia. Estuvieron delegados de Argentina, Brasil, Bolivia, Perú, Uruguay y Chile. Su inspiración y guía vinieron del amado Guardián Shoghi Effendi quien, a través de correspondencia personal desde Haifa, los guiaba amorosamente paso a paso. Los delegados también se dieron cuenta de que todos estaban aprendiendo, haciendo preguntas sencillas, centrándose en enseñar métodos para expandir su nueva Fe. A raíz de ello se realizó una charla pública y apareció un artículo sobre la Fe en *El Mercurio*.

El haber asistido al Congreso de Santiago mejoró las capacidades y el entusiasmo de Meche para servir a la Causa de Dios a nivel local, nacional e internacional. Siendo una exitosa mujer de negocios, ofreció un departamento alquilado donde solía alquilar vestidos de noche, para que sirviera como centro bahá'í de Lima durante muchos años. Es en este lugar donde CEBSA, el Comité de Enseñanza Bahá'í para América del Sur, luego de trasladar su sede de Santiago a Lima, inició un intenso programa editorial produciendo literatura bahá'í en español como *Bahá'u'lláh y el Nueva Era*, con la ayuda de un viejo mimeógrafo y la juventud local. Su casa fue también un lugar donde se acogió generosamente a visitantes nacionales e internacionales.

En 1951, Meche fue elegida miembro de la primera Asamblea Espiritual Nacional Regional para los diez países de América del Sur (Perú, Ecuador, Chile, Bolivia, Venezuela, Brasil, Uruguay, Paraguay, Colombia y Argentina). Posteriormente, dicho organismo se reorganizó en dos Asambleas Nacionales regionales, cada una con cinco países bajo su jurisdicción, donde Meche también sirvió con gran devoción, viajando frecuentemente al extranjero para reuniones institucionales y otros eventos. Realizó innumerables viajes de enseñanza al interior del país y sirvió como pionera en el país para ayudar a establecer las Asambleas Espirituales Locales requeridas por los objetivos de la Cruzada de Diez Años.

En 1961 se formó la Asamblea Espiritual Nacional del Perú y dos años más tarde Meche tuvo el privilegio de estar presente en la primera elección de la Casa Universal de Justicia en 1963. Unos años más tarde, Meche fue nombrada miembro del Cuerpo Auxiliar para las Manos de la Causa, continuando sus viajes de enseñanza al interior del país y animando a los amigos en escuelas de verano y otros eventos. Es justo decir que, hasta cierto punto, Meche había heredado muchos de los atributos espirituales de paciencia, comprensión y consagración de Eve Nicklin.

La Convención Nacional del Perú de 1997 rindió un hermoso homenaje a Meche cuando ella, por motivos de salud, fue relevada de sus casi cuarenta años de servicios como miembro del Cuerpo Auxiliar. Al cierre del acto, alguien pidió que todos los que sirvieron como Asistentes de Meche se pusieran de pie. Fue emocionalmente abrumador ver que casi todos los asistentes incluidos todos los miembros del Cuerpo Auxiliar y de la Asamblea Espiritual Nacional que asistieron, se pusieron de pie instantáneamente. Fueron decenas de amigos que durante décadas y en diversas circunstancias habían servido bajo su amorosa guía y cuidado, y ahora rendían homenaje a su labor cuya amorosa educación luego fue cariñosamente conocida como "La Escuela de Meche." A su muerte, la Casa Universal de Justicia escribió a la Asamblea Espiritual Nacional de los Bahá'ís del Perú:

> Nos entristeció enterarnos del fallecimiento de la muy querida y leal sirvienta de Bahá'u'lláh Mercedes Sánchez. Sus muchas décadas de servicio desinteresado y consagrado en las esferas de enseñanza y administrativas son ejemplares. Las generaciones presentes y futuras de creyentes peruanos recordarán calurosamente su bondad, su amor y su espíritu protector. Se le insta a celebrar reuniones conmemorativas en los principales centros de su país. Tengan la seguridad de nuestras ardientes oraciones en los Santuarios Sagrados por el progreso de su alma radiante en los mundos venideros. Haga llegar nuestras más sentidas condolencias a su familia.[157]

## Los Becketts

Entre los nuevos bahá'í de 1946 tenemos a David Harry Beckett (25 de abril de 1946), Graciela Casanova (9 de julio de 1946) y Mario Rodríguez, alumno del ICPNA (12 de octubre de 1946).

---

[157] La Casa Universal de Justicia, carta fechada 3 de agosto de 1999 a la Asamblea Espiritual Nacional de los Bahá'ís del Perú.

David Beckett, inglés de nacimiento, era un joven que se desempeñaba como funcionario del Consulado Británico en el Perú. Juanita Córdova, una chica no bahá'í, le invitó a participar en las reuniones del Club de la Amistad. Allí tuvo la oportunidad de conocer a Mary Angulo quien sería después su esposa. David de primer momento se sintió muy feliz de encontrarse con Eve y con la Fe. Su padre había sido misionero protestante y David fue criado bajo una severa educación bíblica. Sus padres se sorprendieron cuando les escribió a Inglaterra pidiéndoles el consentimiento para casarse con Mary, pero finalmente se lo otorgaron.

La boda tuvo lugar el 31 de octubre de ese año. Aquel fue el primer matrimonio bahá'í en el Perú y también en Sudamérica. De un diálogo ficticio que Eve creó para ilustrar ciertos momentos de la historia bahá'í del Perú, utilizando a Henrifer Morales Macedo y Rose Mary Beckett, llegamos a conocer los detalles de la ceremonia.

Rose Mary dijo:

> El matrimonio tuvo lugar en el Centro Bahá'í, que en ese tiempo fue la casa de la pionera residente (Eve Nicklin). La habitación que daba al Este fue escogida para solemnizar el matrimonio, el que fue decorado con hermosas flores; y el Más Grande Nombre daba el toque final. Entre los que asistieron estuvieron: Eve B. Nicklin, pionera residente, Manuel Vera, vicepresidente de la Asamblea y Mario Rodríguez quien leyó la Tabla de Matrimonio de 'Abdu'l-Bahá. Mi madre llevaba un precioso recuerdo en sus manos, eran algunos cabellos de la sagrada cabeza de Bahá'u'lláh que habían sido colocados en un marco en forma de libro. Siendo un regalo[158] originalmente de Bahíyyih Khánum[159] a Martha Root.

> "¿Y los invitados?, preguntó Henrifer.

> "Los bahá'ís por supuesto, sus amigos y parientes, también los compañeros de trabajo de la oficina del Consulado Británico. Cerca de sesenta en total. Yo

---

[158] Era asimismo un obsequio de Martha Root a Eve Nicklin.
[159] Hija de Bahá'u'lláh.

recuerdo a mi padre decir, cuán interesado estaba el Cónsul tratando de leer el Más Grande Nombre. Parece que había servido en Persia y había entrado algunos bahá'ís en su trabajo, pero no supo mucho de la Fe hasta asistir al matrimonio.

"El matrimonio de tu padre y de tu madre, fue la unión del viejo y el nuevo mundo, no es cierto?" remarco Henrifer.

"Si, mi madre es peruana y mi padre es inglés. Recuerdo una parte de la carta que el Guardián les envió por intermedio de Rúhíyyih Khánum. "Él (Shoghi Effendi) espera que ustedes representantes del viejo y nuevo mundo, realizarán muchos servicios valiosos para la Causa".[160]

Por esa fecha, Eve escribe al Guardián y le adjunta foto de la nueva pareja, y aunque la respuesta llega tarde, por la presión de su trabajo, esta trae nuevamente su bendición. Él le escribe de su puño y letra:

> Asegurándole mis continuas y amorosas oraciones por vuestro éxito y para la extensión de vuestros meritorios servicios, vuestras históricas y profundamente apreciadas actividades,
>
> Vuestro verdadero hermano,
>
> Shoghi[161]

### El Callao

Es por el año 1946 cuando deciden abrir la ciudad-puerto del Callao. Callao era la puerta de entrada a Lima. Para este efecto, el padre de David Beckett era el representante de la Sociedad Bíblica en el Perú, y esta rama tenía una oficina pequeña en el puerto del Callao. El caballero dejó el país para ir a Inglaterra y alquiló el local a los bahá'ís. Cuenta Eve que las cajas de biblias que aún quedaban las cubrieron y tuvieron un tipo de colchones para sentarse, siendo el mobiliario inicial una mesa y un escritorio.

El Centro Bahá'í del Callao —así llamado— empezó a funcionar el 3 de octubre de 1946, con una capacidad de treinta y siete

---

[160] Eve Nicklin, *Historia de los Albores de la Causa Bahá'í en el Perú*. (s.f.)
[161] Shoghi Effendi, carta en su nombre a Eve Nicklin fechada 10 de junio de 1947.

personas. Para diciembre de 1946 había cinco creyentes en el Callao.

Para el año nuevo gregoriano de 1946 tuvieron los chalacos (gente del Callao) una fiesta para la juventud con cincuenta asistentes y luego se dio una charla. Eve cuenta que en enero se forma el Club de la Amistad Universal en el Callao y que el presidente "está estudiando la Fe". Para las dos primeras sesiones del Club tuvieron dieciséis miembros. La obra en el Callao también continuó con entusiasmo en 1947. El señor Demetrio Taboada abrió su casa a la Fe y en la celebración del nacimiento del Báb asistieron unas sesenta personas.

El alquiler del Centro Bahá'í del Callao eventualmente expiró. Con mucha dificultad Eve y los amigos encontraron otro lugar, pero solo podían usarlo dos noches por semana, los martes y jueves. Se impartieron clases de inglés y conversaciones sobre la Fe, incluidos temas educativos. El local entró en funcionamiento el 7 de julio de 1947, en la calle Domingo Nieto 169. El ejemplar de *Bahá'í News* de mayo de 1947 informa que:

> Eve Nicklin y la Asamblea de Lima, Perú, trabajan contra el tiempo en el Callao. Tienen una base de 5 miembros y han formado una gran clase de estudiantes. Eve informó que 100 personas asistieron a su última reunión pública. Están preparando el plan de visitar las distintas asociaciones especialmente las de los trabajadores, y ofrecer un orador sobre cualquier tema cultural que la logia pueda seleccionar. Luego, este tema se presenta desde el punto de vista bahá'í sin ser una charla bahá'í directa. Al finalizar, se invita a los miembros a venir al Centro Bahá'í para escuchar la "cosa real".[162]

En octubre de 1949 los Beckett se trasladan al Callao junto con Eve con el fin de acelerar los esfuerzos para lograr la formación de la Asamblea Espiritual Local del Callao. Vivían en la calle Grau 865. Para entonces, el Callao ya contaba con cinco creyentes y se acercaba a la meta. Según *Bahá'í News* de marzo de 1951: "Se está ensayando en el Callao, ciudad meta del Perú, un nuevo medio para atraer nuevos contactos. Un jardín en la azotea conectado con los apartamentos de la señorita Eve Nicklin y el señor y la

---

[162] *Bahá'í News*, mayo 1947, p. 2.

señora David Beckett se ha dispuesto como una cancha de tejo y también se ha instalado un juego de dardos. Aquí los amigos son bienvenidos para una hora social cada domingo por la tarde. En este jardín de la azotea también se celebran reuniones bahá'ís". [163]

Varios meses antes, el señor Luis King ofreció su casa para funcionar como Centro Bahá'í, lo que de hecho ayudó mucho en la consolidación de la comunidad junto con el otro Centro Bahá'í que tenía el matrimonio Beckett. También sabemos que la Conferencia Regional de Enseñanza para el Perú se celebró en el Centro Bahá'í del Callao el 7 de septiembre de 1950 y Eve habló de los Convenios gemelos de Bahá'u'lláh y 'Abdu'l-Bahá. En Riḍván en 1951 finalmente se formó la Asamblea Espiritual de los Bahá'ís del Callao. En ese momento ya eran once creyentes. El apéndice II provee más detalles sobre el crecimiento de la comunidad del Callao en esos primeros años.

El Callao se convirtió en la segunda Asamblea Espiritual del Perú, evento que alegró mucho al Guardián. En una carta escrita en su nombre el 31 de octubre de 1951, el secretario de Shoghi Effendi le dice a Eve Nicklin:

> A él [Shoghi Effendi] le alegró saber que el trabajo en Perú va adelante y que la Asamblea del Callao está tan firme y bien.
>
> ¡Ciertamente estáis viendo comenzar a llegar la cosecha, muchas semillas las cuales usted misma sembró con tanto cuidado y sacrificio! En verdad, usted y los demás pioneros han sido ricamente recompensados y bendecidos.[164]

Tal éxito en tan corto período de tiempo ciertamente estuvo relacionado con los atributos personales de Eve, que son el tema del próximo capítulo. En esa etapa, vemos a Eve desarrollándose como una pionera eficaz, a la que se le pide que realice servicios similares en otros países como Punta Arenas en Chile.

---

[163] *Bahá'í News*, marzo 1951, p. 7.
[164] Shoghi Effendi, carta en su nombre fechada 31 de octubre de 1951.

El equipo CEBSA en 1951 — Eve Nicklin y Meche Sánchez son segunda y tercera desde la derecha, respectivamente

La Comunidad Bahá'í del Callao (Perú) en 1951

Un picnic en Chosica (Lima, Perú) en 1945 — Eva es la número 7

El Club de la Amistad Universal, febrero de 1946.
Eve Nicklin está en el centro —
Cortesía: Archivos Nacionales Bahá'ís de EE. UU.

Eve Nicklin (s.f.).

Eve Nicklin con bahá'ís en Punta Arenas en 1948 — Chile Cortesía: Archivos Nacionales Bahá'ís de EE.UU.

Asistentes al Congreso Regional Bahá'í en noviembre de 1949, La Paz, Bolivia — Eve está al frente

En la primera Convención de los bahá'ís de Sudamérica, 1951 – En el centro están la Mano de la Causa Paul Haney y Edna True, representantes de la comunidad bahá'í de Norte América

Eve Nicklin con la Mano de la Causa Dorothy Baker en el Cuarto Congreso Bahá'í en Lima, 1950

La Casa de Adoración Bahá'í en Wilmette Illinois.

La Primera Asamblea Espiritual Nacional de los Baháʼís de América del Sur, 1951 — De izquierda a derecha. Primera fila: Edmund J. Miessler (Brasil), Margot Worley (Brasil), Eve Nicklin (Perú), Manuel Vera (Perú). Fila de atrás: Dr. Alejandro Reid (Chile), Gayle Woolson (Colombia), Esteban Canales (Paraguay), Mercedes Sánchez (Perú), Rangvald Taetz (Uruguay)

En la Escuela de Verano Baháʼí de Ezeiza, Buenos Aires, 1952

Eve Nicklin y amigos bahá'ís en un picnic en Tiabaya, Arequipa

Bahá'ís de Encarnación — Eve es la segunda desde la izquierda.
Cortesía: Archivos Nacionales Bahá'ís de EE. UU.

Shoghi Effendi, Guardián de la Fe Bahá'í

## 8 - VIRTUDES DEL PIONERISMO

Entre los atributos personales de Eve destacaba su capacidad para relacionarse con la gente. Esto se evidenció particularmente en cómo alentó a la primera comunidad bahá'í peruana. Como madre amorosa, Eve demostró con hechos cuánto se preocupaba por sus hijos espirituales. Para ella era obvio que construir una comunidad de creyentes requería establecer y profundizar lazos de amistad entre sus miembros. Esto fue evidente en su trabajo en Lima y en Punta Arenas, Chile, su próximo destino como pionera.

### El don de edificar

Meche Sánchez recordó esta faceta amorosa de la personalidad de Eve particularmente de su labor educadora:

> Tenía un sistema de trabajo muy especial. Demostró una capacidad y paciencia grandes. Tenía una manera muy especial de atraer a los jóvenes. Primero, como ella vivía en La Colmena, era un sitio donde delante casi de su casa pasaba el tranvía que iba a los balnearios del Callao y La Punta. Durante todo el verano ella nos invitaba los domingos para que lleváramos una lonchera y estuviésemos en su casa a las nueve de la mañana o diez. Salíamos al Callao y nuestro sitio de baño era La Punta. Ella era una buena nadadora. Entonces, primero jugábamos, conversábamos y después íbamos a bañarnos. A la hora del almuerzo siempre elegía un sitio solitario para almorzar. Es allí que ella empezaba con un libro "Bahá'u'lláh y la Nueva Era" a dar sus primeras clases. Entonces todos estábamos gozosos de escucharle leer, [los otros bahá'ís] nos traducían, y ella daba sus opiniones. Regresábamos en la tarde. El carro hacía su última parada casi también delante de la casa. Entonces queríamos irnos ya a nuestras casas. Y ella decía "Tienen un momentito que subir y tomar un té... después de todo un día de playa tienen que tomar algo caliente". Subíamos, preparábamos el té. Siempre tenía unas galletitas y nos sentábamos en la alfombra, en el suelo, y empezaba ella a dar otra clase, pequeña, pero aprovechando el tiempo, daba otra clase.

Eso era en verano. En invierno, nosotros tenemos Chosica[165] con sol todo el año e íbamos en tren. Eso era una cosa muy hermosa. El tren quedaba a cuatro cuadras... Entonces también nos invitaba temprano porque el tren salía a las ocho de la mañana y regresaba a las cuatro de la tarde. Entonces todos estábamos con nuestras loncheras y salíamos con Eve. Esas idas en ese tren hasta Chosica eran verdaderamente un viaje maravilloso para nosotros. Llegábamos y buscábamos un sitio en el río, que tuviera agua para podernos bañar y al mismo tiempo ella estaba buscando los sitios que tenían pasto y árboles. Allí nos sentábamos, conversábamos, estudiábamos y luego nos bañábamos y después venía el almuerzo. Cada uno teníamos mucha alegría. Ella empezaba a hacernos conocer unos a otros, a irnos hermanando, sintiéndonos como una verdadera familia.

Cuando regresábamos de Chosica también era el mismo estilo: "Tienen que subir y tomar el té", decía Eve. Ahora ya era el invierno. "Tomar el té y reposar un poco y después se van a sus casas". Eran por lo regular cuatro y media de la tarde. Subíamos al departamento, preparábamos el té, nos sentábamos en la alfombra y Eve empezaba con otra lectura y otra clase. Esta era la manera cómo ella empezó verdaderamente, a fortalecer esta Asamblea en Lima.

Fue la primera maestra en ayudas visuales. Como no podía hablar castellano, entonces ella recortaba figuras y las pegaba en cartones. Siempre tenía revistas de colores. Entonces enseñaba los principios así: igualdad de derechos de hombres y mujeres, ponía siempre la mujer en un lado, al hombre en el otro lado, en medio una balanza... hacía cosas maravillosas. Para explicar por ejemplo que no hubiese ninguna diferencia de clases, ponía un chino, un negro, un blanco, en fin, diferentes razas, haciendo una redondela y siempre hablaba de esa unidad que tenía que haber. Todo lo hacía con figuras. Todos estos principios que tenemos, ella tenía tremendos

---

[165] Chosica es un pintoresco lugar ubicado en el escarpado valle del río Rímac 20 kilómetros al este de Lima.

álbunes ya, para poder explicarnos. Esa fue la manera cómo ella empezó a trabajar...

Una de las cosas más hermosas que nuestra pionera ha tenido fue nunca estar apurada de la hora. Era una persona que no quiso tener relaciones con su colonia. Nosotros, yo, por lo menos siempre decía: "Eve, ¿por qué no invitas a unos amigos americanos que aquí hay una colonia hermosa". Ella decía: "No, mis amigos y mis hijos son ustedes los peruanos". Nunca hubo apuro para almuerzo, para lonche o para comida. Si ella veía que nosotros estábamos entretenidos estudiando cualquier libro o ayudándole con sus ayudas visuales, ella estaba feliz. Tengo la sensación que ella quería que nosotros nos sintiéramos como en "nuestra casa". Recuerdo que en esos primeros años, estoy hablando de 1947, 1948, en su departamento, un bahá'í dijo: "Eve, qué tal si pintamos?" "Muy bien hijos, hagan ustedes, pongan el color que deseen, esta es su casa". Y pintamos con Demetrio Molero, linda quedó la sala, el dormitorio de ella, la cocina, el baño, en fin, Eve nos hacía sentir que esa era nuestra casa.[166]

**El Segundo Congreso Bahá'í en Chile**

Meche continúa su narración:

Entonces recuerdo que un día se hizo una elección para delegados y salí yo de delegada para acompañar a Eve al Segundo Congreso en Chile en enero de 1948.

Fuimos en un barco caletero, chileno, que demoró quince días y durante estos quince días en que no había pasajeros, porque no era más que el capitán, su esposa, dos o tres mujeres, y con Eve creo que éramos cinco mujeres que íbamos, y después todo era la tripulación. Ibamos caleteando de puerto en puerto. "Eve enseñaba la Causa en cada puerto que tocabamos" Cuando íbamos a llegar ya a Valparaíso, es que yo ahí me di cuenta de mi responsabilidad. Y yo le digo a Eve: "Pero si yo no sé nada.. Yo no sé cosas... que..." "Nó", me dijo, "tú vas a saber, Meche, presentar muy bien". Y total, que entramos en un

---

[166] Versión oral de Mercedes Sánchez.

amanecer. Yo estaba allí en la borda, mirando, y escuché que alguien dijo: "Mercedes Sánchez, Eve Nicklin". Era un chileno que venía a recibirnos, a darnos la bienvenida. Esteban Canales. Y yo, desde que escuché mi nombre así, que subió las escaleras rápido, y nos abrazó, yo me di cuenta de que esta es la familia universal que ella nos había hablado, Eve Nicklin, y que decíamos que éramos toda una familia. Entonces yo ya con él me sentí "protegida" y le dije: "Esteban, yo no sé nada". "No te preocupes Meche, si todos estamos en el mismo camino". Eso fue en Valparaíso; me llevaron a casa de Rosita Caro... En este Valparaíso nos quedamos una noche a dormir. Quiero contar esto porque tal vez, hace ver la capacidad de Eve. Eso fue el sábado. El día domingo yo sentí las campanas de la iglesia. Y yo me levanté, me vestí. Eve también se vistió y salió tras de mi. Me dijo: "Meche, tú no conoces a donde vas". Yo le digo: "Pero siento campanas por acá Eve Nicklin". "Por acá debe haber una iglesia, un templo cerca". Y efectivamente estaba muy cerca un templo. Y fui; yo tenía todavía necesidad de escuchar misa. Eve Nicklin entró al templo, yo me hinqué, ella hizo lo mismo y, hasta que salí... Fue una pionera así, con mucho criterio, eso que a veces nos falta a muchas personas. Porque ella ahí me pudo decir: "Pero, cómo, si tú eres bahá'í, tú vienes representando". No me dijo absolutamente nada.

Y después tomamos un tren con Esteban Canales y fuimos a Santiago. En una casa muy hermosa, se realizaba este Segundo Congreso. Y allí me di cuenta que recién todos estábamos aprendiendo. Todos empezábamos a hacer preguntas infantiles, ahora me parecen infantiles y fuera de lugar.....[167]

Este congreso —en enero de 1948— resultó ser muy inspirador, tanto porque los escasos bahá'ís dispersos en los diez países Sudamericanos se iban conociendo y sintiéndose como una hermandad, como porque era la oportunidad de estudiar la manera como cada cual desarrollaba en su país el trabajo de enseñanza abriéndose paso.

---

[167] Versión oral de Mercedes Sánchez.

El señor Artemus Lamb recuerda de este segundo congreso:

El segundo Congreso Bahá'í Sudamericano, celebrado en Santiago, Chile, en enero de 1948, [fue] seguido por una Escuela de Verano. Este magno acontecimiento fue organizado y ejecutado por CEPSA (Comité de Enseñanza para Sudamérica), con la ayuda de la Asamblea Espiritual Local y la comunidad de Santiago. Reinó en todo momento un gran espíritu de unidad, amor y servicio a Bahá'u'lláh.

Para la ocasión se alquiló una casa residencial completa con muebles, ropa de cama, trastos y mucamas. Los asistentes: Argentina, Athos Costas, delegado oficial, y Oscar Aguirre, delegado adjunto; Brasil, Sra. Margot Worley, delegada oficial, y las Srtas. Caby Glieg y Dina Franca; Bolivia, la Sra. Ivonne de Cuéllar, delegada oficial; Perú, Srta. Mercedes Sánchez, delegada oficial, la Sra. Eve Nicklin; Colombia, Dr. Carlos Saúl Hernández, delegado oficial; Uruguay, Gambetta Roldan, delegado oficial; Estados Unidos, Srta. Janice Ewing; Paraguay, Roque Centurión Miranda, delegado oficial; Chile, Carlos Bulling, delegado oficial. También de Chile participaron las siguientes personas: Sres. Walter Hammond, Hugo Arteagabeitia, Esteban Canales, Artemus Lamb, Alejandro Reid y las Srtas. Rosy Vodanovic y Betty Rowe.

Los actos públicos, todos realizados con mucho éxito y buena asistencia fueron: una recepción inaugural en el hotel de France; una conferencia pública en la sala de conferencias del diario "El Mercurio"; y la sesión de clausura en la sala de conferencias de la Universidad de Chile. También se hizo una excursión a Viña del Mar y Valparaíso. "Noticias Bahá'ís Sudamericanas" comentó sobre este acontecimiento: "En realidad, tanto el Congreso como la escuela de verano ofrecieron una prueba visible del notable progreso y desarrollo de la Fe de Bahá'u'lláh en América del Sur durante el año pasado, un desarrollo no apreciado hasta este Congreso".

Y el amado Guardián, siempre al corriente de las actividades, envió el siguiente cable:

Aconsejo Congreso concentre medios eficaces asegurar extensión consolidación bases venidera Asamblea Nacional. Urjo redoblar esfuerzos actividades enseñanzas, estimular trabajo pionero iniciado creyentes nativos. Rezando éxito extraordinario. Amor profundísimo. Shoghi (7 de enero, 1948)[168]

Los asistentes a este segundo congreso escribieron al Guardián y en respuesta se recibió al mes siguiente una carta escrita en su nombre:

> Dentro de unos años vosotros tendréis vuestra propia Asamblea Nacional y ella tendrá plena responsabilidad de realizar la obra en esa parte del mundo. Lo que se necesita es una base muy firme y sólida para apoyar a la Asamblea, y lo único que puede garantizar esto es la formación de muchas nuevas Asambleas y grupos locales. Estos, a su vez, aumentarán sus recursos financieros y le acercarán el momento en que se pueda construir su templo.
>
> ¡Él quedó muy conmovido por el entusiasmo del delegado de Colombia por construir un templo allí también! Todo esto sucederá, pero primero se deben sentar las bases, y las bases son el trabajo de enseñanza, la capacitación de nuevas almas para hacer este trabajo y desplazarse entre los pueblos y aldeas de Latino América, esto es de suma importancia.[169]

Margot Worley, la delegada del Brasil, quien estuvo presente en aquel evento y quien había conocido a Eve en su corto pionerismo a ese país en 1937, recordó:

> Ella escribió un pequeño boceto cómico sobre cómo formar una Asamblea y cómo deberían ser las elecciones y la conducción de las reuniones de Asamblea, que fue muy gracioso, y todos aprendimos, pues en ese tiempo, pocos de nosotros sabíamos con seguridad cómo se formaba una Asamblea y los procedimientos de una Asamblea; todo esto

---

[168] Artemus Lamb, *Remembranzas: Los Comienzos de la Fe Bahá'í en América Latina*, p. 17.
[169] Carta escrita en nombre de Shoghi Effendi dirigida a los participantes del Segundo Congreso Sudamericano Bahá'í fechada 18 de febrero de 1948.

estaba haciendo historia y lo tomábamos todos muy seriamente.[170]

Fue en dicho congreso en donde se recibió el llamamiento del amado Guardián para que un pionero se levante y vaya a consolidar la Asamblea Espiritual de Punta Arenas, en el extremo sur de Chile. Los asistentes decidieron que viaje Eve por cuanto "era la única persona disponible por ese entonces". Según Eve, "cuando a mi regreso de Santiago puse la noticia en conocimiento de ellos (los bahá'ís de Lima) todos pusieron el grito en el cielo. Arguyeron una serie de razones ... yo misma tuve miedo de dejarlos".[171]

A pesar de que la idea de ir a enseñar al Estrecho de Magallanes le había encantado y estaba muy contenta, sus temores fueron también muchos y por eso decidió consultar con su Guardián.

El 30 de enero de 1948, Shoghi Effendi, mediante su secretaria, le dice que

> Él (Guardián) sinceramente aprueba de su ida a Punta Arenas para fortalecer el trabajo allí, puesto que lo considera como una muy importante avanzada de la Fe y que debe ser mantenida a toda costa.
>
> Le alegró mucho la noticia del exitoso congreso celebrado en Santiago. Ahora que más creyentes latinos están activos y comienzan a asumir responsabilidades, la obra avanzará sobre una base más permanente, ya que los pioneros de una tierra extranjera nunca podrán tomar el lugar de los creyentes nativos, quienes siempre deben constituir la base de cualquier futuro desarrollo de la Fe en su país.
>
> Él orará en los Santuarios Sagrados para que vuestra labor en Chile pueda ser ricamente bendecida y para que los amigos en Lima redoblen sus esfuerzos y compensen en alto grado vuestra partida....[172]

Siendo que la obediencia fue la principal cualidad del pionerismo de Eve, ella hizo maletas. Sobre su departamento, decidió dejarlo en manos de Alberto Lobatón y Luz Sáenz, pero la

---

[170] Margot Worley, carta al autor fechada 28 de mayo de 1986.
[171] Mario León, *Carta a un Pionero*. No. 8. (s.f.).
[172] Shoghi Effendi, carta en su nombre a Eve Nicklin fechada 30 de enero de 1948.

comunidad protestó argumentando que aquí ya había una Asamblea Espiritual responsable y que ellos se encargarían de mantenerlo hasta su regreso. Finalmente Eve accedió al pedido y al poco tiempo se embarcó en el "San Sebastián" un 28 de febrero de 1948. Al puerto del Callao le fueron a despedir un grupo de amigos bahá'ís.

## Punta Arenas

Punta Arenas, fue por primera vez visitada por un bahá'í en la persona de Marcia Steward,[173] la primera pionera en Chile. Marcia había recomendado que un hombre se estableciera en aquel pueblo que era considerado la ciudad más austral del mundo. Punta Arenas se encuentra a 3,000 km de la capital Santiago en el extremo sur del continente teniendo una temperatura promedio anual de 6,5°C. Era un lugar pionero muy cercano al corazón del Guardián.

Artemus Lamb, otro creyente estadounidense, había escuchado el llamado pionero de Shoghi Effendi a Punta Arenas en una Convención Interamericana y a su debido tiempo se mudó allí y llegó en octubre de 1944. Artemus describió su destino con estas palabras:

> Punta Arenas también era bastante cosmopolita, aunque todavía un poco primitiva. Algunas familias españolas, un buen número de británicos, una colonia de yugoslavos descendientes de los supervivientes de un naufragio yugoslavo, un vicecónsul americano y algunos diplomáticos más, temporalmente un equipo geofísico de Estados Unidos en busca de petróleo, y chilenos nativos. Punta Arenas, ubicada en el Estrecho de Magallanes, frente a Tierra del Fuego, había sido una antigua colonia penal chilena.[174]

Finalmente se decidió que Marcia regresaría a Santiago y que un joven nuevo creyente vendría a ayudar a Artemus.. Poco después, en abril de 1945, se formó la primera Asamblea Espiritual Local, un acontecimiento que trajo mucha felicidad al Guardián. Artemus, sin embargo, tuvo que reasignarse a Santiago en junio de 1947 para ayudar con el establecimiento de CEPSA, el

---

[173] Bahá'í World Centre, *The Bahá'í World*. Vols. XIV 1963-1968, p. 305.
[174] Artemus Lamb, *The Beginnings of the Bahá'í Faith in Latin America: Some Remembrances*.

recién creado Comité Internacional de Enseñanza Bahá'í para América del Sur.

Eve permaneció en Punta Arenas desde marzo de 1948 hasta mayo de 1949. Aunque la Asamblea Espiritual se había formado en 1945, existía la necesidad de una mayor expansión y consolidación.

Eve había logrado consolidar la Asamblea Local en la remota Punta Arenas, en esa posta tan admirada por Shoghi Effendi, y en donde vale decir, su abnegada labor se vio dificultada por el terrible invierno, la nieve, las fuertes lluvias, y su reumatismo, pues era una mujer mayor de cincuenta años. Eve sintió que en Lima tenía a la gente pero no a la propaganda, pero que en Punta Arenas tenía la propaganda pero no a la gente. Su labor pionera fue intensiva, desarrollando toda su actividad como ella sabía hacerlo, para dar la Fe a los pobladores de la Tierra del Fuego.

Seguía enseñando inglés para ganarse la vida y siempre con su dificultad para expresarse apropiadamente en castellano. Le escribe al Guardián y él le responde a través de su secretaria con fecha 6 de diciembre de 1948.

> Él (Shoghi Effendi) comprende plenamente las dificultades de mantener una Asamblea tal como aquella en Punta Arenas. Pero él urge a los amigos y a usted no descorazonarse, sino más bien, intentar nuevos medios de contactar un campo diferente, tanto como sea posible. Quizás mediante ser socio activo en algún club social o algún otro tipo, o asistir a obras de caridad, o de promoción de la ONU. El apoyo en maneras como estas, usted y los creyentes podrían lograr conseguir nuevos contactos quienes no podrían normalmente responder a una reunión pública, avisos o radio.
> 
> Él orará por vuestro éxito y la protección de vuestra Asamblea en los Santuarios Sagrados y él aprecia grandemente vuestros determinados y devotos trabajos".
> 
> Con amor bahá'í,
> 
> Querido y valorado compañero de trabajo:
> 
> R. Rabbani

(de puño y letra del Guardián:)

Me complace mucho conocer el progreso de vuestro trabajo en un campo tan importante y distante y estoy profundamente agradecido por sus firmes y nobles esfuerzos. Persevere en vuestra gloriosa tarea y tenga la seguridad de que el Amado le guiará y sostendrá en vuestras labores y le ayudará a prestar servicios aún más notables a Su Fe e instituciones.

Tu verdadero y agradecido hermano,

Shoghi[175]

Eve relató algunas de sus experiencias en Punta Arenas de la siguiente manera:

> En el paisaje de la Patagonia no faltan encantos, pero también hay grandes territorios que por razones geográficas y climáticas deben contarse entre los más desolados del planeta. Están las partes de las Altas Cordilleras cubiertas de hielo y cubiertas de glaciares, y en la parte occidental del Estrecho de Magallanes, glaciares que llegan hasta el mar y forman icebergs. Los profundos esteros, o fiordos, atraviesan las montañas hasta llegar al mar, fiordos que se dice que se parecen a los de Noruega. Esta es la Patagonia, o el "Pie Grande", una tierra fantástica, donde el Estrecho de Magallanes y el Canal Beagle constituyen vías marítimas para los viajes y el comercio entre las naciones del mundo. La Patagonia, que durante mucho tiempo ha fascinado a los exploradores, ahora se está convirtiendo en una gran atracción turística.
> 
> Fue en este lejano país austral, en la ciudad de Punta Arenas, Chile, donde conocí a María. María es una turista. En sus primeros años, enseñó filosofía en una universidad estatal, viajó por muchos países e incluso se ganó fama como alpinista. Pero éste es su primer viaje a la Patagonia, y aquí, en este puesto de avanzada más austral de la Fe Bahá'í, ha oído por primera vez el nombre de Bahá'u'lláh. Está destinada a quedarse en Magallanes por muchas

---

[175] Shoghi Effendi, carta en su nombre a Eve Nicklin fechada 6 de diciembre de 1948.

semanas porque el barco que va a los fiordos está en reparación. El otro día me dijo: "No puedo entender este retraso, pero ", añadió filosóficamente, "debe haber alguna buena razón". Dije, pero no en voz alta: "Sí, Mary, hay una buena razón. ¡Este retraso les dará la oportunidad de escuchar el Mensaje más importante de todos los tiempos: la noticia de que el Prometido de todas las edades ya ha llegado! Oh, sé que me has dicho, implícitamente, que mi religión no puede ser tan importante como creo, porque de otro modo tú, con tu amplia experiencia y conocimientos, seguramente habrías oído hablar de ella. Pero oro para que comprendas su importancia cuando leas la literatura que he elegido para ti. No te impondré estas enseñanzas, María, pero oraré para que las investigues con un corazón humilde. Eres una mujer con una mente aguda y excelentes cualidades innatas. Dios puede, si se lo permites, bendecir tus últimos años con la carrera más maravillosa de tu vida: la de convertirte en un humilde maestro de grandes Verdades y un caminante en el Camino de Dios.[176]

Muchas veces, sucede que la persona que aún no está preparada para escuchar las enseñanzas bahá'ís, es el medio para hacer saber a otra persona, que hace tiempo que desea escucharlas, que existe una Fe mundial unificada, trabajando hoy en día y construyendo una civilización fundada sobre principios espirituales y universales.

El domingo pasado, María me invitó a ir a la casa de una familia europea a la que le había entregado una carta de presentación. La joven madre de la familia es artista. Se le ha ocurrido la interesante ocupación de diseñar y fabricar Magallanicos en artículos comercializables, trajes de esquí, suéteres, manoplas, pantuflas y gorras. Utiliza lana de ovejas criadas en la pampa patagónica; pieles de pingüinos y focas de la costa e islas cercanas; plumas aportadas por los avestruces; cristales blancos recogidos en las montañas y con los que se fabrican colgantes y alfileres. Mi interés en su trabajo resultó en que ella

---

[176] Bahá'í World Centre. *The Bahá'í World*. Vol. XI: 1946-1950, p. 765.

aceptara una invitación para visitar el Centro Bahá'í para ver materiales de Bolivia, Perú y Ecuador que se utilizan allí como decoración. Casi al entrar a la habitación, mi nueva amiga me pidió que le explicara el significado del letrero en la puerta "Centro Bahá'í". Olvidados por el momento quedaron ponchos, mantos, llamas y alfombras, en la emoción de escuchar por primera vez el Mensaje de Bahá'u'lláh. Ella comentó: "Estos son mis ideales. Una de las razones por las que aprendí muchos idiomas fue para conocer mejor a mis semejantes". De la estantería bahá'í tomé tres libros, traducciones al español, inglés y francés, de las enseñanzas de Bahá'u'lláh. "Alguien tomó prestada la copia alemana", comenté; "¿En qué idioma deseas leer Su Mensaje?" "Elegiré el libro en francés", dijo, "Estoy enseñando francés". Cuando nos despedimos, planeamos tomar el té juntos y tener más charlas. Durante todo el día, mi corazón decía: "Otra oportunidad para dar la Buena Nueva, y gracias a Dios, a los oídos que escuchan".[177]

**Regresando al Perú**

Pero el corazón de Eve estaba, en verdad, en su "país de adopción" y en sus "hijos espirituales", sus "bebés". Finalmente, el Comité de Enseñanza Bahá'í para América del Sur (CEBSA) eligió al Sr. Tony Fillon[178] para sustituir a Eve, cuya salud se había convertido en un problema debido al hostil medio ambiente.[179] Ella le escribe una carta a Shoghi Effendi el 2 de mayo de 1949, pero la respuesta llega después de octubre de 1949. Eve llegó a Lima el 26 de mayo de 1949. El Guardián le escribió en su respuesta:

> Vuestros inestimables servicios, prestados con tan ejemplar devoción y en campos tan lejanos, suscitan mi más profunda admiración. Continuaré orando por su éxito desde lo más profundo de mi corazón. Persevere en vuestras labores meritorias y ciertamente históricas, y tened la seguridad de que el Amado está muy satisfecho con el nivel de vuestros logros al servicio de Su Fe. [180]

---

[177] Bahá'í World Centre, *The Bahá'í World*. Vol. XI 1946-1950, págs. 765-766.
[178] Él fue declarado rompedor del Convenio en 1960 por las Manos de la Causa de Dios.
[179] *Bahá'í News,* junio 1949, p. 9.
[180] Shoghi Effendi, carta en su nombre fechada 12 de octubre de 1949.

En la entrevista con Mario León (ML), Eve Nicklin (EN) trae al presente los sentimientos de su corazón en aquellos tiempos.

EN: Mantuve una estrecha colaboración con ellos. Me mantuve al tanto de todo lo que ocurría. Cuando exponían algunos de sus problemas yo trataba de guiarlos en aquello que yo podía hacerlo. Claro, lo que i de mi posiblidad derivaba al amado Guardián.

ML: ¿Y ellos, no le pedían que regrese al Perú?

EN: Por supuesto. Algunos amigos me decían que los problemas se agudizaban y que era necesario mi retorno.

ML: Y, ¿cuándo regresó usted?

EN: Bueno, una vez sus problemas se agravaron o les pareció así. Decidieron pedir al Guardián por cable mi retorno. Ellos nunca mencionaron que habían cablegrafiado.

ML: Y, ¿cómo supo usted que ellos habían cablegrafiado al Guardián?

EN: (Se sonríe) No recuerdo exactamente. Pero alguien me preguntó qué era lo que el Guardián me había dicho. A lo que le contesté que la meta en Punta Arenas había sido lograda, entonces, al Guardián le pareció tiempo para mi regreso. Pero, insistió en que el Guardián tuvo que haberme dicho acerca de la solicitud que ellos habían hecho".

¿Qué fue lo que ustedes solicitaron?" les pregunté,

Ellos respondieron, "¡Su retorno!"

"Y obtuvieron alguna respuesta?" Volví a preguntar.

Ellos respondieron: "Claro que sí! Eve".

Eve preguntó: "¿Dónde está? ¿Puedo ver la respuesta?"

Ellos le dijeron: "¡Ah, la respuesta es que tú estás aquí!" [181]

Eve regresó al Perú el 26 de mayo de 1949.

---

[181] Mario León, *Carta a un Pionero*. No. 9. (s.f.)

# 9 - SEÑALES DE MADUREZ

La ausencia temporal de la "madre espiritual" por su viaje a Punta Arenas ayudó a la comunidad a crecer como el amado Guardián había prometido, alcanzando señales de mucha madurez.

"Bueno, aquí hay que andar", exclamó severamente Demetrio Molero, el tesorero de la Asamblea. Ya no podían seguir con la práctica del platito que Eve ponía en la mesa para recibir las contribuciones al Fondo y al cual caían unos escasos centavos. Ahora era diferente y había que pagar 140 soles que era el alquiler del local y las propinas al ascensorista. Demetrio dijo a todos que ya no iban a hacer lo que le hacían a Eve y que en adelante la contribución no podía ser voluntaria.

La Asamblea se reunió y consultando decidieron que cada miembro de la comunidad debería dar de acuerdo a su ingreso y fijarse una cuota. Demetrio fue el encargado de ir religiosamente al trabajo de cada uno, mensualmente, a fin de efectuar la recaudación. Cabe aclarar en este punto que en la Fe Bahá'í todas las contribuciones son estrictamente voluntarias y sin ningún tipo de coerción, sin embargo, los amigos no eran muy conscientes de este principio.

Cada semana había una comisión de dos personas para la limpieza y para las celebraciones. Demetrio fue el encargado de mantener abierto el centro para las reuniones de cada sábado. Cualquiera que fuera el número de visitantes, el local permaneció siempre abierto.

Como asegura Demetrio, hasta cuando Eve no salió, no sabía ella lo que había hecho. Y conforme lo prometió Shoghi Effendi, la comunidad empezó a "redoblar sus esfuerzos". De repente vieron que se hacían más responsables, que se activaban por sí solos y que la Asamblea maduró enormemente reuniéndose periódicamente.

Durante la ausencia de la pionera ingresaron ocho nuevos bahá'ís como mejor signo de que la enseñanza no se interrumpió. Ellos fueron: Pedro Tejada (10.04.1948), Desiderio Palomino (16.06.1948), Sra. Barteau (9.02.1949), Luis Fowler (16.03.1949), José Manuel Oliva Viola (25.03.1949), Luis King Valera

(9.04.1949), Elías Rivera Roca (9.04.1949) —quien murió cinco meses después, Augusto Hernández Barandiarán (24.04.1949) y Josefina Kawuamoto (26.09.1949).

Los miembros de la Asamblea Espiritual Local de Lima en 1948 fueron: Manuel Vera, David Beckett, Demetrio Molero, Julio Beteta, Julia Mendoza de Morales Macedo, Fidela Falcón, Molly Landívar, Mercedes Sánchez, Guillermo Aguilar.

Manuel Vera contrajo matrimonio con Dora Canessa el 17 de julio de 1948 en el Edificio Raffo. La novia era católica y por tanto fue el primer matrimonio interreligioso que tuvimos.

Las visitas de afuera registradas durante 1948-1949 son Carlos Saúl Hernández, delegado colombiano al Congreso de Chile (1.02.1948); Anna True Parson, de California (enero 1949); Artemus Lamb, de Santiago de Chile, (15.02.1949), Mary Binda (chilena); Lina G. de Smithson, de Iquique (15.02.1949). De fecha desconocida, probablemente al período que sigue, es el paso de Janice Ewing de Santiago de Chile.

**Crecimiento en 1949**

La Asamblea de Lima de 1949 tuvo los siguientes miembros: Julia Mendoza de Morales Macedo, Mary Beckett (luego Jorge Béjar), Manuel Vera, David Beckett (luego Angela Brown), Demetrio Molero, José Manuel Oliva Viola, Mercedes Sánchez, Guillermo Aguilar y Alberto Lobatón.

En octubre de 1949 los dedicados esposos Beckett se mudan al Callao junto con Eve con el objeto de apurar los esfuerzos para lograr la Asamblea Espiritual Local del Callao. Ellos vivieron en la calle Grau 865.

Varios meses antes, el Señor Luis King ofreció su casa para que funcione como Centro Bahá'í, en Cockrane 459, lo que efectivamente se concretó y ayudó mucho a la consolidación de la comunidad junto con el Centro Bahá'í que los esposos Beckett habían instalado en su casa; es decir, dos centros en el Callao en 1949.

Debemos recalcar que para julio de 1949 se empezaron a pasar diapositivas bahá'ís en los cines Gardel y Porteño del mencionado puerto y en noviembre de dicho año se dieron las primeras audiciones radiales bahá'ís de parte de los amigos chalacos en

Radio Victoria los días domingos sobre la "Canción Celestial" de Howard Colby Ives y además spots anunciando las reuniones en los dos centros.

Entretanto, los limeños se dedicaban a conseguir los fondos necesarios para sostener financieramente el acontecimiento que venía. Realizaron fiestas sociales, bailes de primavera —Josefina Kawuamoto fue nombrada reina—, parrilladas, generalmente en la nueva casa de la familia Sánchez en Túpac Amaru 1870 en el distrito de Lince.

Estos primeros creyentes, siendo que la mayoría de la comunidad eran jóvenes, bullieron de entusiasmo y planes. Aunque dotados de un entendimiento todavía limitado de la administración y sus principios, su espíritu era lo más resaltante. A veces había extremos en su ingenuidad, como la vez que quisieron hacer una fiesta social para conseguir fondos y preguntaron a Eve si podían vender licor a lo que ella les señaló que podían hacerlo pero ellos como bahá'ís no podían tomar. Parece que los amigos en aquellos primeros años eran conscientes de la prohibición de no beber alcohol aunque no sabían que dicha restricción también implicaba no venderlo.

Las actividades bahá'ís, a su vez, se trasladaron al nuevo Centro Bahá'í en Lima en el Jr. Ocoña 257—altos— el cual era un local cedido por Meche Sánchez. En la actualidad dicho local está derruido. Este fue alquilado por la Asamblea Espiritual de Lima la cual tuvo su primera reunión allí el 6 de julio de 1949, la última en el edificio Raffo el 12 de junio del mismo año.[182] La actual Sede Nacional en la calle Horacio Urteaga 827 en Jesús María, Lima, fue adquirida recién en 1954.

Asimismo, en el año 1949, empiezan los primeros contactos con la Organización de la Naciones Unidas (ONU). El Dr. Aguilar es nombrado por la Asamblea como representante bahá'í ante la reunión de asociaciones no-gubernamentales para la ONU que funcionaba en la Asociación de Periodistas. El Dr. Aguilar

---

[182] Los miembros del comité responsable fueron:
1947: David y Mary Beckett, Eve Nicklin, Fidela Falcón y Alberto Lobatón.
1948: Mary y David Beckett, Alberto Lobatón, Adrianne Barton yLuis Fouler.
1949: Demetrio Molero, Alberto Lobatón, Mary y David Beckett y Julio Beteta.
1950: Alberto Lobatón, Etelvina de Márquez, Demetrio Molero, Luis King y Eve Nicklin.

reemplazó en esta responsabilidad a Elías Rivera que había fallecido.

## 1950: Expandiendo la Fe

En el Centro Bahá'í de la calle Ocoña, podemos ver otro ejemplo de lo original de la capacidad de los jóvenes bahá'ís. De acuerdo al ejemplar del Boletín Sudamericano de enero de 1950:

> El seis de enero se efectuó en la residencia de la señorita Mercedes Sánchez ... la inolvidable "Fiesta de medio siglo" organizada exclusivamente para jóvenes por el Comité de Juventud Bahá'í de Lima y Comité Socio-Económico. Más de un centenar de personas asistió a tan memorable velada durante la cual se desarrolló un magnífico programa.
>
> Los señores Manuel Vera, doctor Guillermo Aguilar y Esteban Canales fueron encargados de los discursos, en los cuales se dio en una forma interesantísima el Mensaje Bahá'í y se expresó el simbolismo y trascendencia de esta brillante reunión. Completaron esta parte del programa la proyección de las hermosas diapositivas de la casa de Adoración Bahá'í de Occidente (Wilmette), con las bellas grabaciones hechas por el Comité Radial de Chile, y la simbólica y linda película sonora "Los pájaros no tienen frontera" cedida gentilmente. Con bailes típicos y extranjeros, viandas y refrescos y una alegría desbordante, en la que siempre se mantuvo el magnífico espíritu bahá'í,... esta inolvidable "Fiesta de medio Siglo" que nunca será olvidada por todos los que tuvimos el placer de asistir... Como resultado de esta actividad ...magníficos contactos se consiguieron para nuestra amada Fe...[183]

Otro evento que figura dentro de las actividades de 1950 es la Fiesta de Naw Rúz con 150 personas. Realmente admirable el período 1950-51 en el cual hubo, por ejemplo, 49 charlas públicas. Es asimismo digno de resaltar la celebración del Centenario del Martirio del Báb. Era una fecha muy significativa tanto por la evocación de nuestro Profeta Mártir, como porque,

---

[183] Boletín Bahá'í Sudamericano, enero de 1950.

particularmente en Latinoamérica, el Centro Mundial de la Fe informaba que se había crecido a 70 centros y 35 Asambleas Espirituales Locales.

Y en verdad, la comunidad limeña se hallaba a niveles mayores de desarrollo. Su actividad era dinámica y su visión de la Causa era elevada y segura. En este período se registra una buena cantidad de ingresos: Germán Mansilla Rivas, Angelina de Brown, Jorge Béjar Rivera, Adrián Urteaga, Rosario Urteaga G., Yolanda Urteaga, Antonio Centellas, Adelaida Tirado Oliva, Antonio Morales Guzmán, Genoveva G. de Urteaga, Ana Márquez Torre, Miguel Feijo Campbell, Norma Rodríguez y Nora Tirado.

Las visitas a Lima en 1950 fueron: Sheila Rice-Wray (1-08-1950); Lousie A. Ghoger de California, EE.UU. (31-10-1950); Katharine P. Cole, de Ohio, EE.UU. (23-11-1950); Dorothy Campbell de EE.UU. (12-12-1950); y Gwenne Dorothy Sholtis de EE.UU. (12-12-1950). Sheila Rice-Wray se encontraba muy cansada de una gira de enseñanza y se quedó tres meses viviendo en La Punta haciendo una labor provechosa para la Causa.

La Asamblea Espiritual Local de Lima de 1950 estuvo conformada por los siguientes creyentes: Manuel Vera, David Beckett, Demetrio Molero, Julio Beteta, Julia de Morales Macedo (dejó el país ese año), Fidela Falcón, Molly Landívar, Mercedes Sánchez y Guillermo Aguilar.

La Asamblea Local de Lima de 1951: Germán Mansilla, Demetrio Molero, Mercedes Sánchez, Manuel Vera, Josefina Kawuamoto, Jorge Béjar, Guillermo Aguilar, Angelina de Brown y Adrián Barreto.

Es igualmente digno de resaltar que en el Riḍván de 1951 se logra finalmente la Asamblea Espiritual Local de los Bahá'ís del Callao —la segunda Asamblea en el Perú— la cual estuvo conformada por: Luis King, Eve Nicklin, Etelvina de Márquez, Rosendo Márquez, Esteban Ramos, Mary de Beckett, David Beckett, Alejandro Garro y Moraima Casas.

Una actividad interesante realizada por los limeños, a la que se sumó entusiasta como siempre el Callao, fue aquella del 2 de enero de 1951 que se celebró el Día Universal de la Religión. El acto tuvo lugar en el Salón de las Américas del Hotel Bolívar con la asistencia de 120 personas. Hablaron Jorge Béjar, Mercedes Sánchez y el doctor Guillermo Aguilar. Se contrató a elementos de la Orquesta Sinfónica Nacional para que amenizaran la ceremonia. Fue todo un éxito.

## Más Signos de Madurez

Algunos de estos signos de madurez se observaron por ejemplo en el desenvolvimiento de los Comités Regionales de Enseñanza del Perú, desde el año 1947[184] en que se estableció hasta el año de 1950. Dicho comité —para hablar en singular— fue establecido por el Comité de Enseñanza Bahá'í para Sudamérica (CEBSA) — brazo del Comité Interamericano— cuya sede original estaba en Santiago de Chile.

Este comité regional inició la gran empresa de expandir la Fe al interior del país desde Lima. Las responsabilidades de un Comité Regional era hacer todas las funciones de la Asamblea Espiritual Local para los grupos de ocho bahá'ís o menos, para los bahá'ís aislados y donde no hubiera creyentes, fuera de los límites civiles de las ciudades que tenían ya formadas sus Asambleas. Debían dar a conocer la Fe, formar nuevas Asambleas, donde haya bahá'ís aumentarlos, dar el Mensaje a todos los lugares posibles del territorio nacional.

Su primer trabajo fue sondear el país y se hicieron en consecuencia contactos en Trujillo, Cusco, Arequipa, "en esos lugares todas las buenas intenciones para trabajar han fracasado porque no ha sido posible mandar a alguna persona como instructor. No hay nadie que pueda disponer de tiempo para salir a estas ciudades".[185]

En ese sentido, anteriormente, trataron de enviar avisos a periódicos del país, siendo "El Mantaro" de Jauja, el único que respondió con una publicación el 28 de junio de 1947.

La gran idea llegó de los bahá'ís de Costa Rica quienes llevaron a cabo un plan para hacer contactos en el país colocando avisos especiales en algún diario de circulación nacional esperando las

---

[184] Las otras dos metas eran completar la ornamentación exterior del Templo Madre del Occidente en Chicago, EE.UU., y formar una Asamblea Espiritual Local en cada estado de los EE.UU. y todas las provincias del Canadá.
[185] Informes de CEBSA. Archivos Nacionales Bahá'ís del Perú.

respuestas individuales. Dentro de este plan se evitaría la palabra religión, pues las condiciones de la época así lo sugerían.

Con el objeto de efectivizar el plan colocaron en septiembre y octubre de 1947 avisos en "La Tribuna" de Lima. La nota decía:

BUSCAMOS

Persona de buena voluntad que deseen ayudar desinteresadamente a organizar Grupos de Estudio de Cultura Universal similares a otros ya establecidos en más de 80 países. Solicite informes sin compromiso al Comité de Enseñanza Bahá'í —Apdo. 772— Lima.[186]

La idea tuvo mucho éxito pues comenzó a llegar una vasta correspondencia de lugares como Lima, Ica, Cajamarca, Jauja, Juliaca, Atocongo, Huánuco, Ica, Arequipa, Trujillo. El Sr. Gabriel Mendes, quién conoció la Fe en Argentina, leyó en Lima el aviso, e informó que era un bahá'í dispuesto a propagar la Fe en la ciudad de Huánuco, donde residía. A los interesados que escribieron se les respondió dándoles la dirección de la sede en Lima —Edificio Raffo— junto con literatura de la Fe. Pronto estos contactos se extendieron a otros lugares como Huancayo, Huaraz, Tarma, Cañete, Oxapampa, Huacho, La Oroya, Piura, Matahuasi, Juliaca.

Es también al trabajo de los miembros de este Comité que se debe la formación de la Comunidad Bahá'í del Callao, pues fijaron a este puerto como ciudad meta, y con la guía de Eve, se logró concretar la Asamblea Espiritual Local allí en 1951.

Es también digno de resaltar la Conferencia Regional Bahá'í para el Perú que organizaron en el Callao —en el Centro Bahá'í de la calle Cockrane— del 11 al 17 de septiembre de 1950. El programa fue:

Lunes 11:      El Plan Divino — Alberto Lobatón.
Martes 12:     El Convenio Mayor de Dios — Esteban Canales.
Miércoles 13:  Leyes e Instituciones — Esposos Márquez.
Jueves 14:     Los Dos Convenios Gemelos de Bahá'u'lláh y 'Abdu'l-Bahá — Eve Nicklin.
Viernes 15:    Veinticinco Años de Guardianía — Dr. Aguilar.

---

[186] Idem.

Sábado 16: Conferencia Pública: Laboratorio de una nueva Civilización — Alberto Lobatón.

Domingo 17: Resumen general, consulta y clausura de Conferencia Regional.

Otra muestra del desarrollo de los miembros de esta comunidad fue la designación del Comité de Juventud de Sudamérica formado por Manuel Vera, David Beckett, José Manuel Oliva Viola; del Comité de Boletín Sudamericano también en Lima, compuesto por David Beckett, Mary Beckett y Manuel Vera (1949).

## El Tercer Congreso Bahá'í Sudamericano

Es también en enero de 1949 cuando Demetrio Molero viaja como delegado del Perú al Tercer Congreso Bahá'í Sudamericano realizado en San Paulo, Brasil. Su designación se debió a que el delegado electo no podía viajar por asuntos personales así como también los suplentes. Lo designaron pero él rechazó diciendo que era una persona sencilla y no iba a hacer bien el papel de delegado.

Finalmente Demetrio acepta hacerlo. Viaja a La Paz y allí se encuentra con Mario Rodríguez quien viajaba como observador y juntos volaron a San Paulo. Se encontraba muy nervioso y cuando le tocó su turno para hablar, explicó con sencillez las actividades en Lima. Fue muy felicitado y lo invitaron a Río de Janeiro en donde expresaron que ahora solamente falta que Perú invite al próximo Congreso (el cuarto). Él respondió que en Lima no estaban preparados, pero en eso recibió una carta de Meche Sánchez indicándole que estaba tratando de adquirir una casa para el siguiente congreso. Dado esto, Lima fue escogida la siguiente sede. La noticia de que Lima sería la sede del Cuarto Congreso hizo de que todos empezacen a trabajar con ese fin.

Al concluir el evento de San Paulo, Amelia Collins pasa por Lima.[187] Ella les habló sobre administración bahá'í, y dijo que los visitaba a pedido del Guardián, para justamente, hablarles del Orden Administrativo de la Fe, el desarrollo que empezaba a verse, y que pronto después del Cuarto Congreso se levantaría un pilar para la América del Sur, con la elección de la primera

---

[187] Amelia Collins (1873-1962) fue nombrada Mano de la Causa de Dios en 1951.

Asamblea Espiritual Nacional para diez países. Tuvo reuniones en el Callao. Cuando ella se reunía con los amigos, estos le preguntaban: ¿Qué hacía el Guardián?, ¿Cómo era? Estuvo dos o tres días en Lima.

**CEBSA**

Esa noticia coincidió con la decisión del traslado de CEBSA, el Comité de Enseñanza Bahá'í para los diez países Sudamericanos, de Santiago (Chile) a Lima (Perú).

Esta decisión evidenciaba la capacidad y madurez de los amigos peruanos para tomar responsabilidades mayores. En efecto, en el mes de mayo de aquel año de 1949, el Comité Interamericano bajo cuya jurisdicción estuvo Latinoamérica hasta 1951, resuelve trasladar este Comité cuya misión gigantesca era no menos que ser responsable de la propagación de la Fe en todo el continente Sudamericano, vale decir, en sus diez países.

Con carta del seis de mayo se informó que los nueve miembros eran: Sra. Luz Sáenz, Julia Mendoza de Morales Macedo, Mery Beckett, Manuel Vera, Demetrio Molero, Dr. Aguilar e Eve Nicklin. De Chile, junto con Eve, vino Esteban Canales para trabajar juntos en el flamante Comité. En 1950 los miembros fueron Eve, Meche, David y esposa y el Dr. Aguilar.

Asimismo, Eve y Esteban traían de Chile un curso de capacitación para creyentes, que empezaron a darlo cada martes al mismo tiempo que continuaban las reuniones de los sábados. Para asesorar a los miembros de CEBSA, el 26 de julio de 1949 llega el Sr. Mattoon, coordinador del Comité Interamericano procedente de los Estados Unidos. Él permaneció varios días en la capital teniendo importantes consultas con el grupo.

De acuerdo a Meche Sánchez,

> Muchas experiencias y recuerdos hermosos de este trabajo que se empezó en Lima. Se utilizaba un mimeógrafo muy viejo, donde se escribían capítulos de "Bahá'u'lláh y la Nueva Era". Un grupo de jóvenes, pues, empezábamos, después de nuestros trabajos, a acudir a Ocoña 257. Todos los días íbamos a escribir a máquina, otros a mimeografiar, otros a engrapar, y así sacamos un libro que hasta ahora lo conservamos. Todos los amigos

empezaron, acompañados por Eve Nicklin, a hacer este trabajo de unidad y poco a poco íbamos conociendo más de la Fe Bahá'í."[188]

Según David Beckett, uno de los miembros más entusiastas: "Allí íbamos para compaginar alrededor de la mesa cantando, cada uno poniendo una hoja más y Eve estaba con nosotros..." Hasta no-bahá'ís como Juan Sánchez se unían con alborozo a esa banda. Dice David: "... Yo encontré en ella (Eve) una especie de madre... Estoy convencido que su misión era venir aquí para hacer el trabajo que hizo".[189] Muchas veces estos servicios terminaban a altas horas de la noche o... en el restaurante chino de la esquina.

CEBSA publicó varios materiales como:
- Dos panfletos: "25 años de Guardianía" por Rúhíyyih Khánum
- Una Escuela de la Religión Universal.
- El Convenio e Instituciones por Dorothy Baker.
- Bahá'u'lláh y la Nueva Era —extractos.
- "Preparación" para nuevos creyentes.
- Un estudio del "Divino Arte de Vivir"
- Dios Pasa —síntesis-
- Para niños pequeños, Manual para Profesores de Niños.

Vemos también que Eve se ausenta del país los meses de noviembre y diciembre de 1949 y enero de 1950, cuando viaja a la Conferencia Regional de Enseñanza de Perú y Bolivia realizada en La Paz del 16 al 19 de diciembre de 1949 a la cual asiste además el Dr. Aguilar, delegado peruano. En dicha actividad, Eve comienza a interesarse seriamente en la enseñanza a los indígenas y para emprender el cumplimiento de las palabras de 'Abdu'l-Bahá respecto del futuro glorioso que estos pueblos nativos tenían dentro de la Fe:

> Conceded gran importancia a los pueblos indígenas de América, pues dichas almas son comparables a los antiguos habitantes de la Península Arábiga, quienes, antes de la Misión de Muḥammad, eran semisalvajes. Sin embargo, cuando la luz de Muḥammad brilló en su seno, se volvieron tan fervorosos que dominaron el mundo. Del

---

[188] Versión oral de Mercedes Sánchez.
[189] Versión oral de David Beckett.

mismo modo, estos indios deberían ser educados y guiados, y no hay duda de que se volverán tan luminosos que alumbrarán el mundo entero.[190]

Similarmente, en 1947, el Guardián solicitó en su libro "Los Desafíos de la Hora Presente" que se prestase especial atención a las "diversas tribus indias, los habitantes aborígenes de las Repúblicas latinas" en esos momentos históricos.[191]

En Bolivia, país básicamente indígena, se quedó Eve tres meses, considerando la idea de ir a radicar luego al Cusco, la cuna del Imperio Inca en los Andes, donde predominaba una población de habla quechua.

De La Paz, ella escribe a Shoghi Effendi quien le responde en una inspiradora carta haciéndole recordar los nobles servicios de Leonora Holsapple Armstrong y de su felicidad al escuchar el progreso espiritual del pueblo latinoamericano llevando sobre sus hombros las responsabilidades de la Causa de Bahá'u'lláh.

**El Cuarto Congreso Bahá'í Sudamericano**

La gran fecha llegó con la realización del Cuarto y último Congreso Sudamericano. La recepción se realizó en el Hotel Crillón y las sesiones en casa de la familia Sánchez.

A este certamen asistió la Sra. Dorothy Baker, del Comité Interamericano, especialmente para hablar temas específicos como la elección de la Asamblea Espiritual Nacional Sudamericana para los diez países, el siguiente año de 1951. A este Cuarto Congreso vinieron 17 personas de afuera: 10 delegados y 7 observadores.

De Chile: Rosita Caro
De Argentina: Haig Kevorkian
De Brasil: Acrisio Laserda, Margot Worley, Dinah França, Nilsa Taetz, Aureo Cooper, Edmun Miesler, Margot Miesler.
De Bolivia: El Coronel Cuéllar.
De Uruguay: Raúl Acosta.
De Ecuador: Roxana Gallegos, Juan Aguirre.
De Venezuela: Yolanda de Stroesner

---

[190] 'Abdu'l-Bahá, *Tablas del Plan Divino*, p. 63.
[191] Shoghi Effendi, *The Challenging Requirements of the Present Hour*, p. 4

De Colombia: Inés Sarmiento, Leonor Porras, Gayle Woolson.
De EE.UU: La Sra. Dorothy Baker, Coordinadora de la Asamblea Espiritual Nacional de los Estados Unidos y Canadá.

La recepción a los delegados fue en los salones principales del Hotel Crillón, siendo ésta el 2 de mayo al atardecer. De acuerdo a *Noticias Bahá'ís Sudamericanas:*

... a las 6:30 pm comenzaron a llegar las delegaciones y representantes del IV Congreso, representantes de la prensa y radio difusión locales, invitados especiales, numerosos adherentes y la totalidad de los creyentes bahá'ís de las comunidades de Lima y el grupo del Callao. Una comisión designada por la Asamblea recibía a los huéspedes.

En uno de los salones artísticamente adornados para la sesión se sirvió el ágape en honor de las delegaciones, mientras se ejecutaba música melodiosa que servía de fondo a las animadas conversaciones que sostenían los comensales... De pronto, la suave voz del Dr. Aguilar, Presidente del CEBSA, se dejó escuchar para anunciarnos que el Presidente de la Asamblea Espiritual Local de los Bahá'ís de Lima, Sr. Manuel Vera Alva ofrecería la manifestación de los señores delegados, miembros de la prensa y radio difusión local, dando una muy cordial bienvenida a las delegaciones y haciendo votos fervientes, en nombre de la Asamblea Local, para que el IV Congreso Bahá'í Sudamericano, que en estos momentos se inauguraba oficialmente, deje magníficos resultados.

La Sra. Margot Worley, Delegada por la Asamblea de Bahía, en nombre de las Delegaciones del Brasil, agradeció en brillantes frases la calurosa bienvenida dada por el Sr. Vera Alva. En nombre de las delegaciones de los países de habla española, lo hizo el Coronel Arturo Cuéllar Echazú, delegado por la Asamblea de La Paz, Bolivia.

Por último, con las inspiradoras frases de la Dra. Dorothy Baker, Presidenta de la Asamblea Espiritual Nacional de los Bahá'ís de EE.UU. y Canadá y Representante del Comité

Interamericano se dio por finalizado este hermoso acto que dejó un recuerdo imborrable en los corazones de los asistentes.[192]

Un resumen de las notas de Eve Nicklin arroja luz sobre los aspectos más destacados del evento:

> Comités de preparación bien organizados facilitaron que el Congreso Bahá'í en Lima, Perú, comenzara la sesión con dignidad y orden; y con la ayuda de un Presidente muy eficiente, esta dignidad y orden se mantuvieron durante todas las sesiones.
>
> El tema central del Congreso fue el deseo de profundizar en el conocimiento fundamental de nuestras instituciones dadas por Dios y en el Espíritu de nuestra Fe. Desde el comienzo los delegados demostraron su ferviente deseo de tener una comprensión más profunda de la Alianza en torno a la cual gira toda la vida bahá'í. Se pidió más material para que se puedan formar clases de estudio con fines de profundización.
>
> Nuevamente el tema principal se manifestó en el deseo de ampliar su conocimiento de la historia de nuestra Causa y de saber familiarizar a los amigos con los materiales históricos. Fue en esta sesión que C.E.B.S.A. presentó el folleto Bocetos Históricos de la Fe Bahá'í, una colección de cuentos traducidos del inglés al español. Representó el esfuerzo cooperativo de los amigos en cada uno de los países sudamericanos. Y una vez más se escuchó el tema principal en la hora dedicada a los métodos de maduración en la vida espiritual, mediante la obediencia a las leyes de Bahá'u'lláh.
>
> Un tópico importante del Congreso fue la presencia de la Sra. Dorothy Baker, representante de la Asamblea Espiritual Nacional de los Estados Unidos.[193] El afán por parte de los delegados de dedicar el mayor tiempo posible para obtener conocimiento de primera mano del funcionamiento de una Asamblea Nacional Bahá'í que ha

---

[192] *Boletín Bahá'í Sudamericano*, No. 21, julio de 1950
[193] Dorothy Baker fue nombrada Mano de la Causa de Dios en 1951.

estado funcionando durante muchos años, demostró nuevamente el sincero deseo de los amigos de América Latina de prepararse para el momento en que tendrán sus Asambleas Espirituales Nacionales. La manera precisa e inspiradora en que el representante presentó este material hizo que los delegados comentaran una y otra vez: "Ahora lo vemos todo mucho más claro". Quizás fue esta sed de un conocimiento más profundo de nuestras instituciones espirituales lo que ayudó a los congresistas a eliminar las cosas menores que a menudo hacen perder un tiempo precioso en los congresos, e ir directamente al corazón de las cuestiones más importantes.

El énfasis que los delegados pusieron en la acción, y no simplemente en las palabras, mostró una madurez espiritual que fue realmente alentadora. Parecían deseosos de regresar a sus países para restablecer las Asambleas perdidas, convertir grupos en Asambleas y consolidar las Asambleas actuales. Los pioneros latinoamericanos surgieron para ir a campos donde se necesita ayuda con urgencia.

Esta observadora [Eve Nicklin] en el Cuarto Congreso Bahá'í de Sudamérica ora para que nuestro gran entusiasmo se mantenga durante todo el año y se obtenga la victoria en el Poder de Dios.[194]

Durante este Congreso se realizaron varios actos públicos como fue la exhibición de vistas de los Sagrados Sepulcros Bahá'ís y del Templo Bahá'í de Occidente. Asimismo el día jueves 4 de mayo a las 12:30 PM, se realizó una audición radial en Radio América y se tuvo una entrevista a las delegaciones al IV Congreso Bahá'í. Sabemos que en dicha oportunidad "en una forma muy interesante y vibrante de emoción se dio a conocer al público los principios de nuestra Fe, y los fines que se perseguían con el IV Congreso Bahá'í".

Igualmente se dio la presentación del diálogo espiritual "La Canción Celestial". Se tuvo una conferencia pública el 5 de mayo en la Asociación Guadalupana, ofrecida por el Coronel Arturo Cuéllar de Bolivia, al que asistió numeroso público y miembros del

---

[194] *Bahá'í News*, julio 1950, págs. 8-9, No. 233.

Cuerpo Diplomático acreditado en Lima. Como nota simpática al Congreso se dio un programa folclórico a cargo de los delegados.

La consulta fue intensiva y se trataron temas como, una Asamblea Espiritual Nacional y el Guardián, enseñanza, Administración Bahá'í y Procedimientos, la enseñanza del Convenio, Organización Mundial de la Causa Bahá'í, mayor conocimiento de la Fe Bahá'í por el estudio de su historia, métodos para lograr la madurez espiritual de los bahá'ís.

El delegado peruano fue Manuel Vera quien presentó el tema de "Ayudas Visuales". En este Congreso se designó a Lima como la sede para la Primera Convención Sudamericana a realizarse el siguiente año de 1951 para la histórica elección de la Asamblea Sudamericana.

Los delegados enviaron el siguiente cable a Shoghi Effendi:

> Prometemos esfuerzos unidos devoción leal y entusiasta. Suplicamos oraciones éxito IV Congreso Bahá'í Sudamericano, promulgación planes de enseñanza formación Asamblea Espiritual Nacional. Agradecemos asistencia querida Dorothy Baker. Delegados envían profundo amor y gratitud.
> 
> IV Congreso Bahá'í.[195]

El Guardián a su vez respondió:

> Haifa 7 de mayo de 1950
> 
> Congreso Bahá'í
> 
> Profundamente conmovido recibí mensaje. Saludos suplicando fervorosamente abundantes bendiciones realización Cuarto Congreso con las más grandes esperanzas. Aprecio labor querida Dorothy. Necesario redoblen esfuerzos.
> 
> Con el más ferviente amor,
> 
> Shoghi".[196]

---

[195] Cable del IV Congreso Bahá'í al Guardián. Archivos Nacionales Bahá'ís del Perú.
[196] Cable del Guardián al IV Congreso Bahá'í (7 de mayo de 1950). Archivos Nacionales Bahá'ís del Perú.

El 18 de febrero de 1951, Shoghi Effendi escribe por medio de su secretaria a "los creyentes que asistieron al Cuarto Congreso Bahá'í en Sudamérica, el 9 de mayo de 1950".[197]

Queridos amigos bahá'ís,

El amado Guardián recibió vuestros afectuosos saludos y apreció mucho los sentimientos que expresaron; pero debido a que él ha estado muy ocupado atendiendo su correspondencia durante los pasados meses, ustedes no han recibido una respuesta más temprana.

Él está seguro que ustedes entienden estos retrasos, y que en vuestras muchas actividades bahá'ís, busquen levantar la pesada carga que él está llevando, mediante la asunción de más responsabilidades ustedes mismos, y urgiendo a los bahá'ís en cada lugar su parte en el sostenimiento de las actividades administrativas de la Fe.

Los creyentes latinoamericanos están lanzándose ahora a una existencia bahá'í independiente a través de sus dos primeras Asambleas Nacionales. Aunque ellos todavía trabajarán en cercana colaboración y cooperación con sus hermanos norteamericanos, ellos sin embargo deberán encontrar su carga de responsabilidad pesada e ineludible. Este es su privilegio, y un desafío a sus personalidades y a su devoción, sobrellevar esta nueva carga para la Fe con dignidad y habilidad.

Él les asegura, y a través de ustedes, a vuestros correligionarios, que sus ardientes oraciones están circulando a los amigos latinoamericanos en este momento; y sus esperanzas para que sus futuros servicios sean muy elevados.

Con cálido amor bahá'í.

R. Rabbani

(De puño y letra del Guardián)

---

[197] Shoghi Effendi, por medio de su secretaria (18 de febrero de 1951).

Que el Amado Guardián los bendiga, los sostenga y guíe para promover efectivamente los vitales intereses de su Fe,

Vuestro verdadero hermano,

Shoghi."[198]

Después del Congreso Eve voló a los Estados Unidos formalmente invitada para asistir a la conmemoración del Martirio del Báb. Permaneció en el extranjero durante junio, julio y agosto de 1950. Eve fue a su país natal después de nueve años a ver amigos y familia. De acuerdo a la edición de *Noticias Bahá'ís* de octubre de 1950 Eve estaba "pasando el verano visitando y dando conferencias en su patria". Mercedes Sánchez relató:

> Eve Nicklin es invitada a los Estados Unidos. Toda nuestra comunidad la apoyó. Necesitaba ese viaje que verdaderamente lo había ganado. En Lima conmemoramos ese acontecimiento con dos grandes reuniones ... Una a las 12 del día, hora del martirio, en el pequeño local que ya teníamos en la calle de Ocoña,[199] y otra en la noche con más de cien personas en casa de la Familia Sánchez. Al regreso de los Estados Unidos, Eve nos traía un regalito, conforme decía, para sus hijos. Y ella decía que ya había tenido noticias de que la conmemoración del Centenario del Martirio del Báb, había sido todo un éxito: "Los felicito, ya están ustedes listos para seguir solos.[200]

## La Primera Asamblea Espiritual Nacional de Sudamérica

Y se acercaba el Riḍván de la primera Convención Sudamericana. El mensaje del Guardián en 1947 decía

> A los miembros ardientes firmes, de corazón cálido y de mente espiritual de estas comunidades latinoamericanas que entre los creyentes de Bahá'u'lláh ya constituyen el cuerpo más considerable de los reclutas de los rasgos de la más profundamente arraigada y poderosa Iglesia de la

---

[198] Shoghi Effendi, por medio de su secretaria (6 de diciembre de 1948).
[199] Meche Sánchez tenía alquilado un local donde alquilaba vestidos de noche. Una de las salas se utilizó como Centro Bahá'í.
[200] Versión oral de Mercedes Sánchez

Cristiandad; cuyas patrias han sido escogidas como el escenario de las más tempranas victorias ganadas por los ejecutores del Plan Divino de 'Abdu'l-Bahá lanzados en su cruzada para la conquista espiritual del planeta entero; el establecimiento de cuya proyectada Asamblea Espiritual Nacional ha de constituir una marca del contraste notable en la segunda época de la Edad Formativa[201] de la Dispensación Bahá'í; cuyas Asambleas Espirituales principales están ahora estableciendo contacto directo con el Centro Mundial de la Fe de Bahá'u'lláh en la Tierra Santa; las fotografías de cuyos representantes elegidos de sus centros principales pronto adornarán las paredes de Su Mansión en Bahjí; unos pocos de cuyos miembros ya se han levantado para llevar la antorcha de la guía divina confiada a sus ciudades a los pueblos y razas de las cuales ellos se originaron; a este privilegiado, este más joven, este dinámico y altamente prometedor miembro de la comunidad mundial bahá'í orgánica, me siento impulsado a dirigir antes de terminar este aspecto de mi tema, este llamado general para que se levante hasta las alturas de la gloriosa oportunidad que el destino está desenvolviendo ante sus miembros. Suya es la oportunidad, si la asiesen, para adornar las primeras páginas de los anales de la segunda centuria bahá'í con historias de hechos que se aproximarán en valor a las que con sus hermanos persas han iluminado los primeros años del primer siglo, y comparables a las hazañas más recientemente realizadas por sus hermanos creyentes norteamericanos, las cuales han dado lustre a la última década de ese mismo siglo.[202]

Con términos tales el amado Guardián visualizó a estos creyentes y comunidades esto que podríamos llamar el destino espiritual de Latinoamérica. Y los preparó en el paso de inmensa

---

[201] Cada época representa una nueva etapa en el desarrollo de la Fe Bahá'í. La Edad Formativa evolucionará a través de épocas hasta el advenimiento de la Edad de Oro de la Fe Bahá'í. La primera época de la Edad Formative de la Fe Bahá'í abarcó entre 1921 y 1944/46, la segunda entre 1946 y 1963, la tercera entre 1963 y 1986, la cuarta entre 1986 y 2000, mientras que la quinta comenzó en 2001. La sexta época empezó in 2022.
[202] Shoghi Effendi, *Citadel of Faith: Messages to America 1947-1957*, p. 19.

trascendencia que iban a dar cuando dirigirían con suficiencia e independencia los destinos de la Gran Causa de Bahá'u'lláh.

Para representar al Perú fueron elegidos Manuel Vera, Mercedes Sánchez y Guillermo Aguilar. El 21 de abril de 1951 tuvo lugar la elección de la Asamblea Local de Lima "con la presencia de casi todos los delegados de los diez países sudamericanos y numerosos asistentes extranjeros para la primera Convención Sudamericana".

La recepción a los delegados tuvo lugar en el Hotel Crillón y toda la Convención fue hecha en el Hotel Leuro de Miraflores (Grimaldo del Solar 222). El segundo día fue la elección de la Asamblea Espiritual Regional de Sudamérica que quedó integrada así:

> De Brasil: Margot Worle, Edmund Miessler y Rangvald Taetz
> De Chile: Esteban Canales y Alejandro Reid
> De Colombia: Gayle Woolson
> De Perú: Mercedes Sánchez, Manuel Vera y Eve Nicklin.

"El hotel donde se realizó el acontecimiento," son las palabras de Eve, "quedaba justo en la misma calle donde yo había vivido al principio. Naturalmente, mis pensamientos se remontaban a esos días de lucha contra el idioma, clima, soledad, tratando de ganar contactos para la Fe y todas las cosas que un pionero tiene que afrontar en el campo de la pionería. Sin embargo, ¡cuán diferente era ese día! Todas esas experiencias podían ser contadas como puras alegrías. Compartí algunas de estas experiencias internas con Edna True y Paul Haney, aquellos dos amados representantes que fueron enviados por la Asamblea de los Estados Unidos de Norte América".[203]

Paul Haney (posteriormente Mano de la Causa de Dios en 1954) trajo como regalo del Guardián un bucle del cabello sagrado de Bahá'u'lláh para ser guardados en los archivos de reliquias de la flamante Asamblea Nacional.

La Convención Sudamericana empezó el domingo 22 de abril a las 5 PM. Hubo una amplia consulta sobre administración, enseñanza, unidad, literatura, fondo, etc. Una noche se pasó una

---

[203] Mario León, *Carta a un Pionero*, No. 12. (s.f.)

película en colores de los Santuarios y jardines del Monte Carmelo, que quedó en Lima como un regalo de la Asamblea Norteamericana. También hubo un programa de radio con la participación de un grupo de delegados y en otra ocasión una conferencia pública en el Hotel Bolívar a cargo de la señora Gayle Woolson y el Dr. Alejandro Reid. La otra convención latinoamericana se celebró en la ciudad de Panamá para las diez comunidades nacionales centroamericanas.

Igualmente se estudió el siguiente mensaje del Guardián a las dos convenciones latinoamericanas:[204]

> Saludo [con] corazón alegre convocación[de] las primeras Convenciones históricas gemelas [de] seguidores [de] Fe [de] Bahá'u'lláh [en] Centroamérica, México, [las] Antillas [y] América del Sur, reunidos [ para] elegir Asambleas Nacionales gemelas que constituyan pilares sustentadores [del] orden administrativo divinamente designado [en] América Latina. Felicitar a los delegados reunidos [por el] magnífico triunfo que marcó [la] culminación del proceso de catorce años que une [los] años finales [del] primero con [la] primera década [del] segundo siglo bahá'í. Aclamo el cumplimiento [de los] objetivos vitales [de las] dos trascendentales campañas lanzadas sucesivamente más allá de [los] confines [del] continente norteamericano por [la] Comunidad Bahá'í Americana [en] conformidad [con] el Plan Divino de Abdu'l-Bahá. Reconozco con gratitud en estas Asambleas que hicieron época, celebradas simultáneamente [en] Perú [y] Panamá, representando casi cuatro decenas de localidades repartidas en [un] área que se extiende [desde] México [hasta] Magallanes, abarcando comunidades incorporadas [en] casi todos capitales [de] las Repúblicas Latinoamericanas [las] repercusiones iniciales [del] toque de clarín pronunciado hace ochenta años [por] Bahá'u'lláh [en el] Libro Más Sagrado dirigido colectivamente [a los] Gobernantes [de las] Repúblicas [del] hemisferio occidental. [Hago] un llamado [a las] próximas Asambleas Nacionales que se encuentran [en el] umbral [de la] segunda época que ahora se desarrolla [en la] evolución [de la] Fe [de]

Bahá'u'lláh [en] América Latina [a ] levantarse [en] completa unidad, fidelidad ejemplar, mayor sabiduría, máxima dedicación, resolución inquebrantable, autosacrificio heroico [para] cumplir adecuadamente [sus] triples, sagradas e ineludibles responsabilidades, primero, [para] consolidar [ los] dos pilares recién erigidos [del] orden administrativo mundial [de la] Fe; segundo, [para] estimular [la] propagación [de] sus enseñanzas; tercero, [para] enriquecer [la] vida espiritual [y] profundizar [la] comprensión [de] sus partidarios declarados. [He] enviado a través de [la] distinguida colaboradora Amelia Collins, dos mechones [del] cabello bendito [de] Bahá'u'lláh como obsequio inaugural [a las] primeras comunidades pertenecientes [a las] razas latinas, alcanzar la madurez [y] lograr la distinción a través de [la] formación [de] Asambleas Nacionales independientes, que serán depositadas [y] preservadas [para] la posteridad [en] dos archivos nacionales especialmente instituidos y diseñados [para] conmemorar [la] victorias administrativas espirituales gemelas y sobresalientes obtenidas [en el] curso [de] la Edad Formativa [de la] Dispensación bahá'í [y] derramando gran brillo [en] los anales [de la] primera década [de la] segundo centuria bahá'í.[205]

También para gozo de los amigos presentes, se recibió del Guardián el siguiente cablegrama: (26 de abril de 1951)

    PROFUNDAMENTE APRECIO SENTIMIENTOS DELEGADOS CONVOCADOS STOP ORANDO BENDICIONES SIN PRECEDENTE CUMPLIMIENTO OBJETIVOS - SHOGHI[206]

Y luego, al recién establecido cuerpo administrativo: (27 de abril de 1951)

---

[205] *Bahá'í News*, Junio 1951, págs. 11-12, No. 244.
[206] Cable del Guardián a la I Convención Sudamericana Bahá'í fechado 26 de abril de 1951.

SUPLICANDO GUÍA BENDICIÓN DIVINAS GRANDES VICTORIAS RECIENTEMENTE ELEGIDOS REPRESENTANTES PROFUNDO AMOR - SHOGHI"[207]

Había comenzado una nueva etapa en el desarrollo de la Fe Bahá'í en Sudamérica.

---

[207] Cable de Shoghi Effendi a la Asamblea Espiritual Nacional de Sudamérica fechado 27 de abril de 1951.

Encarnación, Paraguay alrededor de 1958
— Eve Nicklin está sentada al frente —
Cortesía: Archivos Nacionales Bahá'ís de EE. UU.

Un merecido descanso

Eve con bahá'ís nativos en Urubamba, Perú

Eve con bahá'ís nativos del Cusco

La Casa de Adoración Bahá'í en Panamá

Eve con la juventud bahá'í de Lima, 1975

Rúhíyyih Khánum y Eve Nicklin en Lima

Eve Nicklin en una Escuela de Verano en Lima. A su costado se encuentra el Consejero Sr. Mas'ud Khamsi, 1981

Eve Nicklin con la Mano de la Causa de Dios Rahmatu'lláh Muhájir en la Escuela de Verano, Lima, 1977

Con el Dr. David Ruhe, miembro de la Casa Universal de Justicia de visita en Lima, en los años 1980s

Lugar de descanso de Eve Nicklin en el cementerio del Callao, Perú –
Cortesía Pedro Donaires

## 10 - SERVICIOS EN TODO SUDAMÉRICA

Eve Nicklin, tras la I Convención Sudamericana, se estableció en el puerto del Callao con el objeto de fortalecer su "asamblea-bebé" del puerto chalaco, así como también para asistir al Comité de Materiales y a CEBSA ahora dependiente de la nueva Asamblea Nacional para los diez países (Perú, Ecuador, Chile, Bolivia, Venezuela, Brasil, Uruguay, Paraguay, Colombia y Argentina). Como se indicó anteriormente, se había establecido que este cuerpo regional tenga a Lima como sede.

El círculo de sus responsabilidades se amplió para incluir no sólo asistiendo a las reuniones institucionales regulares en las principales capitales sudamericanas, pero también viajando y apoyando a las nacientes comunidades locales repartidas por todo el vasto subcontinente. La distancia era una tiranía. En la primera Asamblea Nacional, tres miembros estaban en la costa oriental, tres en el costa occidental, un miembro en el mero norte, otro en el sur y el otro en el corazón de Sudamérica, con un total de 18,000 kilómetros recorridos para una sola reunión.

En 1957, la Asamblea Nacional Sudamericana se separó en dos nuevas Asambleas, una para el norte con Lima como sede, y el otro para el sur con Buenos aires como el centro. Eve se mantuvo en la afiliación de la Asamblea Nacional del norte. Como miembro de esas instituciones nacientes, ella tenía también que asistir a escuelas de verano y otros eventos regionales en varios lugares de América del Sur, así como visitar comunidades bahá'ís en el camino a reuniones de la Asamblea. Las siguientes convenciones fueron en Argentina (1952), Perú (1953), Chile (1954), Bolivia (1955) y Uruguay (1956).

### Fin del Segundo Plan de Siete Año (1946-1953)

Remontándonos a 1952, Eve viajó a la segunda Convención Sudamericana en Ezeiza, Buenos Aires. Después de la Convención ella se queda a participar en una escuela internacional de verano. Fue entonces cuando, a pedido de la nueva Asamblea Nacional, Eve se fue a instalar a Montevideo, Uruguay, uno de los países más débiles en la Fe en ese tiempo.

Margot Malkin habla de la labor que ellas hicieron juntas en dicha ciudad:

> Disfruté mucho con Eve ... Cuando arribamos al inicio, alquilamos un ambiente largo y bonito de un matrimonio británico donde podíamos vivir e intentamos invitar amigos para que ocasionalmente nos visiten. Inmediatamente yo encontré un trabajo como secretaria en una agencia de viajes ...
>
> Ella nunca tuvo mucho, y siempre, nosotras pioneras tratábamos de suplementar nuestro ingreso con clases de inglés. Eventualmente, Eve y yo, alquilamos un pequeño departamento amoblado, el cual era mucho mejor.
>
> Nuestra meta era principalmente fortalecer la existente Asamblea Espiritual Local que no funcionaba, como yo recuerdo, y reactivar y profundizar a los bahá'ís mientras buscábamos nuevos. La enseñanza era muy lenta en esos días. Yo trataba de reunirme con gente joven para traerlos a que conozcan a Eve en casa.
>
> Eve fue siempre muy amorosa, calmada y paciente en la enseñanza. Les gustaba utilizar métodos ilustrativos para la enseñanza e hizo álbumes cortando dibujos o fotos de revistas que describieran el mensaje que ella quería dar, en una manera afectuosa. Uno de sus más efectivos, que yo recuerdo, fue para enseñar a los miembros de la Asamblea Espiritual Local como deberían conducirse durante la consulta durante las reuniones de la Asamblea Espiritual Local, utilizando dibujos de bebés con caras y actitudes muy expresivas.[208]

En una carta escrita el 10 de junio de 1952, Shoghi Effendi a través de su secretaria, se dirige a Eve y Margot:

> Estimado Amigas Bahá'ís:
>
> Vuestra carta fechada el 22 de mayo ha sido recibida, y el amado Guardián me ha instruido en responderles en su nombre.

---

[208] Margot Malkin, carta al autor fechada 28 de agosto de 1986.

Él está complacido en saber que ustedes han ido a servir a la Fe en Montevideo, y les asegura que él orará por vuestro éxito en el trabajo del año venidero.

Por favor, envíe sus cariñosos saludos a todos los creyentes allí.

Con amor Bahá'í,

R. Rabbani

(de puño y letra del Guardián:)

Que el Todopoderoso os bendiga, os guíe y sostenga, y os permita promover, en todo momento, los intereses vitales de Su Fe,

Su verdadero hermano,

Shoghi[209]

En julio de 1952 ella viaja a Lima para la reunión de la Asamblea Nacional. A su paso visita Chile, Argentina y Paraguay, siempre profundizando y alentando a los creyentes en dichos países. En realidad, Eve viajó por toda Sudamérica tanto en viajes de enseñanza, como también de pionera y para las reuniones de la Asamblea que se realizaban en los diversos países que comprendía su jurisdicción.

En 1953 Meche Sánchez e Eve Nicklin viajan juntas a los Estados Unidos con ocasión de la inauguración del Año Santo Bahá'í (octubre 1952 - octubre 1953), esto es, la celebración del centenario del nacimiento de la revelación bahá'í. Se realizó una Conferencia para las Américas en Riḍván de 1953 en Chicago y fue denominada "la más distinguida de las cuatro Conferencias Intercontinentales de Enseñanza"[210] por el Guardián. Asistieron unos 2,400 bahá'ís de treinta y tres países, incluidas diecinueve repúblicas latinoamericanas, junto con doce Manos de la Causa, entre ellos Amatu'l-Bahá Rúḥíyyih Khánum representando al Guardián.[211] En la conferencia se leyó el mensaje del amado

---

[209] Shoghi Effendi, carta a Eve Nicklin y Margot Malkin fechada 10 de junio de 1952.
[210] Shoghi Effendi, *Messages to the Bahá'í World*, 1950-1957, p. 41.
[211] Artemus Lamb, *The Beginnings of the Bahá'í Faith in Latin America*, p. 31.

Guardián lanzando la Cruzada Mundial de Diez Años que en parte leía:

> Incumbe a los miembros de la comunidad bahá'í americana, el ejecutor principal del Plan Divino de 'Abdu'l-Bahá, los miembros de la comunidad canadiense actuando como sus aliados, y los miembros de las comunidades latinoamericanas en su capacidad como asociados de la ejecución del Plan, cobrar ánimo e iniciar, además de las responsabilidades que han asumido, y asumirán, en otros continentes del globo, una campaña intercontinental diseñada para llevar adelante otra etapa del trabajo glorioso ya inaugurado a través del hemisferio occidental.[212]

Unos cuantos meses previos, el 8 de octubre de 1952, Shoghi Effendi había anunciado al mundo bahá'í la inauguración de esta Cruzada de Diez Años a empezar en Riḍván de 1953. El propósito de esta Cruzada era llevar el mensaje de la Fe a todos los rincones del mundo:

> Es la hora propicia (para) proclamar (al) entero mundo bahá'í proyectando lanzamiento ocasión próximas Conferencias Intercontinentales, cuatro continentes (del) globo (en una) Cruzada Espiritual venturosa, de una dicha que emociona el alma, abraza al mundo, incluye el inicio de los doce Planes Nacionales (de) Diez Años participación concertada a todas las Asambleas Nacionales (del) mundo bahá'í, encaminadas a la extensión inmediata del dominio espiritual de Bahá'u'lláh tanto como establecimiento eventual estructura Su Orden Administrativo (en) todos los restantes estados soberanos, dependencias principales sultanatos, emiratos, shaykhdoms, protectorados, territorios fideicomisarios, colonias, dispersados superficie entero planeta. El cuerpo entero sostenedores devotos (de) Fe todo abarcadora (de) Bahá'u'lláh, ahora (son) llamados lograr (en una) década hazañas eclipsando

---

[212] Artemus Lamb, *Remembranzas: Los Comienzos de la Fe Bahá'í en América Latina*, p. 25.

totalidad logros que (en el) curso (de) once décadas precedentes iluminaron anales acción pionera bahá'í.[213]

## Estableciéndose en Paraguay

Regresando de este viaje a los Estados Unidos, Eve se establece en Asunción, Paraguay. Esta decision era su respuesta a los objetivos de la Cruzada de Diez Años, Eve se estableció en Paraguay. En aquel viaje de regreso acompaña a la Mano de la Causa Sr. Valiyu'lláh Varqá en su gira de enseñanza a Panamá, Quito, Guayaquil, Lima, Santiago y Montevideo, desde donde él se dirige ya sin su compañía al Brasil.

Shoghi Effendi, a través de su secretaria, le había escrito a Eve en marzo de 1953:

> Sus labores han sido de tan gran servicio a la Fe en América Latina, que espero que continúen, al menos durante parte de la próxima Cruzada de Diez Años, trabajando en esa área.[214]

Con el lanzamiento de la Cruzada de Diez Años, los servicios de Eve Nicklin se internacionalizaron más. Esto fue en respuesta al llamado del Guardián para que mundo Bahá'í se comprometan con la mayor espiritual empresa que se haya tenido y llevar la Fe a todas partes del globo antes de la elección de la Casa Universal de Justicia en 1963. Una de las metas de la Cruzada de Diez años señalaba: "bajo la égida de la Asamblea Espiritual Nacional de los Estados Unidos y en colaboración con las dos Asambleas Espirituales Nacionales existentes, la formación de una Asamblea Nacional en cada una de las 20 repúblicas latinoamericanas".[215]

Su mensaje al mundo Bahá'í en mayo de 1953 exhortaba:

> La hora es propicia para que los bahá'ís se liberen de las vanidades terrenales, monten el corcel de la firmeza, desplieguen el estandarte del desprendimiento, se vistan la armadura de la consagración absoluta a la Causa de Dios, se ciñan con el cinto de una vida casta y santa,

---

[213] Artemus Lamb, *Remembranzas: Los Comienzos de la Fe Bahá'í en América Latina*, p. 25.
[214] Shoghi Effendi, carta en su nombre fechada 8 de marzo de 1953.
[215] Artemus Lamb, *Remembranzas: Los Comienzos de la Fe Bahá'í en América Latina*, p. 26.

desenvainen la espada de los pronunciamientos de Bahá'u'lláh, alcen el escudo de Su Amor, lleven como única provisión la confianza implícita en Su promesa, abandonen sus hogares o patrias y se dispersen por doquier para capturar los territorios aún inconquistados del planeta....[216]

**La Cruzada de Diez Años (1953-1963)**

Durante la Cruzada de Diez Años lanzada por el amado Guardián, donde la Fe debía llegar a todos los rincones del globo, Eve se instaló sucesivamente en Asunción (Paraguay), Arequipa (Perú), Encarnación (Paraguay) y Cuzco (Perú). Su misión era formar y establecer nuevas Asambleas Espirituales Locales, así como llegar a las poblaciones indígenas. Este período de su vida fue coronado con su bien merecido peregrinaje a los Santuarios Sagrados en la Tierra Santa en 1963.

**Asunción (Paraguay)**

Debido a ser el centro geográfico de Sudamérica, Paraguay es conocida como el "Corazón de América". Su capital, Asunción, es llamada la "Madre de Todas las Ciudades" por ser el más temprano asentamiento español conocido en el Nuevo Mundo, al haber sido fundada en 1537, así como por su ubicación estratégica para toda la región.

Eve relata acerca de su trabajo de enseñanza en Paraguay:

> Me encontraba en Paraguay cuando Ellen Sims acompañada de su hijita de diez años arribaron a Asunción. Más tarde Alice Bacon llegó. Con este refuerzo la Asamblea Local reinició su funcionamiento. Era tiempo de comprar un Centro Nacional en Paraguay. Después de una ardua búsqueda, se encontró una casa colonial que serviría como una especie de restablecimiento de la Fe en el corazón de los creyentes nativos ... Pero no estaba destinada a vivir en dicha casa por mucho tiempo. Fueron Ellen y Alice quienes hicieron del Centro Bahá'í un lugar

---

[216] Shoghi Effendi, *Messages to the Bahá'í World: 1950-1957*, p. 49. De un cable del Guardián fechado 5 de mayo de 1953.

de hospitalidad para todos aquellos que ingresaban en él ...[217]

Terry Vojdani, hija de Elena Sims, escribió sus recuerdos viviendo con Eve en Paraguay:

> Mi madre [Ellen Sims] y yo llegamos a Paraguay en agosto de 1954. Eve y mi madre se habían estado escribiendo durante varias semanas antes de que nos fuéramos (nuestro viaje se organizó bastante rápido, según lo recuerdo) y Eve le dijo a mi madre que en Paraguay no hacía mucho frío. La gente solía bromear diciendo que sólo había dos estaciones: ¡el verano y la estación de tren! Cuando llegamos, heladas, ¡Eve nos estaba esperando en el aeropuerto con un abrigo de piel! Entonces Eve le dijo a mi madre: "Ellen, si quieres ser una buena pionera, olvida que eres estadounidense" (lo cual hizo mi madre). Eve siempre tuvo sus "abrelatas". Estos eran álbumes que ella hizo usando fotografías recortadas de revistas y citas de la Fe. Los usó para hablar con la gente y enseñar la Fe. Cuando tuvimos que formar otra Asamblea Local en Paraguay para poder elegir su primera Asamblea Nacional —alrededor de 1958-59— Eve y otros dos pioneros se mudaron a la ciudad (que en ese momento era sólo un pueblo) de Encarnación con una familia de pioneros persas que acababan de llegar para formar la Asamblea Espiritual Local. Muchas veces, cuando llegaban cartas de Tierra Santa u otros lugares que eran muy importantes y urgentes y no podían reunir el quórum de la Asamblea Espiritual Local de Asunción, mamá y Eve visitaban a los miembros de la Asamblea uno por uno, decían oraciones, leían la carta juntos y los miembros les daban sus opiniones. La última casa que visitaron fue la del secretario de la Asamblea para que redactara la carta. Obviamente no era lo mejor que podían hacer, pero a veces tenían que hacerlo para poder enviar la respuesta a tiempo. Eve, Alice Bacon (otra pionera estadounidense que vivió en Paraguay durante varios años) y mi madre

---

[217] Eve Nicklin, *The Crusading Years.* (s.f.)

compraron lo que todavía es el primer Centro Nacional Bahá'í de Paraguay.[218]

En Paraguay, Eve comenzó enseñando la Fe a los pueblos indígenas. Ella contribuyó sustancialmente a la publicación de un folleto en idioma guaraní en 1954. El 14 de marzo de 1954, el Guardián a través de su secretaria, escribió en ese sentido:

> Querida hermana bahá'í:
>
> Su carta del 15 de febrero ha sido recibida por el amado Guardián y me ha instruido responder en su nombre.
>
> De hecho, el Guardián se alegró de ver el folleto distribuido por el Comité Nacional Bahá'í para el Trabajo Indígena en América del Sur, impreso en idioma guaraní. Este es un servicio sumamente meritorio y de gran importancia en la enseñanza de estas personas. Tiene la esperanza de que este folleto se convierta en el medio de introducir la Fe a muchas almas receptivas entre los indios.
>
> El Guardián aprecia profundamente los servicios de su Comité y le envía sus cariñosos saludos.
>
> Con amor bahá'í,
>
> R. Rabbani
>
> (de puño y letra del Guardián:)
>
> Que el Amado os bendiga, os guíe y sostenga, y os permita promover en todo momento los intereses vitales de Su Fe.
>
> Su verdadero hermano,
>
> Shoghi[219]

Recordando sus sentimientos al enseñar la Fe a los nativos, Eve escribió:

> Recuerdo que fue en la Convención de 1954, en La Paz, Bolivia, cuando por vez primera se hizo énfasis en la conversión de los pueblos indígenas. Desde mi infancia tuve interés en dicha raza, tal vez fue por eso que me

---

[218] Terry Vojdani, carta al autor fechada 5 de octubre de 2008.
[219] Carta en su nombre fechada 14 de Marzo de 1954.

pidieron que preparara un informe especial sobre los indígenas de Sudamérica con fotografías y cuadros a fin de estimular el interés en el llamamiento de pioneros que se haría en la Convención.

Tres de nosotros nos ofrecimos. La Asamblea Nacional decidió que yo vaya a Arequipa, Perú. Fui con la esperanza de encontrar a alguien que hablase quechua, que fuera como traductor a las aldeas vecinas. El Guardián había sugerido que sería el primer paso para llevar el Mensaje a los pueblos indígenas.[220]

**Arequipa (Perú)**

Arequipa, en Aymara idioma viene de las palabras "ari" y "quipa", el equivalente a "cima" y "quedarse atrás", respectivamente. Esto es así porque Arequipa se encuentra a los pies del majestuoso Misti, un volcán que erupcionó en el 14th siglo por última vez. Arequipa es la segunda más grande ciudad peruana también conocida como la "Blanca Ciudad" debido a la roca volcánica utilizada por los constructores locales. Esta hermosa ciudad, con su única arquitectura colonial única, está rodeada de pintorescas tierras de cultivo que invitan a sus habitantes a populares paseos de fin de semana.

Arequipa es también la principal puerta de entrada en el sur a los Andes teniendo una significativa población indígena tanto Aymara y quechua, las cuales deben haber atraído el interés de Eve.

Eve describe los primero intentos de enseñar a la gente indígena:

> Luego de establecerme en Arequipa (1955) empecé a confiar mi deseo de entablar amistad con los indígenas, hasta que un recién ingresado bahá'í me dijo que había trabajado con campesinos, aunque ya no usaban poncho,[221] pero que provenían de los pueblos y hablaban el quechua. Decidimos realizar una reunión con ellos en la

---

[220] Eve Nicklin, *The Crusading Years.* (s.f.)
[221] Manto tradicional indígena confeccionado con una lámina de tela de forma rectangular o circular con una abertura en el medio para pasar la cabeza. Los indígenas que migraban a las grandes ciudades por lo general no usaban ponchos.

oficina del mencionado constructor bahá'í y tres de sus peones ingresaron a la Fe. Uno de ellos de nombre Víctor dijo que durante sus vacaciones iría a su pueblo y que llevaría literatura y enseñaría la Fe.

Ese año llegaron algunos pioneros norteamericanos con los que se consolidó la Asamblea Local y se publicó un folleto denominado "La Venida de los Mensajeros de Dios" en lengua quechua.[222]

En Arequipa, Eve encontró trabajo enseñando inglés en el Instituto Cultural Peruano Norteamericano. Su primera dirección fue la Pensión Wagner —Calle San Agustín 115.

Unos meses antes de su arribo, Arequipa había sido visitada por Mercedes Sánchez y Yolanda Urteaga. Por Arequipa pasaron algunos pioneros norteamericanos como Wilma e Irvin Thomas, los esposos Beane y Pauline Dunn que fue la de más larga estadía y ayudó a Eve de manera especial. Muchos amigos de Lima vinieron a Arequipa y con los amigos "characatos", término con que se llama a los arequipeños, se hicieron paseos campestres a las afueras de la ciudad, a la campiña, como Tiabaya y Sabandía.

En abril de 1956 viaja Eve a Montevideo para la reunión de la Asamblea Nacional. A su regreso estuvo seis meses en Santiago, luego de la convención, haciendo labor bahá'í y esperando su visa de entrada al Perú. Para la alegría de muchos, en marzo de 1957 se había logrado la formación de la primera Asamblea Espiritual Local de Arequipa. Sus miembros fueron: Sixto Tapia, Claudio Mendívil, Eve Nicklin, Víctor Cáceres, Patty Beane, Betty Casas, Paulina Dunn, Edward Beane y Rolando Villegas. La Asamblea del año 1958 fue la siguiente: Pauline Dunn, Néstor Cahuana, Claudio Mendíbil, Reinaldo Chamorro, Jesús Rivera, Eve Nicklin, Alfredo Vargas, Rosario Urteaga y Gróver Gonzales.

En Riḍván 1957 la nueva Asamblea Espiritual Nacional para los cinco países del Norte de Sudamérica (Brasil, Colombia, Ecuador, Perú y Venezuela) se había formado con Eve como uno de sus miembros. La histórica convención tuvo lugar en Lima con la asistencia de la Mano de la Causa de Dios Horace Holley.

---

[222] Eve Nicklin, *The Crusading Years.* (s.f.)

Pocos meses más tarde la devastadora noticia del fallecimiento del amado Guardián en Londres el 4 noviembre 1957 fue recibida. La Mano de la Causa Amatu'l-Bahá Rúhíyyih Khánum, esposa de Shoghi Effendi, cablegrafió esta triste noticia a todo el mundo Bahá'í. El fallecimiento ocurrió en la mitad de la Cruzada de Diez Años:

> SHOGHI EFFENDI AMADO DE TODOS LOS CORAZONES SAGRADA CONFIANZA DADA A LOS CREYENTES POR EL MAESTRO FALLECIÓ REPENTINO ATAQUE AL CORAZÓN MIENTRAS DORMÍA DESPUÉS DE LA GRIPE ASIÁTICA STOP INSTAMOS A LOS CREYENTES A PERMANECER FIRMES AFERRARSE INSTITUCIÓN MANOS AMOROSAMENTE CULTIVADA RECIENTEMENTE REFORZADO SU ÉNFASIS POR EL AMADO GUARDIÁN STOP SÓLO LA UNIDAD CORAZÓN UNIDAD PROPÓSITO PUEDEN DIGNAMENTE TESTIFICAR LEALTAD TODAS LAS ASAMBLEAS NACIONALES CREYENTES AL FALLECIDO GUARDIÁN QUE SE SACRIFICÓ TOTALMENTE POR EL SERVICIO FE - RUHIYYIH[223]

La consternación de Eve Nicklin era evidente pues ella había recibido al menos dieciséis cartas dirigidas a su persona con amorosa guía durante su ministerio y muchas otras como miembro de las instituciones. En un momento Eve comentó: "El [Shoghi Effendi] ha sido nuestra guía personal a través de todos estos años en Sudamérica. ¡Cuán preciosas son todas sus cartas!".[224]

Las Manos de la Causa de Dios asumieron las riendas de la Fe después del fallecimiento de Shoghi Effendi y llamaron a todos los creyentes a levantarse para completar los objetivos de la Cruzada de Diez Año y trabajar para la elección de la Casa Universal de Justicia en Riḍván de 1963. Durante el resto de la Cruzada, los creyentes de todo el mundo se mantuvieron juntos y trabajaron incluso más duramente en anticipación a tal auspicioso evento que iba a hacer historia.

---

[223] Amatu'l-Bahá Rúhíyyih Khánum en colaboración con John Ferraby, *The Passing of Shoghi Effendi*.
[224] Eve. Nicklin, carta a Amelia Buxton fechada 16 de enero de 1952.

## Encarnación (Paraguay)

Al tercer año de su residencia en la Ciudad Blanca, el Comité del Hemisferio Occidental, le escribe a Eve preguntándole si puede ir a Paraguay con el fin de formar una Asamblea Espiritual Local en Encarnación, de manera que Paraguay pudiera formar para 1961 su Asamblea Espiritual Nacional independiente. De esta manera encontramos que Eve viaja en mayo de 1959 y permanece en Paraguay durante cuatro años.

Encarnación, era un pueblo sencillo que muy probablemente le recordaba a la ancestral Roanoke. A pesar de eso, era la segunda ciudad en importancia en Paraguay. Encarnación era, en las palabras de un pionero, un pueblo de "caballo y carretas" sin calles pavimentadas, donde la electricidad se apagaba en cualquier momento. No había instalaciones modernas como supermercados, etc.

Situada a 372 kilómetros de la capital Asunción, Encarnación estaba habitado por una gran población indígena. Fundado por los Jesuitas en 1615, eventualmente se convirtió en una ciudad multicultural, en su mayoría con inmigrantes desplazados por las dos Guerras Mundiales como ucranianos, polacos, checos, alemanes, rusos, italianos y eslovacos.

El pueblo de Posadas estaba situado en la mano izquierda del río Paraná, frente a Encarnación, en el lado argentino. En 1990 un moderno puente entre las dos ciudades fue concluido, pero en tiempos de Eve el transporte entre las dos ciudades era por bote. Eve iba de Encarnación a Posadas para poder enseñar la Fe y hacer algunas compras.

En 1961 se logró la formación de la Asamblea Espiritual de Encarnación la cual era fundamental para que Paraguay creara su propia Asamblea Espiritual Nacional en 1961. Eve formó parte de la primera Asamblea de Encarnación así como también la señora Adelina Piava, la primera bahá'í paraguaya nativa. Como en muchos otros países latinoamericanos estas primeras Asambleas Nacionales eran consideradas como los pilares de la futura Casa Universal de Justicia a ser formada en abril de 1963.

La pionera Margaret Mills Leonard, de las Islas Malvinas, Argentina, nos relata de aquella época:

Nosotros vivimos en Encarnación, Paraguay, desde 1960 y 1963. Alice Bacon y Rezsi Sunshine fueron allí también pioneros. Ellas han fallecido. Eve tenía una academia de inglés en la colina. Ella vivió atrás de la escuela y poseyendo sólo lo indispensable para las necesidades básicas. Sus estudiantes eran muy cariñosos con ella y algunos le seguían luego de las clases. Algunos llegaron a ser buscadores y se unieron a la Fe.

Eve se adaptaba bien. Ella podía tener mucha incomodidad e inconvenientes pero sin quejarse. Yo recuerdo los viajes en que íbamos a Posadas sobre el río Paraná. Teníamos que pasar varios días antes en oficinas del gobierno consiguiendo el permiso.[225] Eve esperaba pacientemente a pesar de que la gente empujaba y jalaba. Entonces al día siguiente esperábamos en medio de otra gran cantidad de gente con el objeto de subir a la lancha. Mujeres con canastas de pollos vivos, patos, sobre sus cabezas intercambiaban frases amistosas con nosotros. En Posadas acostumbrábamos a descansar en uno de los cafés. Los hombres tomaban sus cafecitos y discutían fuertemente de política. Eve estaba muy tranquila en cualquier medio. Ella tenía el don de ser muy sociable.

Cuando tenía setenta y tres años, ella vino a visitarme aquí a las Malvinas. Nosotros nos preocupábamos de que ella no se cansase cuando tuviera que salir a nuestra turbera de manera que mi esposo no pudiese cortar su turbera. Ella tenía más energía que cualquiera de los dos e insistió en investigar los alrededores después del largo caminar.

Eve no se aturdía por eventos terribles. Ella vivía en la parte alta de Encarnación. Una vez durante una abortada revolución, ella estaba visitando la parte baja de la ciudad cuando arrojaron una bomba a la gasolinera casi a la siguiente puerta en donde ella estaba de visita. La bomba era falsa. Eve no se asustó. Además, ella vivió sola durante un año de intranquilidad política en que había disparos y soldados en todo lugar.[226]

---

[225] Como eran extranjeros necesitaban permiso para salir del Paraguay por un tiempo para regresar y permiso para entrar a Argentina (Posadas) por un día.
[226] Margaret Mills, cartas al autor fechadas 25 de junio y 7 de octubre de 1986.

Dice Gilbert Grasselly:

> Yo me encontré con Eve Nicklin por primera vez en Paraguay en 1962. Ella estaba de pionera en el extremo sur de Paraguay en la ciudad de Encarnación, ciudad que en esa época tenía una de las dos Asambleas Espirituales Locales que sostenían la Asamblea Espiritual Nacional que fue formada en 1961. Eve hablaba español con un fuerte acento americano, pero era fácil de entender. Su método favorito de enseñanza de la Fe. Ella pasó mucho tiempo preparando sus álbumes y material ilustrado y nunca enseñó la Fe sin ellos.[227]

David Baral ha afirmado:

> Para mí ella simbolizó muchas de las virtudes del primer grupo de pioneros, especialmente en constancia a lo largo de períodos extensos y bajo condiciones difíciles. Ella ha sido considerada correctamente como la madre de la Comunidad Bahá'í Peruana, pero algo muy similar podría decirse de su servicio en Paraguay.
>
> Ella regresó al Paraguay en varias épocas diferentes en la historia de la Fe, contribuyó al trabajo de enseñanza y consolidación en muchas maneras diferentes y ciertamente tuvo un importante impacto en el crecimiento de la Comunidad Bahá'í Paraguaya. Esto fue cumplido con tal sencilla y modesta manera que muchos no han podido reconocer el grado de sus contribuciones sino años después.[228]

"Todos querían a Eve ... Ella siempre tenía una sonrisa cálida y amorosa para todos y estaba lista a reír incluso si estaba rodeada de dificultades y problemas. Yo raramente la vi deprimirse y no puedo recordar haberla visto triste. Ella dependía mucho de la oración y puedo recordar cuán hojeado estaba su libro de oraciones", ha dicho también el Sr. Grasselly. No podemos dejar de mencionar la gran labor indígena suya en el Paraguay, entre los nativos guaraníes del Chaco.

---

[227] Gilbert Grasselly, carta al autor fechada 2 de cctubrede 1986.
[228] David Baral, carta a Gilbert Grasselly fechada 12 de diciembre de 1986.

En 1961 recibe una invitación de la Asamblea Espiritual Nacional de Bolivia para un curso de entrenamiento para maestros bahá'ís entre los indígenas. Ella va a Oruro y a la Paz; de allí va a Lima cruzando el Lago Titicaca a 4,000 metros sobre el nivel del mar, y por tren hasta Arequipa en donde se queda con su "familia bahá'í" quienes la recogen en la estación. De allí, en avión, va a Lima, en donde los amigos, alegres de verla, le celebran su cumpleaños 66. También visita el Callao y Chiclayo.

El regreso a Bolivia para el Congreso Indígena fue de la misma manera. Esta era la primera época de entrada en tropas en Bolivia y allí Eve pudo aprender mucho sobre los indígenas de los Andes y fue para ella una experiencia inolvidable ...

*Bahá'í News* informó sobre este evento:

> El primer Congreso Indio de Bolivia se celebró en Oruro del 21 al 25 de febrero de 1961, con la participación de 116 indígenas. Venían de cuarenta y seis lugares diferentes de Bolivia. Los maestros visitantes fueron Eve Nicklin y Edmond Miessler. Al final de las sesiones se inscribieron veintidós nuevos creyentes. Las actividades en Bolivia durante el año pasado se han dedicado principalmente a profundizar el conocimiento de los nuevos creyentes y prepararlos para la histórica primera Asamblea Espiritual Nacional de Bolivia. Esto se ha hecho a través de extensos programas de visitas a sus pueblos o invitándolos a la escuela de verano, diferentes clases y conferencias. Justo antes de Riḍván de 1961, el número de creyentes indios había superado la marca de los mil.[229]

Como se dijo, esta fue una experiencia inolvidable para Eve, una que ella habría de reproducir exactamente en otras áreas. El camino estaba siendo preparado para la gran empresa de entrada en tropas en Perú.

**Cuzco (Perú)**

Dicho aprendizaje lo volcó luego al Perú, en 1962-1963. Leamos: "Al regreso a Encarnación, Paraguay, recibí una carta de la Asamblea Nacional del Perú pidiéndome fuera a la región de Cusco a un proyecto de conversión en masa. Para entonces, la

---

[229] *Bahá'í News*, Mayo 1961, p. 10, No. 362.

comunidad Bahá'í de Encarnación había crecido y había nuevos pioneros para ayudarles a profundizarse. Acepté y en cuanto tuve permiso de la Asamblea Nacional de Paraguay viajé a Perú, mi país adoptivo. Eve se estableció en el pueblo de Urubamba in 1962.

Urubamba es un pequeño pueblo rural de la región del Cusco que significa "tierra plana de arañas". Está situado a una altitud de 2,870 metros en el Valle Sagrado de los Incas a lo largo de las orillas del río Urubamba y bajo las montañas andinas cubiertas de nieve. Para llegar a Urubamba el viajero debe realizar un viaje por carretera que en tiempos de Eve podía durar dos horas. Es un lugar hermoso pero aislado, rodeado de pequeñas parcelas de tierra agrícola cultivadas durante milenios por campesinos de habla quechua que aún viven en las tradiciones de la gran cultura Inca. Un pequeño mercado de verduras, ropa nativa y artesanías se suma a su pintoresco paisaje con turistas y mochileros ocasionales. El historiador del siglo XVII Antonio de León la llamó el Jardín del Edén bíblico por su belleza natural, tranquilidad y tierra fértil. Los peruanos solían hablar de fuerzas telúricas que vibraban en el valle sagrado de Urubamba y que sin duda fueron energizadas por la revelación de Bahá'u'lláh que trajo Eve.

La presencia de una dama extranjera de avanzada edad en la localidad debió provocar cierto grado de curiosidad en la población que, por su reducido tamaño, se conocían muy bien. También debió ser una experiencia totalmente nueva acostumbrada como estaba a entornos urbanos. Cualquier forastero debió haber sentido en un ambiente tan rústico una sensación de cruda soledad. Eve, sin embargo, relató sus experiencias en Urubamba con un espíritu impregnado de aventura y cariño:

> En Cusco encontré a un joven de Arequipa quien había ido por unos meses, después se regresó. Él me había dado una carta de presentación al inspector de escuelas en Urubamba, el Valle Sagrado de los Incas. Me ayudó a encontrar un cuartito de dos piezas en alquiler. Por intermedio del director del Instituto Cultural encontré unas clases de inglés en la Escuela Normal de Urubamba. Me establecí, pero me faltaba un traductor al quechua para comunicarme con la gente indígena.

Escribí a la Asamblea Espiritual Nacional a fin de que me enviara a los dos jóvenes que yo conocía. Uno era Víctor de Arequipa, y el otro, Fidel Flores de Huancayo. Víctor fue por tres meses y Fidel por un mes. Yo tenía un cuarto en el patio. Hice arreglarlo para ellos. Este fue nuestro cuartel en Urubamba. Los dos jóvenes empezaron a subir las cumbres en busca de almas, a veces pasaban la noche en los pueblos.

En uno de esos viajes conocieron a Exaltación Quispe. Había estado sentado en la plazuela de Urubamba. Víctor le dio las Buenas Nuevas de Dios. Desde entonces, Exaltación frecuentó mi casa. Él era de un pueblo llamado Ocutúan que quedaba a cuatro horas de camino a Urubamba. Él por algún asunto tenía que verse con las autoridades. Tenía problemas. Un día le dije lo que Bahá'u'lláh había dicho: "Mi calamidad es Mi providencia; aparentemente es fuego y venganza, pero por dentro es luz y misericordia."[230]

Con el entendimiento innato que los indígenas tienen, él comprendió. Exaltación fue el primer bahá'í del Cusco. Víctor y Fidel retornaron a sus hogares. Exaltación llevaba a los amigos y parientes que podía y servía de traductor, puesto que hablaba el castellano y el quechua.

Un día me dijo que si Fidel o Víctor retornase, él los presentaría a la gente de su pueblo y de otros pueblos. Enviamos el mensaje a la Asamblea Nacional. Fidel regresó a principios de 1963. Fidel Flores volvió a Urubamba y fue a visitar los pueblos, en especial a Ocutúan, a enseñar la Fe y también a trabajar con los amigos en sus chacras. Aunque no pudo permanecer mucho tiempo allá.

Los amigos, cuando podían recorrer la distancia de cuatro horas de caminata, me traían papas de regalo. Les gustaban las flores que había en el patio, especialmente las mujeres las pedían para adornar su cabellera como acostumbraban hacerlo. Les gustaban las oraciones y

---

[230] Bahá'u'lláh, *Las Palabras Ocultas* #52 *(Árabe)*.

Exaltación Quispe aprendió varias y cuando iba a Ocutúan o viceversa, las decía en el camino.

Así empezó la conversión en masa en la región del Cusco. Antes de que la Cruzada de Diez Años terminara, Exaltación Quispe y Fidel Flores habían logrado formar la Asamblea Espiritual Local de Ocutúan. Ahora tenemos otras en la región, por supuesto. Tuvimos nuestra primera escuela de entrenamiento para campesinos. Una reunión se realizaba en Lima con representantes de Huancayo, Cusco, Puno. Fue en el viaje que Fidel Flores hacía para dicha reunión, cuando se sintió muy enfermo y nunca pudo recuperarse. Después del evento, falleció, y pasó al Reino de Abhá. Hemos tenido testimonios de los campesinos que ellos sentían su espíritu influyendo en ellos y estimulándolos para llevar adelante el trabajo de enseñanza, por cuya causa dio su vida tan devotamente.[231]

---

[231] Eve Nicklin, *The Crusading Years*. (s.f.)

## 11 - UNA SIERVA DE 'ABDU'L-BAHÁ

Después de su trabajo en el Cusco y hasta su muerte en 1985, esta veterana guerrera siguió luchando en lugares tan alejados geográficamente como Trujillo (Perú), Encarnación (Paraguay), Caracas (Venezuela), Ica y Lima (Perú), así como embarcándose en innumerables viajes de enseñanza por toda Sudamérica visitando y alentando a comunidades e individuos.

Curiosamente, Nicklin es un nombre anglo-normando que significa conquistador y deriva de las palabras griegas nikan (conquistar) y laos (pueblo). Aunque ella probablemente desconocía tal trasfondo etimológico, Eve se había convertido en una verdadera conquistadora de ciudadelas y tierras para la Fe de Bahá'u'lláh. Sin duda fue una conquistadora extremadamente talentosa, pero para quien los corazones humanos eran su mayor tesoro.

Al hacerlo, la vida de Eve siempre estuvo guiada por ideas y metáforas de orden superior, lo que la convirtió en un ser de considerable percepción y resplandor espiritual. Muchos bahá'ís la recordaban como una mujer de gran bondad, tolerancia y tacto cuya vida tocó a tantas personas en tantos lugares diferentes. Curiosamente, el nombre Eve significa "dador de vida" en hebreo. En uno de sus libros dibujó una lámpara colocada en una ventana y escribió el poema "Pero que se haga la luz," reflexionando sobre su propia vida espiritual:

> Abriré mi ventana
> por la mañana
> Para dejar entrar
> la luz de Dios
> Y luego, llegado el momento,
> colocaré
> Una vela ahí
> para brillar en la noche.

1963 fue un año único para el mundo bahá'í debido a la primera elección de la Casa Universal de Justicia, órgano supremo del orden administrativo de la Fe Bahá'í, institución creada por el propio Bahá'u'lláh en el *Kitáb-i-Aqdas*, el Libro Más Sagrado. Las Asambleas Espirituales Nacionales apoyadas por sus Asambleas

Espirituales Locales fueron el pilar sobre el que se establecería la Casa Universal de Justicia. Todos sabemos lo duro que trabajó Eve para construir y desarrollar comunidades nacionales bahá'ís en todo el subcontinente desde su primera llegada a Brasil en 1937.

Las diez Asambleas Espirituales Nacionales Sudamericanas se encontraban entre un total de cincuenta y seis pilares sobre los que se erigió por primera vez la Casa Universal de Justicia: Argentina, Bolivia, Brasil, Chile, Colombia, Ecuador, Paraguay, Perú, Uruguay y Venezuela. Todos estuvieron representados en las primeras elecciones que tuvieron lugar el 21 de abril de 1963 en Tierra Santa.

Ese mismo mes, Eve viajó a Londres para el Gran Jubileo que tuvo lugar después de la elección para conmemorar el centenario de la Declaración de Bahá'u'lláh y la elección de la primera Casa Universal de Justicia. En el camino, visitó EEUU para ver a familiares y amigos después de diez años de ausencia. El evento de Londres, en el Albert Royal Hall, congregó a unos 6.000 bahá'ís de todo el mundo. Seguramente debió ser una experiencia maravillosa para Eve que siempre estuvo acostumbrada a grupos pequeños en lugares remotos. En el Gran Jubileo la mayoría de las Manos de la Causa de Dios también estuvieron presentes proporcionando un ambiente espiritual único a las celebraciones. La Casa Universal de Justicia se refirió a este gran acontecimiento con estas palabras:

> La revisión del progreso de la Causa; la presentación de los creyentes de las nuevas razas y países del mundo traídos al ámbito de la Fe durante la amada Cruzada de Diez Años del Guardián, de los Caballeros de Bahá'u'lláh, aquellas almas valientes que portaron el estandarte de Bahá'u' lláh a las regiones cerradas y a menudo inhóspitas de la tierra; los estallidos espontáneos de cantos de "Allah-u-Abha", las reuniones informales, los constantes saludos de los guerreros de Bahá'u'lláh que se conocen entre sí sólo por su nombre y servicio; las reuniones juveniles; la publicidad sin precedentes en la prensa, la radio y la televisión; el flujo diario de visitantes al lugar de descanso del amado Guardián; los rostros radiantes y la mayor conciencia de la verdadera y real hermandad de la raza humana dentro del Reino del Padre Eterno, se encuentran

entre los acontecimientos destacados de esta ocasión suprema, la victoria culminante de la obra de toda la vida de Shoghi Effendi.[232]

A la Cruzada de Diez Años le siguió el Plan de Nueve Años. En octubre de 1963, la Casa Universal de Justicia anunció que el Plan de Nueve Años constituía "la segunda de esas empresas de alcance mundial destinadas en el transcurso del tiempo a llevar la Palabra de Dios a cada alma humana". [233] La Casa también anunció que la Fe Bahá'í estaba entrando "... en una nueva época, la tercera de la Edad Formativa. Ahora debe crecer rápidamente en tamaño, aumentar su cohesión espiritual y su capacidad ejecutiva, desarrollar sus instituciones y extender su influencia a todos los estratos de la sociedad."[234]

En los años siguientes, hasta su fallecimiento en 1985, Eve dedicó su vida a servir en tres planes mundiales enunciados por la Casa Universal de Justicia, a saber, el Plan de Nueve Años (1964-1973), el Plan de Cinco Años (1974-1979) y el Plan de Siete Años (1979-1986). Estos tres planes abarcaron la tercera época de la Era Formativa de la Fe Bahá'í.[235]

Eve tuvo el privilegio de servir en las tres primeras épocas de la Edad Formativa que fueron lideradas consecutivamente por el amado Guardián (1921-1957), las Manos de la Causa de Dios (1957-1963) y la Casa Universal de Justicia (1963 en adelante).

**El Plan de Nueve Años (1964-1973)**

El Plan de Nueve Años fue un período muy ocupado en la vida de Eve, ya que tuvo que emprender varias misiones internacionales de enseñanza, viajando frecuentemente como miembro del Cuerpo Auxiliar por toda América del Sur, además de asistir a funciones bahá'ís como conferencias, convenciones y escuelas de verano. Durante este Plan Eve también se estableció como pionera

---

[232] The Universal House of Justice, *Wellspring of Guidance: Messages 1963-1968*, p. 5.
[233] The Universal House of Justice, 1968-1973. *Messages from the Universal House of Justice*, p. 14.
[234] The Universal House of Justice, 1968-1973, *Messages from the Universal House of Justice. 1968-1973*, p. 17.
[235] The Universal House of Justice, *Messages from the Universal House of Justice 1963-1986: The Third Epoch of the Formative Age*, p. 712.

en Trujillo (Perú), Venezuela y también regresó a Paraguay a pedido de las instituciones bahá'ís.

## Trujillo (Perú)

Trujillo es conocida popularmente como la "Ciudad de la Eterna Primavera". Está situada a más de 800 km al norte de Lima, la capital del Perú, siendo su tercera ciudad más grande. Dotada de un clima benigno y soleado durante todo el año, Trujillo fue fundada en 1534 y contaba con una larga tradición cultural de festivales musicales y culturales. Rica en arquitectura colonial, se encuentra cerca del sitio de la gran civilización Chimú, cuya ciudad principal es considerada la ciudad de adobe más grande del mundo. Eve debió sentirse a gusto en esta hermosa y agradable ciudad, también por su población tradicionalmente amigable.

En 1964 Eve se fue a vivir a Trujillo donde ya existía un pequeño grupo bahá'í. Vivía en un edificio llamado Klar en una calle principal donde tenía sus reuniones bahá'ís con contactos obtenidos a través de sus clases de inglés. Eve fue visitada por varios miembros de la comunidad de Lima y por Gayle Woolson. También recibió la visita de la Mano de la Causa, Sr. Jalál Khazeh a quien luego continuó hasta Cajamarca, en los Andes peruanos, para visitar a la familia León, pioneros locales allí. También sabemos que Eve visitó a los León en Cajamarca en otra ocasión.

De Chiclayo, junto con la pionera Patty Beane, visitan la Amazonía en los meses de junio y julio de 1964. En dicho viaje de enseñanza visitan Iquitos, Leticia (Colombia), Marcos (Brasil), Ramón Castilla, Islandia y Puerto Alegría (Perú). Viajaron por los ríos en lancha a motor, enfrentando todo tipo de obstáculos. Esta visita de Eve a casi sus setenta años probó ser de gran resultado, especialmente en los lugares donde existían creyentes dispersos y además para explorar las posibilidades de mejorar el trabajo bahá'í en la selva amazónica.

## Venezuela

Desde Trujillo, Eve viajó durante un mes a Arequipa para fortalecer la Asamblea Espiritual Local en septiembre de 1964. Al año siguiente regresó a los Andes visitando comunidades en Cusco, particularmente la comunidad de Cachimayo. Para 1965 había quince Asambleas Espirituales Locales en el Perú. También en 1965 recibió la noticia de su nombramiento por las Manos de la Causa de Dios como miembro del Cuerpo Auxiliar de Propagación en Venezuela donde permaneció dos años dedicada a la enseñanza de la Fe y la profundización de los creyentes.

Eve entonces tenía más de setenta años y viajaba mucho, su espíritu pionero era fuerte y cumplía todos sus deberes con excelencia. Por ejemplo, en julio y agosto del mismo año participó en los Congresos Regionales Bahá'ís en Georgetown, Guyana, así como en Bogotá (Colombia) en compañía de la Mano de la Causa de Dios Sr. Jalál Khazeh. En febrero de 1967 asistía y enseñaba en una escuela de verano en Lima rodeada nuevamente de sus hijos espirituales, cuyo número había aumentado enormemente.

**Paraguay otra vez**

Unos meses más tarde, el Sr. Khazeh estaba informando a todas las Asambleas Espirituales Nacionales y a los miembros del Consejo Auxiliar que "la conocida y querida miembro del Cuerpo Auxiliar, Miss Eve Nicklin", sería asignada a Paraguay.

De camino a ese país Eve pasó por Brasil y participó en su séptima convención nacional celebrada en Aguas de Lindoia. Además, en octubre de 1967 Eve asistió a una conferencia de enseñanza en Panamá para colocar la primera piedra del Templo Bahá'í en Panamá, y en Riḍván de 1968 Eve participó en la Convención Nacional de Uruguay como representante de las Manos de la Causa de Dios.

Eve también viajó a la Primera Conferencia Oceánica en Palermo en la isla de Sicilia, Italia, que conmemoró el centenario de la llegada de Bahá'u'lláh a Tierra Santa en agosto de 1968. Este fue un evento memorable con más de 2,300 bahá'ís. Asistieron entre ellos, las Manos de la Causa de Dios Ugo Giachery, 'Alí-Akbar Furútan, Dhikru'lláh Khádem, Adelbert Mühlschlegel, Jalál Khazeh, Paul Haney, Enoch Olinga, William Sears, John Ferraby, Rahmatu'lláh Muhájir y Abul-Qásim Faizí. Alrededor de 1,800 asistentes de la Conferencia de Palermo se reunieron nuevamente en Tierra Santa para la conmemoración.

De la conferencia viajó a Haifa para peregrinar a los Sagrados Santuarios. Según Gilbert Grasselly:

> A medida que Eve envejecía, se volvía más olvidadiza. En 1967 expresó su deseo de ir a la Conferencia de Palermo...

y la animamos a ir. Se quejó que no tenía suficiente dinero para viajar y que los cheques de viaje que había estado ahorrando no serían suficientes. Le sugerimos que juntara sus papeles y juntos comenzamos a sumar los totales de los cheques no utilizados. Descubrimos para su sorpresa que tenía suficiente dinero tanto para su viaje como para sus gastos. El itinerario de la conferencia también incluía una peregrinación al Centro Mundial Bahá'í y esta sería la primera visita de Eve a estos lugares sagrados.

No hay duda de que el momento más feliz de su vida fue su visita a los Santuarios Sagrados de la Fe en los que había servido como pionera desde el lanzamiento del Primer Plan de Siete Años del amado Guardián. Regresó de este viaje inmensamente fortalecida y radiante y fue tema de sus conversaciones durante varios meses después. Esta visita a Tierra Santa, sin duda, la sostuvo hasta el final de sus días.[236]

En la Tierra Santa, debieron cruzar por su mente recuerdos de sus primeros años en Sudamérica pensando en su amado Guardián que la había sostenido desde aquel Lugar Sagrado durante largos períodos de soledad. Fue Shoghi Effendi quien la había acompañado a través de correspondencia desde los primeros días de su conversión a la Fe Bahá'í. Fue él quien la había guiado a través de al menos quince cartas hasta su repentino fallecimiento en 1957. Al no tener la oportunidad de encontrar a su "verdadero y agradecido hermano" durante su vida, llegó la ocasión a su debido tiempo de arrodillarse en agradecimiento ante los Santos Umbrales por todas las recompensas que había recibido en el camino de su Señor.

Después de treinta años de trabajo incesante, la Causa siguió consolidándose en América del Sur y los creyentes nativos asumieron cada vez más su responsabilidad con devoción y firmeza. Sus sueños de pionera se habían hecho realidad, pero todavía quedaban muchas más victorias por conseguir.

El regreso de Eve a Paraguay coincidió con un aumento de las actividades de enseñanza. Estuvo presente en la Conferencia Regional Sudamericana de Proclamación en Porto Alegre, Brasil,

---

[236] Gilbert Grasselly, carta al autor fechada 2 de octubre de 1986.

celebrada en la primera semana de septiembre de 1967, a la que asistieron bahá'ís de Chile, Argentina, Uruguay, Paraguay y Brasil. La Mano de la Causa de Dios Dr. Rahmatu'lláh Muhájir estuvo presente continuando juntos a Asunción, Paraguay, donde conoció y se dirigió a la comunidad. *Bahá'í News* informa sobre el impulso espiritual de tan histórica visita y el progreso que la comunidad paraguaya ya había logrado en cuestión de unas pocas décadas:

> La Asamblea Espiritual Nacional de Bahá'ís del Paraguay ha aceptado la meta adicional de abrir los ocho departamentos aún vírgenes a la Fe. Muchos de los amigos han emprendido vigorosos proyectos de enseñanza. La "Asamblea Espiritual Nacional de los Bahá'ís del Paraguay" ahora figura oficialmente como una organización no gubernamental asociada que trabaja con el centro de información de las Naciones Unidas en Paraguay. La segunda Escuela de Invierno anual para Paraguay se llevó a cabo en Asunción del 23 al 25 de agosto de 1969... El plan de la Asamblea Espiritual Nacional para elevar el número de Asambleas Locales de ocho a trece, y el número de grupos de dieciocho a veintiuno, se cumplió con entusiasmo. Con mucha alegría, después de años de arduo sacrificio, se celebró el primer instituto exclusivamente indígena en el Chaco, Paraguay, los días 25 y 26 de octubre de 1969. Entre los delegados se encontraban los indios guaraníes, guasurangos y chulupis. Este histórico instituto fue el primero donde todas las clases se impartieron en guaraní, la lengua nativa de Paraguay. Eve Nicklin, miembro del Cuerpo Auxiliar, y tres profesores itinerantes paraguayos... colaboraron en impartir las clases.[237]

Eve continuó viajando mucho hasta el final del Plan de Nueve Años a pesar de sus problemas de salud. Viajó a Bolivia y Argentina en 1970 para realizar actividades bahá'ís. Al año siguiente viajó nuevamente a Argentina y en diciembre de 1971 Eve viajó a la reunión de Consejeros y miembros del Cuerpo Auxiliar celebrada en enero de 1972 en Lima. Ese mismo año,

---

[237] *Bahá'í News*, febrero 1970, p. 8, No. 467.

desde Paraguay donde vivía, Eve viajó a Estados Unidos por motivos de salud.

## El Plan de Cinco Años (1974-1979)

El Plan de Cinco Años también llevó a Eve a varios compromisos de enseñanza y a un nuevo puesto pionero a pesar de su avanzada edad y fragilidad. Los objetivos del Plan, tal como los enunció la Casa Universal de Justicia, fueron: "preservación y consolidación de las victorias obtenidas; una vasta y generalizada expansión de la comunidad bahá'í; desarrollo del carácter distintivo de la vida bahá'í, particularmente en las comunidades locales".[238]

En junio de 1975, Eve pasa por Lima y su estancia coincidió con una Conferencia Nacional de Enseñanza en la que estaba presente la Mano de la Causa Amatu'l-Bahá Rúhíyyih Khánum, viuda del Guardián, con ocasión de la Expedición "Luz Verde".

En dicha Conferencia se le encarga a Eve que hable de la historia bahá'í del Perú. Ella regresa a Lima después de tres meses y permanece en la capital por espacio de una semana pues además, los Consejeros de Sudamérica —reunidos en ese tiempo en Lima— acuerdan pedirle a Eve que regrese al Perú.

Ella viaja al Paraguay con el objeto de arreglar sus cosas y arriba nuevamente a Lima a las tres semanas (septiembre de 1975). En el año de 1976 encontramos que Eve Nicklin, octogenaria ya, va a la costeña ciudad de Ica a pedido de la Asamblea Espiritual Nacional, en compañía de la pionera nacional Dora Bravo, con el fin de establecer una Asamblea Espiritual Local allí, meta que efectivamente es lograda.

Ica, a 246 kilómetros al sur de Lima, es conocida como la "Tierra del Sol" debido a los muchos meses de sol durante todo el año. Rodeada de vastos desiertos de arena, como un oasis, Ica se erige como la capital de una región rica en algodón y viñedos. En la región florecieron varias culturas prehispánicas, de unos 10,000 años de antigüedad, incluidas las famosas líneas de Nasca. Durante la dominación española atrajo una gran población de esclavos negros que fueron enviados a las haciendas para realizar

---

[238] The Universal House of Justice, *Messages from the Universal House of Justice 1963-1986: The Third Epoch of the Formative Age*, p. 262.

trabajos agrícolas. Ica también se distingue por la afabilidad y receptividad de su gente y eso facilitó mucho la misión de Eve.

Con Dora Bravo hicieron una magnífica labor; ella trabajando como costurera y Eve enseñando inglés, viviendo en una sola pieza sin comodidades, yendo a la universidad a enseñar el Mensaje de la Fe y luego formando un club en su dormitorio, rodeado de jóvenes que se sentaban en su cama en el suelo, atraídos por el amor de esta anciana, esta sierva de 'Abdu'l-Bahá, aun cuando sus capacidades físicas y mentales estaban disminuidas, y que seguía abriendo el Perú para la Fe.

Cuenta Dora que en la vecindad había un niño de ocho años que estaba verdaderamente atraído por el amor de Eve y que todas las mañanas sin falta iba a buscarla y salían acompañados como "novios" para dar la vuelta acostumbrada. Esta misma pionera refiere que para ella fue "un premio de Dios" el haberle permitido acompañar a Eve en Ica.

En enero de 1977 Eve viaja al Brasil a la Conferencia Internacional de Enseñanza Bahá'í, en Bahía, aquella ciudad que cuarenta años atrás había sido la arena de sus primeros servicios internacionales con Leonora Armstrong.

La Conferencia bahá'í de Bahía también fue un gran éxito. Fue una de las ocho conferencias internacionales de enseñanza convocadas por la Casa Universal de Justicia celebradas a mitad del Plan de Cinco Años. Las Manos de la Causa de Dios Amatu'l-Bahá Rúhíyyih Khánum, Enoch Olinga y Paul Haney asistieron al evento junto con mil trescientos creyentes de treinta y siete países y diecisiete tribus indígenas de las Américas. Debe haber sido una confirmación gratificante de las luchas espirituales y materiales de Eve y Leonora hace cuatro décadas. El impulso generado al final del Plan se transmitió al nuevo Plan de Siete Años, en el que a cada comunidad nacional se le habían asignado objetivos para los dos primeros años, "diseñados para continuar el proceso de expansión, consolidar las victorias obtenidas y alcanzar, cuando las circunstancias lo permitan, cualquier objetivo que haya quedado sin alcanzar al final del Plan de Cinco Años".[239]

---

[239] The Universal House of Justice, *Messages from the Universal House of Justice 1963-1986: The Third Epoch of the Formative Age*, p. 404.

Ambas mujeres, distinguidas luminarias habrían de encontrarse de nuevo en Lima en la ocasión de la primera Conferencia Internacional de Mujeres Bahá'ís en Sudamérica que tuvo lugar en Lima entre diciembre de 1977 y enero de 1978, y a la cual asistieron 200 mujeres de diez repúblicas sudamericanas, así como de Estados Unidos, Australia, Francia, Nueva Zelanda, Panamá y Trinidad. Grandes victorias ellas estaban presenciando después de años de laborioso trabajo. Es allí donde el autor conoció a Leonora Armstron quedando muy impresionado por su humildad y afabilidad.

Leonora y Eve tenían varias cosas en común además de ser norteamericanas. Mientras Leonora era la "Madre de América del Sur", Eve se convirtió en la "Madre del Perú" y en cierto modo también del Paraguay. Ambas fueron pioneras de larga trayectoria, las dos primeras en llegar a Sudamérica, habiendo servido mano a mano en Brasil durante el primer Plan de Siete Años de Shoghi Effendi en 1937. Leonora había sido nombrada miembro del Cuerpo Continental de Consejeros para la Protección y Propagación de la Fe Bahá'í en América del Sur y Eve se desempeñaba como miembro de su Cuerpo Auxiliar para la Propagación. También vivieron largas vidas, tuvieron la misma edad y finalmente fallecieron en sus puestos pioneros originales y sus vidas fueron profusamente celebradas por el Guardián y la Casa Universal de Justicia.

Ambas habían sido alentadas por la Mano de la Causa de Dios Martha Root a continuar sus esfuerzos de enseñanza de 1919 en América del Sur. Leonora y Eve ciertamente estaban presenciando ahora el crecimiento del árbol espiritual prometido por 'Abdu'l-Bahá a Martha Root el cual "por toda la eternidad dará hojas y capullos y producirá frutos, y cuya sombra crecerá en tamaño día a día".[240]

**El Plan de Siete Años (1979-1986)**

Una caída en la escuela de verano de Lima al mes siguiente obligó a Eve a regresar de Ica a Lima para siempre. Ella permaneció bajo el amoroso cuidado de las familias y creyentes bahá'ís de Lima. Finalmente se fue a vivir a una clínica geriátrica y subsecuentemente permaneció en el segundo piso del Centro

---

[240] Shoghi Effendi. *Dios Pasa*, p. 370.

Nacional Hazíratu'l-Quds durante sus últimos cuatro años de su vida, visitada y siempre rodeada de sus muchos hijos espirituales.

Cuenta Tom Dodge:

Laurie y yo llegamos a Lima a principios de 1977 como pioneros en Perú. El primer lugar donde nos alojamos fue en el centro bahá'í donde vivía Eve Nicklin. Ella ya estaba anciana y padecía demencia. Una noche fuimos a cenar con el consejero Mas'ud Khamsi. En un momento Eva expresó su preocupación por el progreso de su alma. El señor Khamsi le respondió que, en cambio, él desearía tener su estación espiritual.[241]

Menos móvil, Eve siempre mantuvo su carácter siempre alentador, profundizando en los amigos, compartiendo historias sobre la historia temprana de la Fe Bahá'í en el Perú, además de mostrarles y explicarles sus numerosos álbumes pictóricos de enseñanza.

Hasta las últimas etapas de su vida, Eve continuó enseñando a través de sus álbumes. El autor evoca con mucho cariño a esta anciana y frágil señora, que utiliza un bastón, de cabello blanco y fuerte acento americano, compartiendo sus álbumes con los visitantes del Centro Bahá'í de Lima donde estuvo destinada. A lo largo de los años, había desarrollado las habilidades de transmitir conceptos profundos y completos con facilidad y familiaridad a través de imágenes que conectaban al lector con situaciones de la vida real. Eve solía dejar sus álbumes en una pequeña mesa en el Centro Bahá'í para que cualquiera pudiera leerlos a su propio ritmo y tiempo. La composición creativa del contenido captaba casi de inmediato la curiosidad de la gente y los impulsaba a revisar más álbumes. En sus ayudas visuales, en su enseñanza a los pueblos indígenas, en su construcción de comunidades, su desapego y valentía, en su trabajo con jóvenes y niños, ciertamente Eve se adelantó a su tiempo.

Su personalidad había evolucionado de ser una simple campesina a un ícono de servicio a la humanidad y por eso, con justicia, había entrado en la historia. Sin duda, los años austeros de la ancestral Roanoke como hija de un minero de carbón

---

[241] Comunicación al autor fechada 5 de marzo de 2024.

inmigrante habían dejado una huella eterna de resiliencia y perseverancia en la joven Eve, lo que explica un récord internacional tan espléndidamente ininterrumpido. Sin duda, la fuerte religiosidad familiar había contribuido a valorar lo sagrado y lo piadoso en su vida. Algunos podrían inclinarse a reflexionar sobre qué tan bien su formación misionera metodista la había capacitado en el arte de construir comunidades y empoderar a las personas.

Ya fuera en la provincia de Bahía, la ciudad de Lima, la desolada Encarnación, la remota Punta Arenas o la rústica Urubamba, había algo que convenció a Eve del valor espiritual de sus esfuerzos. En última instancia, su poderosa creencia en buscar ayuda divina para lograr el éxito fue un importante factor en su vida.

Muchos amigos recuerdan a esta dama de noventa años postrada en cama en su último año, con la mente suspendida entre el cielo y la tierra, sólo capaz de articular en voz alta la invocación *Ya´ Bahá' u'l-Abha´* (Oh Tú, Gloria del Más Glorioso) que había galvanizado sus cincuenta y cinco años de servicios ininterrumpidos.

El 16 de diciembre de 1984, Consejeros y miembros del Cuerpo Auxiliar de los tres países andinos reunidos en Lima le rinden homenaje en la Sede Nacional Bahá'í de Perú.

El 10 de junio de 1985, a pocos meses lejos de la conclusión del Plan de Siete Años a las nueve de la mañana, en el Haziratu'l Quds Nacional, lejos de las praderas de Roanoke, Eve Blanche Nicklin fallece a la edad de 90 años. Así finalizan sus servicios en este mundo para iniciarlos en el Reino de Abhá, dejándonos su memoria y sus restos, la primera para inspirarnos en lo que su persona dio a la Causa de Dios, y en lo segundos, para bendecir para siempre al Perú, su patria adoptiva.

La tierra del Perú y el Concurso en Lo Alto a la vez aclamaron su llegada a la eternidad haciéndose digna entonces de aquellas palabras de su Señor:

> Ellos quienes han dejado sus países en el camino de Dios y subsecuentemente ascendido a Su presencia, tales almas serán bendecidas por el Concurso en lo Alto y sus nombres inscritos por la Pluma de Gloria entre tales como han abandonado sus vidas como mártires en el sendero de

Dios, el Que Ayuda en el Peligro, el Que Subsiste por Sí Mismo.[242]

La Madre Espiritual del Perú fue puesta a descansar en el Cementerio Británico del Callao —y en la parte antigua John Stearn— el día 11 de junio a las cuatro de la tarde, luego del velatorio en la Sede Nacional.

Luego de una vigilia nocturna en el Hazíratu'l-Quds Nacional, Eve Nicklin fue sepultada el 11 de junio a las cuatro de la tarde en la nueva sección del mismo Cementerio Británico donde John Stearns, el padre espiritual del Ecuador, ambos ciudadanos de Jamestown, había sido enterrado cuarenta años antes. El cementerio está situado en la misma ciudad portuaria a la que llegó en 1941 con cincuenta dólares y sin hablar castellano. Allí también está enterrado el consejero Raúl Pavón del Ecuador fallecido en 1983.

En el funeral estuvieron más de un centenar de gente, muchos niños, incluidos los antiguos alumnos de Eve y tres miembros de su legendario Club de la Amistad Universal incluyendo Meche Sánchez y Demetrio Molero. El doctor Guillermo Aguilar, el miembro sobreviviente de más edad, leyó un emotivo elogio delineando los inicios del Club remontándose a la década de 1940 y elogiando la dedicación, la paciencia y el amor de Eve al establecer la Fe de Bahá'u'lláh en suelo peruano.

De la Casa Universal de Justicia, acaso para calmar la angustia de sus hijos espirituales, llegó el siguiente cable:

ENTRISTECIDOS SABER FALLECIMIENTO MIEMBRO CUERPO AUXILIAR EVE NICKLIN DEVOTA FIRME SIERVA ABDU'L-BAHA SUS MUCHOS AÑOS DISTINGUIDOS EXITOSOS SERVICIOS DIGNOS MEMORIA SUDAMÉRICA SON SU TOTAL CONSAGRACION CAUSA BAHÁ'U'LLÁH CONFIEN AMOROSA BIENVENIDA REINO ABHA ORANDO SANTUARIOS SAGRADOS PROGRESO ALMA.[243]

---

[242] The Universal House of Justice. *Wellspring of Guidance: Messages 1968-1973*, p. 102. Wilmette, Illinois: Bahá'í Publishing Trust, 1976,
[243] Cable de la Casa Universal de Justicia a la Asamblea Espiritual Nacional de los Bahá'ís del Perú, 13 de junio de 1985.

El Perú entero no encontró mejor agradecimiento que dedicarle en su honor la Conferencia Internacional de Juventud Bahá'í realizada en Lima en agosto de 1985.[183] Ella, que cuando era niña en el lecho de muerte de su madre fue puesta "en manos de Dios", ahora había regresado a su Creador ennoblecida como madre espiritual de una nación por medios providenciales. Cuarenta y cuatro años después de su llegada al Perú, al momento de su fallecimiento, las Asambleas Locales en el Perú habían llegado a seiscientas en número[244] mientras que sus hijos espirituales se podían contar por miles.

Con su paso se había enriquecido un período trascendental en la historia de la Fe Bahá'í en América del Sur, que representó una ola continua de indomables creyentes norteamericanos, predominantemente mujeres, que lo dejaron todo de una vez y ajenos a la incertidumbre, se aventuraron a abrir nuevos territorios a la Fe de Bahá'u'lláh.

---

[244] *Bahá'í News,* Agosto 1985, págs. 10-11.

# APÉNDICE I: "TABLA DE SUDAMÉRICA"

Esta Tabla fue dirigida a "través de la sierva de Dios, Srta. Martha Root (sobre ella sea la Gloria de Dios, el Más Glorioso)" [245] para los siguientes individuos con quienes Martha Root se había contactado en su viaje alrededor de Sudamérica en 1920 particularmente en Brasil y Argentina: Capitán Rasmusson, Abogado de Pará (Belén), Srta. Helen Henderson, Sr. Miguel Shelley y su hermana, Sra. Bertha Thomas, Sra. Vegas, Sr. Assad Bechara, Dr. Darling, Sr. Fernandes, Guide Gnocchi de Santos, Dr. Vargas y Sra. y Sra. Hersch. El matrimonio Vargas y la señora Hersch abrazaron la Causa y se reconocieron como bahá'ís en ocasión de la visita de Martha Root a Buenos Aires.[246]

La Tabla fue revelada 28 de enero de 1920, diez meses antes de Su ascensión, y es informalmente conocida como "Tabla de Sudamérica". Shoghi Effendi se refiere a esta Tabla como muy significativa porque en ella 'Abdu'l-Bahá, al término de la Primera Guerra Mundial, anticipa más conflictos bélicos que seguirán afligiendo al género humano y aún con más intensidad.[247]

---

¡Oh vosotros, amantes de la verdad, vosotros, siervos del género humano! De la floración de vuestros pensamientos y esperanzas, fragantes emanaciones han llegado hasta mí, por lo cual un sentimiento interior de obligación me impulsa a escribir estas palabras.

Observad cómo el mundo está dividido contra sí mismo, cuántos países están ensangrentados y su mismo polvo está amasado con sangre humana. Los fuegos del conflicto han despedido llamas tan altas que nunca, ni en la antigüedad, ni en la Edad Media, ni en los siglos recientes, se ha producido una guerra tan horrenda, una guerra que es como piedras de molino, que tienen por granos a los cráneos de los hombres. No, peor aún, pues florecientes países han

---

[245] 'Abdu'l-Bahá, *Letter to Martha Root*, translated by Ali-Kuli Khan.
[246] Información acerca de estas personas se encuentra en *Star of the West*. Véase, Martha Root, "A Bahai Pilgrimage to South America" en *Star of the West*, Vol XI, No. 12, 16 octubre, 1920, págs. 206-216.
[247] Shoghi Effendi, *Citadel of Faith*, págs. 36-37.

sido reducidos a escombros, ciudades enteras han sido arrasadas, y muchas aldeas, otrora prósperas, han sido convertidas en ruinas. Los padres han perdido a sus hijos, y los hijos a sus padres. Las madres han consumido sus corazones llorando por sus niños muertos. Los niños han quedado huérfanos, las mujeres han tenido que vagar errantes, sin un hogar. Desde todo punto de vista, la humanidad se ha sumido en la bajeza. Muy fuertes son los gritos desgarradores de los niños sin padre; muy fuertes, las angustiadas voces de las madres, que llegan hasta los cielos.

Y el criadero de todas estas tragedias es el prejuicio: prejuicio de raza y de nación, de religión, de opinión política; y la causa fundamental del prejuicio es la ciega imitación del pasado, imitación en religión, en actitudes raciales, en tendencias nacionalistas, en intereses políticos. Cuanto más tiempo este remedo del pasado persista, tanto más las bases del orden social serán lanzadas a los cuatro vientos, y tanto más la humanidad estará continuamente expuesta a grave peligro.

Ahora, en una edad tal iluminada como la nuestra, cuando las realidades anteriormente desconocidas para el hombre han sido puestas al descubierto, y han sido revelados los secretos de las cosas creadas, y la alborada de la Verdad ha despuntado e iluminado el mundo, ¿es admisible que los hombres tengan que librar una espantosa guerra que está llevando a la humanidad a la ruina? ¡No, por Dios nuestro Señor!

Jesucristo emplazó a toda la humanidad a la amistad y la paz. A Pedro le dijo: "¡Mete tu espada en la vaina!" Ese fue el mandato y el consejo de Cristo su Señor y, sin embargo, hoy todos los cristianos han desenvainado sus espadas. ¡Cuán grande es la discrepancia entre tales actos y el texto explícito del Evangelio!

Hace sesenta años surgió Bahá'u'lláh, como el Sol, sobre Persia. Él manifestó que los cielos del mundo estaban oscuros, que esta oscuridad presagiaba calamidad, y que terribles guerras sobrevendrían. Desde la prisión de 'Akká Se dirigió al Emperador de Alemania en los más claros términos, diciéndole que una gran guerra se acercaba y que su ciudad de Berlín rompería en lamentación y en llanto. Asimismo escribió al soberano de Turquía, aunque Él era víctima de ese Sultán y Se hallaba encarcelado en su prisión —ello es, era mantenido como prisionero en la Fortaleza de 'Akká —y afirmó claramente que

Constantinopla sería sobrecogida por un cambio repentino y radical tan grande, que las mujeres y los niños de esa ciudad gemirían y sollozarían. En resumen, dirigió tales palabras a todos los monarcas y presidentes, y todo sucedió exactamente como Él lo había profetizado.

De Su poderosa pluma han surgido diferentes enseñanzas para la prevención de la guerra, y estas han sido difundidas a lo largo y a lo ancho.

La primera es la investigación independiente de la verdad; pues la ciega imitación del pasado atrofia la mente. Mas cuando cada alma indague la verdad, la sociedad será librada de la lobreguez de la continua repetición del pasado.

Su segundo principio es la unidad de la humanidad: que todos los hombres son las ovejas de Dios, y Dios es su amoroso Pastor, que a todas cuida con la mayor ternura sin favorecer ni a una ni a otra. "No verás diferencia en la creación del Dios de misericordia,"[248] todos son sus siervos, todos imploran Su gracia.

Su tercera enseñanza es que la religión constituye una poderosa fortaleza, pero que debe engendrar amor, no malevolencia y odio. Si conduce a la malicia, al rencor y al odio, carece en absoluto de valor. Pues la religión es un remedio, y si el remedio causa enfermedad, entonces descartadlo. Por otra parte, en cuanto a las tendencias religiosas, raciales, nacionalistas y políticas: todos estos prejuicios tratan de cortar de raíz la vida humana; todos generan derramamiento de sangre y la ruina del mundo. Mientras esos prejuicios subsistan, habrá continuas y espantosas guerras.

Para remediar esta condición, debe haber paz universal. Para lograr esto debe establecerse un Tribunal Supremo que represente a todos los gobiernos y pueblos; los asuntos tanto nacionales como internacionales deben ser sometidos a él, y todos deben obedecer los decretos de este Tribunal. Si algún gobierno o pueblo le desobedeciere, todo el mundo debe levantarse contra ese gobierno o ese pueblo.

Aún otra de las enseñanzas de Bahá'u'lláh es la igualdad de hombres y mujeres y su idéntica participación en todos los

---

[248] Qur'án 67:3.

derechos. Y existen muchos principios similares. Ha llegado a ser evidente ahora que estas enseñanzas son la vida misma y el alma del mundo.

Vosotros quienes sois siervos de la raza humana, esforzaos con todo vuestro corazón por rescatar a la humanidad de esta oscuridad y de estos prejuicios, los cuales pertenecen a la condición humana y al mundo de la naturaleza, para que la humanidad encuentre el camino hacia la luz del mundo de Dios.

La alabanza sea para Él, ya que estáis enterados de las diversas leyes, instituciones y principios del mundo; en la actualidad, nada que no sean estas enseñanzas divinas puede asegurar la paz y tranquilidad de la humanidad. Si no es por estas enseñanzas, esta oscuridad nunca desaparecerá, estas enfermedades crónicas nunca se curarán; es más, se harán más violentas de día en día. Los Balcanes permanecerán descontentos; su inquietud aumentará; las potencias derrotadas continuarán promoviendo la agitación; recurrirán a cualquier medida para volver a encender la llama de la guerra. Los movimientos recientemente surgidos y de alcance mundial harán el mayor esfuerzo para lograr sus propósitos. El movimiento de izquierda adquirirá gran importancia. Su influencia se extenderá.

Esforzaos, por tanto, con la ayuda de Dios, con la mente y el corazón iluminados y una fuerza nacida del cielo, por convertiros en una dádiva de Dios para el hombre, y crear para toda la humanidad, bienestar y paz.[249]

---

[249] 'Abdu'l-Bahá, *Selección de los Escritos de 'Abdu'l-Bahá*, #202. Editorial Bahá'í de España, 1985

# APÉNDICE II: HISTORIA DE LA COMUNIDAD BAHÁ'Í DEL CALLAO

Por Roxana Gallegos

En los años de 1946 y 1947, existía en el Callao, algunas conexiones con varios miembros bahá'ís del "Club de Juventud Bahá'í de la Amistad Universal" que funcionaba en Lima-Perú. Mediante estos contactos, en varias ocasiones se dio a conocer la Fe en el Callao. Más tarde, en el año de 1947, la pionera residente de Lima señorita Eve Nicklin fundó en el Callao, una Academia de Inglés; en esta Academia, se contó con la participación del señor Alberto Lobatón, bahá'í de Lima como profesor de taquigrafía. Estas clases se llevaban a cabo muy regularmente los días señalados. Al terminar, tanto las clases de inglés como las de taquigrafía, se les daba a conocer las enseñanzas bahá'ís. De esta manera llegaron a obtener contactos más directos.

Una de las personas que asistía a las clases de inglés, era el señor Luis King; fue el primero en aceptar la Causa, quien después de una debida preparación se declaró bahá'í en la comunidad de Lima, pues en ese entonces no había ninguna separación de jurisdicción con el Callao, como en el presente y existía solamente una comunidad en el Perú: Lima.

En ese mismo año, varios residentes del Callao que conocieron la Fe se declararon bahá'ís, pero estos no habían conocido la Causa por intermedio de la academia de inglés fundada por la pionera, sino por otros conductos.

El Comité Regional de Enseñanza Bahá'í para el Perú, en el año de 1949, escogió el Puerto del Callao como su "ciudad meta" para establecer, sea un grupo o una Asamblea Local. Los bahá'ís chalacos, al tener conocimiento que su ciudad había sido señalada como "meta", se sintieron emocionados y entusiasmados, sus corazones estaban ansiosos de empezar con sus labores; el primer paso significativo que dieron fue orar ardientemente, pidiendo al Bienamado la luz, guía y la energía necesaria para no desmayar en su trabajo y también para que les conceda un local adecuado para empezar a llevar a cabo las reuniones que habían planeado.

El señor Luis King, quien desde el momento que aceptó la Fe, la amó con todo su corazón y su entusiasmo por la Causa de Dios a la que voluntariamente ingresó, con un espíritu de comprensión, ofreció su casa para que en ella se establezca el Centro Bahá'í de Callao, allí se iniciaron sus actividades en el servicio de la Causa de Bahá'u'lláh. La casa del señor King está situada en la Av. Cockrane No. 459 y hasta el presente en que se escribe esta historia continúa allí, siendo el hogar de todos los bahá'ís y no bahá'ís.

Un grupo se había formado a cargo de la pionera residente de Lima, señorita Eve Nicklin, con el cual se dio comienzo a las clases de estudio y profundización como también pequeñas charlas informales y públicas. Los esposos Rosendo y Etelvina de Márquez, vivían junto a la casa de los esposos King, siendo invitados por estos a sus reuniones, desde el primer momento captaron el Mensaje en su verdadero significado y con alegría y entusiasmo, después de un estudio preliminar el 22 de abril de 1950 firmaron sus tarjetas de declaración; en esa misma época también asistía a las reuniones bahá'ís, el señor Dickson y muy sinceramente pidió ingresar a engrosar las filas de bahá'ís de Callao, el mismo 22 de abril de 1950.

Como por la separación de jurisdicción de Lima y Callao, La Punta quedaba adjuntada al Puerto, y ya se hallaba funcionando un grupo bahá'í en el Callao, una de las personas que vivía en Punta, la señorita Magdalena Ontaneda, pidió su traslado de la comunidad de Lima al Callao, lo mismo que el señor Demetrio Taboada, estos dos bahá'ís vinieron a engrosar el grupo de los chalacos, que cada día aumentaban sus actividades para dar a conocer el Mensaje. El Comité Regional había logrado su "meta" del año 1950. Había un buen Grupo Bahá'í, fuerte y trabajador, entusiasta, devoto y desprendido, pero no se sentían satisfechos querían ya una Asamblea había que trabajar, seguir laborando siempre. La señorita Eve Nicklin, con su ejemplo y constancia guiaba al joven grupo a la realización de sus ideales.

Los bahá'ís limeños, al ver el rápido progreso de la comunidad de Callao, hacían constantes visitas otorgando su ayuda moral; algunos limeños no solo dieron su estímulo, sino que se dijeron "hay que poner el hombro para que el año entrante de 1951, los chalacos puedan formar su Asamblea Local." Entonces, los esposos Beckett, David y Mary que vivían en el barrio de San Miguel perteneciente a Lima, trasladaron su residencia a La Punta, comunidad del Callao con la señorita Eve Nicklin.

El Comité Regional de Enseñanza Bahá'í para el Perú, al finalizar el año de 1949, había tenido Institutos en el Callao, en casa del señor King, los que se repitieron en el año de 1950, eran de estudios intensos de la Fe, asistían a ellos todos los bahá'ís muy cumplidamente y tenían también visitantes.

Había terminado el año de 1950 con gran éxito, a principios de 1951, el Comité Regional en unión con el Grupo Bahá'í de Callao, auspició una charla pública, consiguiendo gratuitamente para su realización los lujosos salones del "Sport Boys Association" que está situado en la calle Teatro No. 153 Callao. En esa ocasión se dictó la Conferencia titulada "LABORATORIO DE UNA NUEVA CIVILIZACIÓN" que estuvo a cargo del señor Alberto Lobatón, bahá'í de Lima, quien en todo momento fue uno de los que laboró incansablemente junto a la señorita Nicklin.

En esa reunión hubo una gran concurrencia, tanto de bahá'ís como de personas amigas y extrañas que por primera vez habían escuchado el Mensaje Bahá'í, muchas de estas personas se manifestaron bastante impresionadas e hicieron varias preguntas.

Al venir a vivir a La Punta, los esposos Beckett no solo con el deseo de engrosar el Grupo Bahá'í de Callao, su interés y decisión iba más allá, querían laborar. Acondicionaron su hogar en forma atractiva y se comenzó con reuniones sociales; en un principio, hacían invitaciones a jóvenes, a los bahá'ís de Lima y otras personas; los días domingo a partir de las 3 de la tarde se realizaban juegos de salón, charlas alegres y también iban a la playa y a su regreso se les brindaba un refrigerio. Al atardecer se comentaba con charlas informales de diferentes tópicos sociales, naturalmente encuadrados desde el punto de vista de las Enseñanzas Bahá'ís.

Este sistema de divulgación de una Religión en el Callao llamó la atención, pues se encontraba una Fe que sin apartarse de sus ideales espirituales no dejaba de ser cálidamente humana.

Poco tiempo después, se estableció en La Punta, clases de profundización, que se llevaban a cabo los miércoles por la noche de ocho a nueve. A estas reuniones asistían frecuentemente, los señores Alejandro Garro y Esteban Ramos, quienes encontraron en la Causa los ideales que buscaban y pidieron adherirse a la Comunidad Bahá'í. Después de realizar estudios indispensables, el día 7 de febrero de 1951 firmaron sus tarjetas como fieles seguidores de Bahá'u'lláh.

Se continuaba con este sistema de dar el Mensaje, tanto con acercamientos sociales como de profundización. El señor King llevó a estas reuniones a su esposa la señora Julia de King y a las señoritas Moraima y Beatriz Casas. El 23 de marzo de 1951, Julia firmaba su tarjeta; así mismo, las señoritas Casas, jóvenes muy buenas y sinceras, pese a algunos inconvenientes familiares también se inscribieron como adherentes de esta Causa Mundial, el 8 de abril de 1951.

Como vemos, la Causa prosperaba rápidamente en el Callao, ya podían los chalacos estar contentos con estos triunfos, esperaban ansiosos la llegada del 21 de abril para la formación de su primera ASAMBLEA ESPIRITUAL LOCAL. El Comité Regional para el Perú había conseguido ampliamente la conquista de su "ciudad meta", tenían miembros activos y decididos.

Los bahá'ís activos de Callao, eran las siguientes personas: Luis King, Rosendo Márquez, Alejandro Garro, Esteban Ramos, Demetrio Taboada, Luis Dickson, Etelvina de Márquez, Julia de King, Mary de Beckett, David Beckett, Eve Nicklin, Magdalena Ontaneda, Moraima Casas y Beatriz Casas.

El 21 de abril de 1951, a las 8 de la noche, se reunieron los bahá'ís, se formaba la PRIMERA ASAMBLEA ESPIRITUAL BAHÁ'Í en el Callao, un nuevo triunfo para la Causa de Bahá'u'lláh, todos estaban animados por los demás altos ideales, todos en esos momentos trascendentales con corazones de Fe y esperanza, elevaron al Todopoderoso sus oraciones tanto de gratitud como implorando ayuda para continuar hacia adelante. La señorita Eve Nicklin llena de amor y emoción les dirigió a todos palabras colmadas de aliento, todos deben estar contentos, pero muy satisfechos con la 'meta' alcanzada, les pedía que cuando se proceda a la elección de los oficiales de la Asamblea, reflexionen mucho y que los que salgan elegidos deben sentirse orgullosos, porque sencillamente, tener un cargo en el seno de una Asamblea bahá'í es adquirir muchas y muy sagradas responsabilidades y que se bahá'í y ser miembro de la Asamblea significa ser justos, honrados y muy humildes, conscientes de sus deberes, como que la Asamblea es la futura Casa Local de Justicia. Esa noche hubo la elección, todos se retiraron contentos y muy emocionados.

El 23 de abril de 1951, los miembros que habían sido elegidos para formar la Asamblea, se reunieron todos en la casa del señor Luis King, donde seguía funcionando el Centro Bahá'í. Era un paso trascendental en la principiante vida de una comunidad, así como individualmente. Es muy significativo por su sencillez el acta de esa primera reunión. Parece conveniente anotar literalmente su contenido, pues en el fondo podemos apreciar que, desde el primer momento, los miembros integrantes procedieron con madurez. El acta está escrita en la siguiente forma:

"23 de abril de 1951

Miembros asistentes: Luis King, Esteban Ramos, David Beckett, Alejandro Garro, Mery de Beckett, Eve Nicklin, Rosendo Márquez y Etelvina de Márquez. Se abre la sesión con una oración. Se procede a la elección de los oficiales de la Asamblea, siendo electos las personas con los cargos siguientes:

 Sr. Luis King: Presidente
 Sr. Rosendo Márquez: Vice-Presidente
 Sr. David Becket: Secretario de Correspondencia
 Sra. Mary de Beckett: Secretaria de Actas
 Sr. Alejandro Garro: Tesorero
 Srta. Eve Nicklin: Bibliotecaria
 Srta. Moraima Casas: Vocal
 Sra. Etelvina de Márquez: Vocal
 Sr. Esteban Ramos: Vocal

Enseguida, se pasó a tratar sobre la cuota que ha sido designada para contribuir en la recepción de los delegados a la primera Convención Sudamericana, aprobándose la cantidad de S/. 150.00 (soles). Se pasa luego, a tratar acerca de las fotografías de la comunidad, que el costo de ellas era de S/. 100.00 (soles). Acordándose que esta cantidad sea pagada individualmente a razón de S/. 11.50 por persona. Siendo las 10 de la noche se levanta la reunión con una oración.

Ya con su Asamblea formada siguieron adelante con más entusiasmo, formaron sus Comités Locales: El Comité de

Enseñanza, de Prensa y Fiestas; las personas que fueron designadas para estos Comités son las siguientes:

Comité de Enseñanza: señores: Alejandro Garro y Luis King; y señora Mary de Beckett.

Comité de Prensa y Propaganda: Sra. Etelvina de Márquez, Luis Dickson y David Beckett.

Comité de Fiestas: Sra. Julia de King y Srtas Beatriz y Moraima Casas.

El Comité de Enseñanza empezó sus labores, planeando una serie de charlas con temas sugestivos, hemos podido obtener el título de algunas de ellas y de las personas que las dieron. "EL FLORECIMIENTO": por el Sr. Alberto Lobatón; "CUÁL ES EL VERDADERO ÉXITO": por el Sr. Demetrio Taboada; "¿ES LA FE BAHÁ'Í UNA UTOPÍA O ALGO PRÁCTICO?" por el Sr. Esteban Ramos.

Sin pasar un solo sábado, ya que ese día había sido señalado especialmente para las charlas públicas, pues nada los desalentaba, en algunas ocasiones no tenían visitantes, pero esto no alteraba los planes, y para que no fuera un obstáculo eran invitadas otras personas; en las fiestas sociales se pasaban películas del Templo Bahá'í, era la Srta. Nicklin u otro bahá'í con conocimiento que iba dando la reseña completa.

La comunidad de Lima, con fecha 7 de mayo de 1951, pasó a la comunidad del Callao una comunicación, en la que le proponía el intercambio de oradores entre las dos comunidades, proposición que fue aceptada en una carta de la comunidad chalaca, indicándose que dentro de poco tiempo se mandarían los nombres de las personas que serían delegadas para dar conferencias; de manera que después de poco tiempo, fueron designadas por la comunidad de Callao, los primeros oradores designados: Rosendo Márquez y Alejandro Garro. En esta forma empezó a estrecharse más si cabe la frase, los lazos de unión y amor entre las dos comunidades peruanas.

El Comité de Fiestas, no perdió su tiempo; estaba siempre atento a sus responsabilidades, los Aniversarios se realizaban de la mejor manera. Las Fiestas de 19 Días se anunciaban cursando invitaciones y recordatorios, nombrándose anfitriones y ayudándoles en la preparación de su Fiesta.

El Comité de Prensa y Propaganda que fue nombrado por la Asamblea, no se quedó atrás, su tarea era tan importante como las otras, pero necesitaba de más dedicación. En el mes de agosto salió a luz su PRIMER BOLETÍN LOCAL de "Noticias Bahá'í". Ese primer número consta de 4 páginas, sus diferentes secciones se encuentran de la forma siguiente: "PRESENTACIÓN DEL BOLETÍN", "LA CONSTITUCIÓN DE SU PRIMERA ASAMBLEA ESPIRITUAL BAHÁ'Í", "NOMBRES DE LOS OFICIALES DE LA ASAMBLEA Y DE SUS COMITÉS", "NOTICIAS SOCIALES", "CHARLAS CULTURALES", "CLASES DE PROFUNDIZACION", "VISITANTES", "FONDOS PRO-LOCAL PROPIO", "PROGRAMA DE CHARLAS CULTURALES PARA LOS MESES DE SEPTIEMBRE Y OCTUBRE" "CALENDARIO BAHÁ'Í", "TABLA DE 'ABDU'L-BAHÁ SOBRE LOS NUEVE DÍAS BAHÁ'ÍS EN QUE DEBE SUSPENDERSE EL TRABAJO", "NOTICIAS BAHÁ'ÍS ALREDEDOR DEL MUNDO". Todas estas secciones fueron redactadas con entusiasmo, amor y sinceridad de parte de los redactores.

La comunidad no descuida su responsabilidad de seguir progresando, ella está unida, pese a cualquier dificultad. Con motivo de la primera Convención Sudamericana, la comunidad chalaca se pone de acuerdo para aunar sus esfuerzos con su hermana comunidad limeña y dar la bienvenida a los Delegados, se trata de ayudarse mutuamente con recursos económicos y morales, para que los visitantes a la primera e histórica Convención Sudamericana, que venían para el establecimiento de la primera Asamblea Espiritual Nacional de los Bahá'ís de Sudamérica, sean recibidos con cariño y comodidad.

Esta comunidad fue visitada frecuentemente en el primer año de su establecimiento por diferentes bahá'ís de otros países, por lo que se ha podido comprobar que entre los primeros se hallan: la Sra. Gayle Woolson, de la comunidad de Colombia y miembro de la Asamblea Nacional; el Señor Rangvald Taetz de Uruguay y también miembro de la Asamblea Nacional, la Sra. Fabiana Guillón de Santiago de Chile; los esposos Austin de los Estados Unidos. Estos queridos hermanos fueron recibidos en La Punta. En el Álbum histórico de la comunidad, hay una fotografía muy bonita, a colores que la hicieron revelar en Estados Unidos y desde allí mandaron una foto grande como recuerdo de su visita.

Debido a lo significativo del propósito, se registra que la Sra Fabiana Guillón de Chile a su paso por aquí, donó la cantidad de S/. 15.00 (soles) para que sirva de base y estímulo para los chalacos para empezar a formar el fondo pro-local propio. Este asunto se discutió en reunión de Asamblea el 16 de mayo de 1951, quedando aprobado que en lo sucesivo ese fondo debería ser recogido y colocado independientemente de los fondos Pro-Causa. El fondo pro-local propio sigue aumentando día a día, se perfila una pequeña esperanza para en un futuro tener un local propio.

En una reunión de Asamblea, el 7 de junio, se procedió a nombrar un Comité de Visitas, el que quedó integrado por: Mary de Beckett; Julia de King y Luis King: un nuevo comité, una nueva responsabilidad que cumplir pues había que conservar contactos y también visitar a los hermanos continuamente para alentarlos.

Con fecha 19 de agosto de 1951, la Sra. Julia de Morales Macedo, una antigua bahá'í de Lima que en esos días había retornado de Europa, visitó la comunidad chalaca asistiendo a una Fiesta de 19 Días en casa del Sr. Demetrio Taboada. El Presidente de la Asamblea, Sr. Luis King le dio la bienvenida y le solicitó compartir sus impresiones de las comunidades europeas visitadas; ella explicó brevemente lo que se le pedía y transmitió los saludos de los hermanos europeos y su anhelo de unir a los bahá'ís de todo el mundo en sus esfuerzos para el triunfo de la Causa de Bahá'u'lláh.

Con fecha 25 de octubre en la reunión de Asamblea, se resuelve que todos los bahá'ís deben dar al comité de Enseñanza, así como al de Fiestas, una lista de 10 nombres de personas amigas para invitarlas tanto a charlas públicas como a los Aniversarios.

El 12 de octubre 1951, la Asamblea después de deliberar sobre la conveniencia de escribir al amado Guardián. Se encarga a secretaría que lo haga, así como incluir una contribución especial de 10 dólares para el Santuario del Báb, en la carta deberá solicitarse ayuda espiritual para seguir trabajando con éxito. Esta carta fue contestada por el amado Guardián el 22 de noviembre de 1951, está redactada en la siguiente forma: "Queridos amigos bahá'ís: Su carta de 12 de octubre, la cual fue mandada por la Srta. Eve Nicklin fue recibida por el amado Guardián. Él agradece a los bahá'ís de Callao por su amorosa carta. Estoy incluyendo el recibo de contribución al Santuario del Báb. Le ha gustado mucho las fotografías que le han sido remitidas y le hace feliz ver que hay una comunidad bahá'í tan activa como de Callao. Pueden estar seguros de que Él orará por su éxito y que nuevas almas serán confirmadas allí en el servicio de Bahá'u'lláh. Los creyentes de Latino-América son muy queridos en su corazón. Con amor Bahá'í f) R. Rabbani. A continuación, se lee escrito por la propia mano del Guardián lo que sigue: "Asegurándoles mi profundo agradecimiento, por su contribución y de mis oraciones amorosas y fervientes para que tengan éxito en sus esfuerzos meritorios en la promulgación de nuestra amada Fe. Su verdadero hermano f). Shoghi".

En el curso de las clases de profundización, así como de las charlas públicas asistía frecuentemente el Sr. Ángel Solari, persona estudiosa que venía de otras escuelas espirituales, se sintió entusiasmado por las verdades de la Fe Bahá'í y el 27 de noviembre de 1951 se reúne la Asamblea para conocer el pedido del Sr. Solari quien deseaba firmar su tarjeta de ingreso después de una deliberación, es llamado para ser aceptado en las filas bahá'ís.

Con fecha 29 de noviembre, se reúne la Asamblea, con el objeto de discutir y preparar los "Estatutos de Constitución de la comunidad Bahá'í de Callao" para que se registre en "Registros Públicos" del Callao. Se resuelve que estos Estatutos sean firmados por todos los bahá'ís de acuerdo con las leyes del país. En esa misma reunión se daba a conocer una triste noticia, que el Sr. David Beckett presentaba su renuncia al cargo porque en forma sorpresiva debía trasladarse a Inglaterra, su ciudad natal.

Revisadas las Actas de aquella época, se puede apreciar la madurez y entusiasmo con que funcionaba la comunidad. Ante algunas dificultades como falta de asistencia se acordaba alentar a quienes estaban en semi-actividad. Lo que les preocupaba ahora, era la consecuencia de la Personería Jurídica, que daría libertad de acción al estar de acuerdo con las leyes del país. Nuevamente la Asamblea se reúne para este asunto que tanto interesa a la comunidad, el 11 de diciembre de 1951, deliberan y resuelven que se saque la copia de la primera reunión de Asamblea y sea trasladada a un libro especial, para que sea llevado al Abogado encargado de los trámites correspondientes. En esta misma reunión se conoce la renuncia del Sr. David Beckett y por las razones por él expuestas se le acepta con verdadero sentimiento de pesar, pues había sido uno de los elementos más dinámicos, así lo manifestaron todos los presentes y además que siempre se le recordará con amor y gratitud.

El año de 1952 empezaba. El 8 de enero, se reúne la Asamblea para tratar de llenar el cargo que había quedado vacante con la renuncia del Sr. Beckett; la elección recae en el Sr. Ángel Solari como Secretario de Actas, ya que con anterioridad, debido a múltiples ocupaciones del Sr. Beckett, quien salió elegido como Secretario de Correspondencia, al no poder ejercer como tal cargo se hizo un intercambio con la Sra. Mary de Beckett quien era Secretaria de Actas.

En esa misma reunión, se da lectura a una carta de la Asamblea Espiritual Nacional de Sudamérica referente a la elección de delegados a la segunda Convención Sudamericana que tendría lugar en Buenos Aires, Argentina. En dicha comunicación se incluyen las instrucciones para proceder a la elección y la Asamblea resuelve darle a conocer en Fiesta de 19 Días a toda la comunidad. El Comité de Enseñanza Local, manifiesta que está preparando un programa especial para la celebración del Día Universal de la Religión a celebrarse el 20 de enero, se trata de sacar una audición radial y se planifica para que todo esté bien preparado, como siempre, la Srta. Nicklin ayudará para su exitosa realización. Esa misma fecha el Sr. Beckett sugiere realizar una escuela de verano para niños, que podría funcionar en La Punta, en casa de los esposos Beckett. Su duración sería unos días al mes y estaría a cargo de la Srta. Nicklin. Asimismo, se acuerda citar a toda la comunidad para el día 30 de enero a una reunión especial para la elección de delegados.

El Tesorero de la Asamblea, informó sobre los fondos existentes; es halagador, pues en Pro-Causa existía S/. 410.85; y para pro-local la suma de S/. 588.75 (soles); el Tesorero Sr. Garro, agradece a toda la comunidad por su generoso aporte y les manifiesta que sus aportes voluntarios son los que llevarán al engrandecimiento de la comunidad y al progreso de la Causa de Bahá'u'lláh.

El 20 de enero de 1952, tiene lugar la celebración del Día de la Religión Universal. La charla pública estaba a cargo del Sr. Alberto

Lobatón, hubo numerosa concurrencia y se llevó a cabo con éxito el programa planeado por el Comité de Enseñanza Local, así como la parte social de ese día estuvo a cargo del Comité de Fiestas. La Bibliotecaria, Srta. Nicklin rinde un informe de venta de libros con un total de S/. 86.00 (soles) para la Tesorería.

Estas anotaciones que se hacen, de las reuniones de Asamblea y de Fiestas de 19 Días, por el momento no parecerán muy interesantes, pero en un futuro sí, pues se podrá aquilatar el grado de entusiasmo y la forma de trabajo que tenía la comunidad chalaca, que pese a las ocupaciones personales que cada uno de los miembros tenía, no era obstáculo para desarrollar los intereses de la Fe, ya que trataban de mantener en alto su moral. Todos como sabemos estamos viviendo con un pie en la vieja era y con el otro estamos dando el salto a la nueva y no es fácil que las taras y prejuicios del pasado se borren de inmediato.

El 30 de enero de 1952, en la casa de los esposos Beckett, a las 9 de la noche se reúnen las siguientes personas todas bahá'ís: Etelvina de Márquez, Mery de Beckett, Julia de King, Julia de Ontaneda, Eve Nicklin, Macedo Morales, Moraima Casas, Magdalena Beatriz Casas, Alejandro Garro, Rosendo Márquez, Ángel Solari y Luis King, con la finalidad de elegir su primer Delegado de Callao, previa oración implorando la guía divina, el Coordinador pide al secretario de correspondencia dar lectura a la carta de la secretaria de la Asamblea Espiritual Nacional de Sudamérica sobre el procedimiento a seguir en las elecciones. Se nombran 3 escrutadores después de una oración y en completo silencio, después de haber sido repartidas las papeletas se procede a la votación; como hay empate entre 4 personas se repite la votación dando como triunfo del Sr. Ángel Solari quien es muy sinceramente felicitado por todos y para finalizar esta reunión se leen oraciones por nuestro amado Guardián.

En reunión de 5 de febrero, informa sobre los trámites de la Sra. Mery de Beckett sobre la Personería Jurídica de la Asamblea Espiritual Local, después de previas indicaciones hace entrega de las siguientes facturas:

| | | |
|---|---|---|
| Recibo del Notario Sr. Chepote | 45.00 | (soles oro) |
| Recibo de Registros Públicos | 38.50 | (soles oro) |
| Recibo Adelanto al Abogado | 20.00 | (soles oro) |
| Total | 103.50 | |

La Asamblea agradece a la Sra. Beckett y autoriza al tesorero Sr. Alejandro Garro, retirar de los fondos Pro-Causa la cantidad de S/. 200.00 que cubra la suma gastada, así como para atender los demás gastos que demanden los trámites judiciales.

El Sr. Ángel Solari, había dirigido una comunicación a la secretaría de correspondencia renunciando a su delegación ante la próxima convención. Por ello, la Asamblea se reúne el 4 de marzo de 1952 para conocer específicamente el contenido de esta renuncia. Luego de tratar el asunto, se terminó la sesión con la aceptación de su renuncia acordándose a su vez escribir de urgencia a la Asamblea Espiritual Nacional de Sudamérica para ponerlos al corriente de la situación surgida.

En su reunión del 18 de marzo de 1952, Aa una carta de la Sra. Mary de Beckett, quien solicita ser reemplazada en su cargo de secretaria de correspondencia por tener que ausentarse del país. La Asamblea acuerda agradecer sus importantes servicios y en una próxima reunión tratará sobre la persona que deba reemplazarla, por el tiempo que queda hasta finalizar el año bahá'í.

El 21 de abril de 1952, hay dos reuniones de toda la comunidad para elegir la nueva Asamblea y a la vez para elegir nuevamente al delegado previa autorización de la Asamblea Nacional de Sudamérica, quienes en su comunicación habían sugerido se designe como delegado a la persona que le seguía en votos al Sr. Solari, pero como esta persona era la que debía salir al extranjero se resolvió proceder por unanimidad a una nueva elección.

El Sr. Alejandro Garro salió elegido delegado siendo felicitado por todos.

Después del 21 de abril de 1952 la comunidad continúa con actividades. Los primeros días de mayo sale para Argentina la Srta. Eve Nicklin pues es miembro de la Asamblea Nacional. En esos días, el 12 de mayo, la Sra. Mary de Beckett viaja a Chile para reunirse con su esposo que está de regreso de Inglaterra. Por su parte el Sr. Garro, delegado de la comunidad, viaja a la convención a fines del mes de abril. Con estas ausencias la comunidad se encuentra algo desorientada, pero continúan con las charlas públicas todas las semanas. La comunidad espera con verdadero entusiasmo el regreso de su querida Eve pues ella es el factor fuerte en la comunidad. Asimismo, esperan a su delegado para recoger las experiencias y sugerencias para adelantar las actividades.

El 16 de mayo, la Sra. Roxana Gallegos, bahá'í de la comunidad de Quito, Ecuador, llega al Callao. Trae sus credenciales de traslado a la comunidad chalaca. Al finalizar el mes de mayo llega la Sra. Dorothy Campbell de la comunidad de La Paz, Bolivia trasladándose igualmente a la comunidad del Callao.

Con fecha 23 de mayo llega el Sr. Alejandro Garro de Buenos Aires, Argentina. Nuestro delegado está de regreso. En una reunión especial del último sábado del mes de mayo, el Sr. Garro dio lectura al informe detallado. Se hace saber las expresiones vertidas por una de las Manos de la Causa, la Sra. Dorothy Baker. Podemos notar que ha sabido captar la verdadera personalidad de esta querida amiga, pues los que tenemos la dicha de conocerla nos sentimos profundamente atraídos por su espiritualidad magnífica, su suavidad y humildad que la hacen acreedora al amor que se le tiene. Nuestro delegado había anotado en sus cuadernos de notas las palabras literales de esta Mano de la Causa. Su informe resultó de veras detallado por lo cual fue felicitado cordialmente.

Debido a las ausencias referidas anteriormente, la elección de cargos para la nueva Asamblea Espiritual de Callao no se había realizado. El 11 de junio se reúnen los miembros y se trata de llenar los vacíos dejados por la Srta. Nicklin quien está en Uruguay, así como del Sr. Ángel Solari quien deberá ausentarse de la localidad constantemente por razones de trabajo. Luego de la elección el resultado fue el siguiente:

    Coordinador: Sr. Luis King
    Vice-coordinador: Sr. Rosendo Márquez
    Tesorero: Sr. Alejandro Garro
    Sec. de correspondencia: Sra. Roxana Gallegos
    Sec. de actas: Sra. Etelvina de Márquez

Vocal: Sra. Dorothy Campbell
Vocal: Sra. Angelina Brown
Vocal: Sr. Esteban Ramos
Bibliotecaria: Sra. Beatriz Casas.

La Asamblea entra a actuar de inmediato, la Sra. Dorothy Campbell, dice que para que sea un motivo de tener contactos y a la vez brindar un servicio a las personas que no podrían pagar, ella puede empezar a dar lecciones de inglés dos veces por semana, tanto para principiantes como avanzados. Se acuerda que ella podrá dar estas clases los miércoles y sábados de 7 a 8 de la noche y que sería conveniente poner algún aviso para la gente de la localidad y también para que los bahá'ís inviten a sus amistades. Se agradece este aporte a la Sra. Campbell.

Estas clases empezaron como se había planeado con muy buenos resultados, pues los sábados al finalizar las clases los asistentes se quedaban a escuchar la conferencia, habiéndose logrado algunos amigos que desde entonces fueron asiduos visitantes.

Con fecha 19 de junio, la Asamblea se reúne para acordar el nombramiento de los comités locales para el nuevo año, que quedaron integrados así:

Comité de Enseñanza: Sras. Dorothy Campbell, Etelvina de Márquez y Sr. Alejandro Garro.
Comité de Fiestas: Sras. Julia de King y Angelina Brown; Srtas. Moraima y Beatriz Casas.
Comité de Prensa y Propaganda: Sr. Esteban Ramos, Luis King y Rosendo Márquez.

En esta misma fecha se conoce la renuncia a su cargo como secretaria de correspondencia de la Sra. Roxana Gallegos, quien indica que por motivos de trabajo tiene que trasladarse a Lima de tal manera que se acuerda que se acuerda buscar quien la reemplace en la siguiente Fiesta de 19 días. En la Fiesta del 23 de junio se le encarga a la Srta. Moraima Casas y posteriormente ya en reunión de Asamblea ocupa el cargo la Sra. Dorothy Campbell.

La asamblea vuelve a reunirse el 13 de julio donde se nombra como Historiadora de la Causa en el Callao a la Sra. Roxana Gallegos quien hacía varios días había retornado a la comunidad de Callao.

La comunidad de Callao consciente de su responsabilidad para con la Causa de Dios no quiso este año descuidar el envío de su contribución para la construcción del Santuario del Báb; desde luego no era la cantidad lo más importante sino el propósito para el cual se iba a destinar. En la siguiente Fiesta de 19 días se hace una colecta entre todos los hermanos asistentes obteniéndose la cantidad de US$ 6.70 cantidad que es entregada a la Sra. Campbell para que como secretaria de correspondencia hiciera el envío correspondiente. Con fecha 7 de agosto la secretaria envía la carta con la donación; la carta tiene el siguiente tenor:

Muy querido Guardián:

Adjunto a esta carta, remitimos un cheque con la suma de US$ 6.70 que representa una contribución de la comunidad Bahá'í del Callao, Perú, para el Santuario del Báb. El regalo o contribución es pequeño, pero la amorosa devoción que representa es grande y esperamos poder contribuir más en el futuro. Con saludos cariñosos de todos los bahá'ís del Callao.

Fielmente.

firma Dorothy Campbell / Secretaria

Esta carta fue contestada casi de inmediato, el 19 de agosto, en los siguientes términos:

Querida hermana bahá'í:

Su amorosa carta escrita a nombre de los bahá'ís del Callao, ha sido recibida por el amado Guardián, y él me ha pedido acusar recibo en su nombre. La contribución hecha por ellos al Santuario del Báb es apreciada profundamente por él. El recibo se encontrará adjunto. El Guardián está muy agradecido por los servicios sobresalientes que los amigos de Sudamérica están desplegando. Él, particularmente, aprecia lo que los bahá'ís del Callao están haciendo para servir a la Fe. La enseñanza es la base fundamental del servicio bahá'í hoy en día; y el Guardián pide a cada uno de ustedes hacer todo lo posible por esparcir las Divinas Fragancias. El tiempo para la redención de la humanidad es corto; y por eso les toca a los bahá'ís trabajar con todo corazón para difundir la Fe. El trabajo en el domo del

Santuario está progresando rápidamente. Lo atractivo del domo, aumenta grandemente la belleza del Santuario mismo. No solo esto, sino que se ha empezado a construir la bella parte que circunda las 18 ventanas del domo que representan las 18 Letras del Viviente.

Con cariñosos saludos Bahá'ís,

Leroy Ioas / Secretario Ayudante.

El Comité de Juventud, integrado por las Srtas. Moraima y Beatriz Casas y el Sr. Alejandro Garro, tuvo su primera reunión el 10 de agosto en la casa de la Sra. Campbell. Esta reunión de juventud que contó con muchos asistentes inauguró las actividades del Comité de Juventud. Estuvo presente la Srta. Eve Nicklin quien había llegado para una reunión de la Asamblea Nacional y está feliz casualidad fue el motivo para que diera una charla muy bonita sobre el amor. Todos los bahá'ís chalacos, que la querían mucho, estaban muy contentos de tenerla y su presencia traía a la memoria los gratos recuerdos de la formación de la comunidad del Callao. En esta reunión también estuvieron presentes muchos bahá'ís de Lima y jóvenes universitarios interesados en conocer la Fe. Las reuniones organizadas por el Comité de Juventud eran muy atractivas. En primer lugar, había juegos de salón, luego se servía un té y a continuación se iniciaban los diálogos con alguna conferencia que duraba un máximo de 30 minutos pues lo más importante era el período de preguntas que la sucedía. La reunión terminaba con música muy alegre y todos los concurrentes salían animados, regocijados y satisfechos esperando el próximo mes para la siguiente reunión. El comité planificaba sus reuniones para el primer domingo de cada mes. Por razones impensadas el Comité de Juventud no pudo realizar su fiesta el primer domingo de septiembre sino el 14 del mismo mes. En esta fiesta se propusieron diferentes nombres para las charlas del mes de octubre; se llevó a votación para saber quiénes serían los conferencistas saliendo 3 personas entre ellos 2 no bahá'ís: el Sr. César Sánchez y Sr. Emilio Apéstegui además del bahá'í el Sr. Ángel Solari. En esa misma fecha se reúne la Asamblea y al tener la grata sorpresa de que la Sra. Mary de Beckett había regresado de Chile se acordó pedirle que en la reunión de juventud ella dé una charla. La Asamblea también vio conveniente nombrar un comité de visitas que queda integrado por las siguientes personas: Sra. Roxana Gallegos, Julia de King y el Sr. Luis King con la Srta. Moraima Casas. Efectivamente, por la tarde la señora de Beckett dio una charla manifestando su emoción por encontrarse de regreso y estar muy feliz de ver que sus queridos amigos siguen adelante en el servicio de la amada Causa.

La comunidad de Callao se había puesto de acuerdo con la de Lima para realizar en forma conjunta unos Institutos que debían llevarse a cabo los días 22, 24 y 26 de octubre de 1952. Para un estudio del libro "Drama de Salvación". Se acordó finalmente que se llevará a cabo en la Sede Bahá'í de Lima que estaba situada en Ocoña # 257. Estos institutos fueron de gran progreso para los bahá'ís y también asistentes no-bahá'ís. El primer instituto del 22 estuvo a cargo de la Sra. Dorothy Campbell; el 24 a cargo de la Srta. Mercedes Sánchez. Los temas tratados en estas 2 reuniones fueron: "El Juicio" y "Salvación Universal" respectivamente. Durante estos 2 días la concurrencia fue numerosa; entre las personas asistentes se encontraban jóvenes universitarios que asistían por primera vez impresionados y se manifestaron gratamente impresionados. El domingo 26 de octubre se realiza la última clase en la comunidad de Callao. Se pasó un día muy agradable con almuerzo, juegos, música, declamaciones, etc., en un ambiente de sinceridad y confianza. Tanto los Bahá'ís de Callao como de Lima llevaron a sus amigos quienes tomaron parte de nuestra reunión. Ya al atardecer se realizó la última clase que estuvo a cargo del Sr. Jorge Béjar, bahá'í de Lima sobre el tema "Salvación Personal". Finalmente, la reunión duró hasta las ocho y treinta de la noche. Se tomaron varias fotografías como recuerdo.

La vida de la comunidad del Callao sigue adelante, pese a inconvenientes que son pronto subsanados. La próxima fiesta que se acerca es el Aniversario del Nacimiento de Bahá'u'lláh; se estudia la manera de celebrar con solemnidad y en forma pública. Se unen las dos comunidades y se traza un programa. Se trata de conseguir un local público, se hacen las gestiones, pero no se concreta quedando finalmente, en realizar la Conferencia en el Centro Bahá'í de Ocoña; se cursan invitaciones y se nombra un representante por cada comunidad para que dé una conferencia. Representando a Callao el Sr. Alejandro Garro, quien hizo en primer término la presentación de la Causa Bahá'í con una charla con el tema de "Los 12 Principios fundamentales Bahá'ís". La comunidad de Callao también hizo un aporte económico para financiar una audición radial en una de las Emisoras de Lima a cargo del Sr. Jorge Béjar; además por Radio Callao se pasó una charla radial preparada por la Sra. Roxana Gallegos. Los chalacos daban el mensaje en su ciudad de manera especial. En estos días de preparación y realización del programa, la comunidad del Callao vive momentos de grata emoción pues en el Callao es la primera vez que se ha podido dar una Audición Radial dando el Mensaje. Los hermanos que tuvieron a cargo la realización de esta Fiesta fueron felicitados y estimulados para continuar adelante en el servicio de la amada Causa.

Pero, no por el éxito alcanzado anteriormente, se paralizan las actividades de la comunidad. Los comités siguen adelante en sus funciones; las Fiestas de 19 días no se pierden nunca. Se hacen nuevos contactos y hay algunos verdaderamente interesados. Dios quiera que los velos que todavía tienen sean rotos.

El Comité de Juventud, ha tenido ya 5 reuniones en casa de nuestra querida Dorothy. La última fue el 7 de diciembre de 1952, la que se realizó de manera diferente pues hubo un diálogo donde intervinieron los 3 miembros del Comité: Srtas. Moraima y Beatriz Casas y el Sr. Alejandro Garro. El tema escogido por ellos fue "¿Quién es el hombre verdaderamente educado?" Se estableció el período de preguntas y respuestas entre los asistentes, luego de un té, el Sr. King que había llevado unos músicos brindaron momentos de mayor alegría y entusiasmo terminando la reunión a las 7:30 de la noche.

### UNAS PALABRAS PARA TERMINAR ESTA HISTORIA

Ciertamente que todos los bahá'ís estamos conscientes de la responsabilidad moral de esparcir por el mundo el Mensaje, pero también es cierto que en muchas ocasiones olvidamos esta responsabilidad tan sagrada, no debemos hacerlo queridos hermanos, estamos en los momentos más difíciles por los que está atravesando la humanidad. Los bahá'ís en el mundo entero somos pocos, pero el Mensaje del cual somos portadores nos hace inmensamente grandes, nos hace libres. No debemos ser egoístas, demos nuestra felicidad a toda alma que se cruce en nuestro camino. A mis queridos hermanos chalacos, les digo con todo amor y humildad "hermanos, sigamos con entusiasmo adelante, en la Cruzada de amor y paz que nos legó el Bienamado, el Báb en Shiráz un 23 de mayo de 1844 y que luego, reafirmó con más autoridad la Bendita Belleza, BAHA'U'LLAH el 21 de abril de 1863. Hasta aquí hemos hecho algo por Su Causa, debemos hacer más cada día".

Esperando que el trabajo realizado esté de acuerdo con la verdad y pidiendo que en él sólo se aprecia el amor y buena voluntad con que ha sido hecho, quedo como siempre al servicio de la Causa de Dios y de ustedes.

Fraternalmente.

Roxana Gallegos A.

Historiadora de la Causa Bahá'í de la comunidad de Callao

Callao, 20 de diciembre de 1952

# APÉNDICE III: CUENTOS DE "LÉEME UN CUENTO"

## ¡Feliz Nuevo Día!

Amanecía de nuevo en el mundo......
Rosa María se despertó y al instante se sentó en su cama. "Gracias, Padre Celestial, por la feliz noche que me has dado. Rezaba gozosa, cuando vio que el Sol tratando de asomarse por entre las cortinas de su dormitorio la saludaba con una gran sonrisa. "Buenos días Rosa María. ¡Este es un nuevo día!"

Su muñeca Ana, sentada en la silla de junto a la cama, sonrió también. "Buenos días, Muñeca Ana, que buena compañía eres, te portas tan quietecita por la mañana para dejarme dormir".

Luego pensó que ella igualmente debería estar muy tranquila para no despertar a su papá y mamá.

¿Puedes venir a mi cama a jugar conmigo? dijo Rosa María en voz baja a su muñeca. Y vosotros también señor y señora Llama y Llamita, añadió, cogiendo los animalitos de piel del anaquel de juguetes.

"Miren. Aquí está mi almohada para que haga de montaña. Pueden pasear sobre ella, subirla y bajarla cuantas veces quieran. ¿No es esto entretenido? Oh, eso sí, debemos jugar sin hacer ruido hasta que papá y mamá despierten".

En cuanto oyó a su papá que estaba silbando en el baño, puso a la familia Llama en su sitio del anaquel de juguetes y a la muñeca Ana en la silla y comenzó a vestirse, poniéndose ella misma sus medias y zapatos. Una vez que estuvo lista corrió al jardín.

"¡Buenos días, flores! —dijo a todas las lindas flores que en el jardín crecían —. ¡Este es un nuevo día!"

"Buenos días. Feliz nuevo día también para ti, Rosa María", contestaron las flores alegremente.

"Mamá manifestó que puedo recogerlas si es que me acuerdo de cortar largos los tallos para que puedan beber agua del florero".

Gracias, Rosa María, —dijeron todas las flores a una voz e inclinando graciosamente sus cabecitas repitieron — juntas todas formaremos lindo ramo para el cuarto de tu mamá"

Después de que arregló las flores fue corriendo a la cocina y saludó: Buenos días, cocinero. ¡Feliz Nuevo Día! ¿Puedes darme un poco de leche para la señora gata y su gatito? "

"Buenos días, Rosa María, que tú también tengas un nuevo día feliz. Aquí tienes la leche caliente para la señora gata y su gatito, contestó el cocinero.

¡Oh, gracias, dijo ella, contenta, y luego echó a correr con la leche hasta el garage.

"¡Buenos días, señora gata y gatito. Este es un feliz nuevo día! " La señora gata ronroneó: "Buenos días, Rosa María. Ciertamente este es un nuevo día feliz, porque tú tan bondadosa te acordaste de traernos hoy muy temprano nuestra leche caliente".

Rosa María dió a la señora gata una amistosa palmadita en la cabeza y acariciando suavemente la blanca piel del gatito para no maltratarla, agregó: "Aquí está tu deliciosa leche caliente, vaciándola en el platillo. En ese momento oyó que su mamá la llamaba desde el comedor, así que fue corriendo hasta la casa para atenderla.

"¡Buenos días mamá. Este es un nuevo día feliz!"

"Por cierto que este es un nuevo día feliz, dijo la madre. Gracias por las flores. Has hecho muy bien en cortar largos los tallos para que puedan beber agua del florero".

En ese momento, su padre bajaba de los altos a tomar el desayuno.

"Buenos días papito, quiero que pases un nuevo día feliz".

"Para ti también, Rosa María, te deseo que sea muy feliz, —le dijo sonriendo— Te agradezco mucho por no haber hecho bulla. Papá estaba tan cansado anoche que hoy tuvo que dormir hasta más tarde que de costumbre".

Qué gusto, papito, que hayas descansado—contestó Rosa María, dándole un gran beso en la frente—.

"¿Pero no sabes que fué mi muñeca Ana y la familia llama las que me hicieron recordar de no hacer bulla?"

Siendo así, tendré que agradecerles a ellas también", añadió el padre.

Después del desayuno Rosa María preguntó: "¿Será todo este nuevo día feliz, mamá?"

"Cada día solo es nuevo por la mañana —explicó la madre— pero podemos hacer que todo el día sea feliz si tratamos de acordarnos de ello".

"¿Recordar qué, mamá? "

"Recordar de hacer bien hechas todas las cosas, aún las más pequeñas, para formar un día feliz.

Y así, Rosa María, todo el día, trató de recordar de hacer las cosas de tal manera que hagan todo el día feliz...

ENTRETENIMIENTO DESPUÉS DEL CUENTO

El niño necesita enseñanzas prácticas, pero al mismo tiempo debe desarrollar su imaginación. El juego que sugiere el cuento sigue a la lectura de este. No quiere decir que quien lo ha leído es el que debe dirigir la dramatización correspondiente, sino que será el mismo niño quien traduzca en un juego sencillo su propia concepción del cuento. Sugiérale que traiga un ramo de flores del jardín. Enséñele cómo cortar los tallos y a arreglarlas artísticamente en un florero. Hágale jugar las diferentes escenas de "FELIZ NUEVO DÍA: que se imagine ser una llama subiendo y bajando una montaña imaginaria; que pretenda cortar flores en un jardín imaginario y que dé de comer a una gata y gatito imaginarios.

## Llegó puntual a la casa de Alfredito

Tilín, tilín, sonó el teléfono. ¿Puedo contestar?, preguntó Pepe. La mamá aprobó con una inclinación de cabeza, luego Pepe, trepándose sobre una silla para alcanzar el teléfono, se puso el fono al oído v habló por la bocina, "aló, aló".

"Aló, aló", respondió una voz. ¿Eres Pepe?"

"Sí, soy Pepe. ¿Hablo con Alfredito?"

"Sí, hablas con Alfredito", dijo la voz del teléfono. "¿Puedes venir a mi casa esta tarde?"

"Oh! ¿Puedo mamá?", gritó Pepe.

"¿Qué puedes hijito? Tu sabes que no puedo oír la voz del teléfono desde donde estoy".

Entonces Pepe, alzando su voz, dijo: "Dice Alfredito que si puedo ir esta tarde a su casa".

"Sí, puedes ir, pero pregúntale a qué hora desearía su mamá que fueras". Pepe preguntó en seguida, ¿a qué hora quiere tu mamá que vaya?

Después de un momento escuchó la voz de Alfredito que decía: "Mamá quiere que vengas a las 3 y 10."

"¿Tu mamá dice que a las 3 y 10, muy bien, muy bien", repitió Pepe. Te prometo estar allí a las 3 y 10. Hasta luego, Alfredito". Y, colgó el fono.

Después de almuerzo Pepe preguntaba a cada rato: "¿Todavía no es hora de ir a la casa de Alfredito, mamá? Acuérdate que le prometí estar a las 3 y 10".

"No, todavía no, hijo. Voy a explicarte lo que tienes que hacer. Mira al reloj y escúchame: Cuando la manecita más chica apunta el 3 y la más grande señala el 12, el reloj sonará: Tan, tan, tan, entonces cuentas: uno, dos, tres, Son las tres en punto".

"¿Así que, cuando la manecilla chica apunta el 3 y la mano grande señala el 12 y el reloj dice: tan, tan, tan, cuento uno dos, tres y serán las tres en punto?" preguntó Pepe.

"Eso es, en ese momento será la hora de ir a casa de Alfredito. Si no te detienes en el camino, llegarás a las 8 y 10 en punto, porque se demora diez minutos en ir allá" dijo la madre.

Pepe miró al reloj muchas veces. Al fin vió que la manecilla chica apuntaba el 3 y que la grande se movía, muy, muy lento, hasta que señaló el 12.

De repente el reloj sonó: tan, tan, tan.

"Uno, dos tres contó Pepe son las tres en punto. ¡Mamá, mamá, ya es hora de ir a casa de Alfredito!

"Sí, ya es hora de partir" contestó la madre.

Pepe salió de la casa muy contento, moviendo sus brazos de un lado al otro al andar.

No había caminado mucho rato cuando su amigo, el Pájaro Pardo bajó volando a la rama de un árbol y le cantó: "Aló, Pepe, detente y escucha mi canto".

"No, no, Pájaro Pardo, hoy no, porque prometí estar en casa de Alfredito a las 3 y 10".

"Bien, sigue entonces, Pepe, yo te cantaré otro día".

Así que Pepe siguió su camino y el Pájaro Pardo se fué volando. Luego oyó que una voz ronca que venía desde sus pies lo llamaba: "Aló, Pepe, ¿quieres verme saltar hoy día? " Era el señor Sapo Saltarin.

"Lo siento, señor Sapo Saltarín, no puede ser hoy día porque prometí estar en casa de Alfredito a las 3 y 10".

"Bien, sigue entonces, Pepe yo saltaré para ti otro día, dijo el Señor Sapo Saltarin".

Así que Pepe siguió su camino y el Señor Sapo Saltarín se fué saltando. Luego vió que balanceándose sobre su cabeza volaba la Mariposa Amarilla. "Aló, Pepe, le susurró en secreto al oído, ¡quieres atraparme hoy día? ¡Apostemos a ver quien gana!"

-"No, hoy no, Mariposa Amarilla. Apostaré contigo otro día porque prometí estar en casa de Alfredito a las 3 y 10".

"Bien, sigue entonces, Pepe. Apostaremos otro día".

Así que Pepe siguió su camino y la Mariposa Amarilla ascendió volando por el cielo azul.

De este modo, Pepe llegó a la casa de su amigo, exactamente a las 3 y 10. Alfredito estaba esperándolo en la puerta.

"¡Oh! ¡qué bien! qué bien! le dijo al saludarlo. Llegaste muy puntual. Papá nos lleva a la hacienda de mi abuelito. Tiene que partir a las 3 y 10".

El papá de Alfredito, quien salía de la casa en ese momento, mirando su reloj, dijo:

"Exactamente las 3 y 10. ¡Estamos todos a tiempo, eh? "

Los muchachos subieron al asiento de atrás del carro de papá. Pepe dijo: "¡Qué divertido es este sitio! Estoy muy contento de haber llegado a tiempo. Y yo también de que hayas sido tan puntual", le contestó Alfredito.

Y así, riéndose en todo el trayecto, Pepe escuchaba con atención lo que Alfredito le decía acerca de lo entretenidos que iban a estar viendo los animales de la hacienda de su abuelito ... Habían muchos caballos, vacas, cerdos, ovejas y cabritos.

ENTRETENIMIENTO DESPUÉS DEL CUENTO

Al niño le parecerá interesante hacer un reloj. Suminístrele cartón y lápices de colores. Los punteros del reloj pueden hacerse girar fijándolos con un alfiler en el centro de la esfera. Que ponga el minutero sobre el 3 y que deje mover lentamente el horario hacia el 12.

## Los Llorones ríen

Pepe estaba muy ocupado jugando en el jardín. Se acerca donde él su mamá y le dice: "Voy con tu abuelita a la ciudad. Estaré de regreso tan pronto como pueda".

Pepe, dando un salto de su columpio, comenzó a gritar: "Yo quiero ir también. Quiero que me lleves".

Cariñosamente, le explicó su mamá que no era posible.

"Tu abuelita viene conmigo ahora. Prometo llevarte la próxima vez que vaya sola a la ciudad".

"¡Llévame, llévame! ¡Yo quiero ir AHORA! Yo quiero ir AHORA!" Insistió Pepe. ¿Y qué crees que hizo? Zapateó, zapateó y zapateó y se puso a llorar.

"No seas así, Pepe, dijo la madre. Vete a jugar, porque no irás hoy". Y, suavemente, cerró la puerta dejándolo solo.

Pepe se sentó en un banco y lloró, lloró y lloró.

Lagrimones rodaban por sus mejillas cayendo sobre sus relucientes zapatos nuevos.

Al oír la bulla el Conejito Blanco vino saltando, saltando, a ver qué había sucedido. "Buenos días Pepe. ¿Por qué estás llorando?" le preguntó, mientras daba un salto sobre el banco al lado de Pepe.

Estoy llorando porque quiero ir a la ciudad con mi mamá".

"Arrimate, y yo lloraré también. Mi mamá tampoco quiso llevarme al jardín de los vecinos". El Conejito Blanco lloró hasta que su nariz hizo snf, snf, snf, snf.

En ese momento la Gatita paseaba por allí. "Buenos días. ¿Por qué lloras Conejito Blanco?, preguntó dando un salto junto a él sobre el banco.

"Lloro porque Pepe llora. Su mamá no quiere llevarlo a la ciudad hoy, y porque yo quiero ir con mi mamá al jardín vecino".

"Arrímate, y yo lloraré también, dijo la Gatita, Mi mamá no quiere llevarme con ella al garage a cazar ratones".

La Gatita lloró hasta que su pelo estuvo mojado y feo.

De pronto pasó por allí el perrito Blanco y Pardo.

"Buenos días, Gatita. ¿Por qué lloras? "

"Lloro porque Pepe llora. El quiere ir con su mamá hoy a la ciudad; porque el Conejito Blanco quiere ir con su mamá al jardín vecino, y porque yo quiero ir con mi mamá al garage a cazar ratones".

"Arrímate y yo lloraré también, dijo el Perrito Blanco y Pardo, porque mi mamá no me deja ir con ella a buscar huesos", y el perrito comenzó a llorar más fuerte que todos.

Hicieron mucha bulla con su llanto. Oyó Rosa María y vino al jardín. Esta era la niñita que vivía en la casa vecina. Se quedó en la puerta y, al ver a los cuatro bebés llorones, se rió. Tan ocupados estaban llorando que no se dieron cuenta que Rosa María se reía de ellos.

Corrió la niña a su casa de juguetes que quedaba allí junto, descolgó el espejo largo y angosto de la pared y, caminando en puntas de pies hasta el lugar donde estaban los llorones, les puso el espejo diciéndoles.

"Miren, miren, ¡qué cuadro más cómico!"

Primero miró Pepe; después el Conejito Blanco; luego miró la Gatita y al fin de todos el perrito Blanco y Pardo. Ellos pensaron que era el cuadro más chistoso que jamás habían visto y se rieron, rieron y rieron.

Cuando Rosa María les hablaba, los llorones se miraban unos a otros y se reían más que nunca.

Laura, la lora, bajó volando de su percha para ver qué era aquello tan divertido que había en el jardín. Ella también se rió Ja, ja, ja! Ja, ja, ja! Entonces todos rieron: ¡JA, JA, JA! JA, JA, JA! haciendo un canto de elló:
¿Qué veo,
En el espejo?
Ja, ja, ja! Ja, ja, ja!
Yo me veo
Como tú me ves.
Ja, ja, ja! Ja, ja, ja!

ENTRETENIMIENTO DESPUÉS DEL CUENTO

Dele al niño un espejo. Le divertirá ver la cara que pone recitando lo que los llorones cantaron.

## Llegan los Bebés

Jugaba Pepe con su perro Barco. Hizo rodar la pelota por el suelo y Barco fué corriendo tras ella para cogerla con su boca y llevarla nuevamente a donde estaba Pepe.

"¡Qué bueno eres Barco!" dijo Pepe.

La mamá, levantando su vista del tejido llamó a Pepe diciéndole: "Ven, hijito, tengo algo que contarte".

"¿Qué cosa es, mamá?" gritó Pepe, echando a correr donde ella. Barco lo siguió pisándole los talones.

"Quiero que sepas que algo va a venir a la casa. Algo nuevo".

"¿Es un nuevo juego?" exclamó con mucho interés Pepe.

"No, no es un juego" respondió la mamá moviendo la cabeza. Es un nuevo perrito y va a venir a vivir en nuestra casa".

"¡Un nuevo perrito! ¡Un nuevo perrito! ¡Un nuevo perrito para jugar!" gritó Pepe.

"Escúchame hijo, voy a explicarte. El Nuevo Perrito no estará fuerte para jugar sino después de algún tiempo. No se le podrá levantar, ni caminará de un lado a otro. En los primeros días hay que dejarle dormir junto a su mamá... lo único que puede hacer es tomar su leche y dormir".

¡Ah! entonces el nuevo perrito no es entretenido si no se puede jugar con él". "Es cierto, pero después, cuando esté fuerte, será bien juguetón contigo y con Barco, añadió la madre.

Pepe miró a Barco que estaba sentado allí cerca, parando la oreja, como si quisiera entender todo lo que oía y dijo:

Yo... yo no creo que a Barco le va a gustar que venga un nuevo perrito a vivir aquí, mamá".

¿Por qué, Pepe?" Repuso la mamá,

"Porque... porque como él ha sido el único perrito por tanto tiempo, puede creer que ahora yo quiero más al que viene". Para evitarlo, tendrás que demostrar a Barco que lo quieres tanto como al "Nuevo Perrito", y, diciendo esto la mamá de Pepe, se agachó, dió una palmadita sobre la cabeza parda y sedosa de Barco y dijo: "Por supuesto, que nadie podrá quitarle su lugar a Barco. Siempre habrá un puesto para él y otro para el Nuevo Perrito". Barco manifestó su contento moviendo su pequeña y gruesa cola.

Luego, dirigiéndose a Pepe, le recomendó: "Cuando el Nuevo Perrito pueda jugar, enseñarás a Barco a que comparta con él sus juguetes y que juegue muy amablemente, sin pelear".

Pocos días después el Nuevo Perrito llegó. Era idéntico como la mamá había dicho que iba a ser. No se levantaba, ni se movía mucho. Tampoco jugaba, sino que acostadito, muy cerca de su madre, solo dormía y tomaba su leche. Pero un buen día comenzó ya a darse cuenta de Pepe y Barco. Sacó una patita, como si deseara jugar. Se sentó sobre sus débiles piernecitas y dió un grito peculiar, casi como un ladrido.

Al ver esto, Pepe le dijo a Barco: "¡Mira! el Nuevo Perrito quiere jugar. Corre y trae tu pelota". Barco obedeció. Trajo la pelota y la puso amablemente, ¡Oh!, pero muy amablemente, sobre las patitas del Nuevo Perrito.

El Nuevo Perrito, cada día crecía más y más fuerte. Pronto estuvo revolcándose aquí y allá sobre el grass.

Otro buen día, cuando ya los tres estaban jugando juntos, el ama llamó de la ventana de los altos: "Pepe, ven acá, mamá tiene una sorpresa para tí". Pepe recomendó a Barco que cuidara al perrito mientras él iba a los altos, "Mamá me tiene una sorpresa", le dijo.

Barco quería seguirlo, pero se quedó a cuidar al perrito. Pepe subió corriendo las escaleras hasta el cuarto de su mamá. El ama lo esperaba en la puerta. "Cállate, cállate! —le dijo muy despacito, poniéndose el índice sobre los labios—. Tu mamá está durmiendo".

"Pero tu me dijiste que mamá tenía una sorpresa para mí", insistió Pepe.

"Es cierto, Pepe, ella tiene una gran sorpresa para tí. Ven yo te la presentaré".

¿Qué cosa es? ¿Qué cosa es?, dijo Pepe mirando a su alrededor.

"Mira allí", dijo el ama, señalando la linda canasta sobre ruedas cubierta con muselina rosa y blanca.

"Sh, sh, anda despacito, despacito", susurró el ama nuevamente.

Pepe se fué caminando en puntas de pie hasta la cesta y miró adentro...

"¿Qué? ¿Qué? ¡Oh! Es un bebé", exclamó...

"¡Es una nueva hermanita para ti, dijo el ama, pero todavía no se puede jugar con ella porque está muy chiquita. ¿Te acuerdas que así fué al principio el Nuevo Perrito?" Al oír esto Pepe se apenó.

"No te aflijas porque ella tomando su leche y durmiendo mucho crecerá pronto, se pondrá fuerte y algún día deseará jugar y, como tu hermanita es un ser racional, te distraerá más que Barco y el Nuevo Perrito. Pero acuérdate que tendrás que ser muy amable con ella, prestarle tus juguetes, enseñarle juegos, cuidarla y quererla mucho".

"Oh! Sí, la cuidaré y voy a quererla muchísimo a mi hermanita", prometió Pepe.

"Ahora anda a jugar. Te llamaré en cuanto despierte", dijo el ama.

Pepe bajó corriendo la escalera y se fué al jardín a contarle a Barco su sorpresa. ¡UNA NUEVA HERMANITA! ... ¡UNA NUEVA HERMANITA! gritaba muy contento dándose de volatines.

"Ella tendrá que tomar su leche y dormir mucho para crecer fuerte, pero algún día podrá jugar con nosotros", le contó Pepe a Barco.

Barco dió un ruidoso ladrido GUAU! GUAU!

El Nuevo Perrito dió un ladrido suave ¡Guau! Guau!

Barco y el Nuevo Perrito se pusieron tan contentos con la noticia que corrían dando vueltas en un círculo.

ENTRETENIMIENTO DESPUÉS DEL CUENTO

Le gustará mucho al niño poder hacer el mismo su propio cinema con sombras en la pared. El perrito puede ser formado juntando las palmas de las manos. Los dos pulgares levemente separados forman las orejas del perrito. Los dos dedos meñiques moviéndose arriba y abajo simulan los ladridos. Cuando el niño adquiera práctica podrá hacer un buen número de animales de sombra.

## Pepe y el Pericote Gris

Papá, pidiendo excusas para retirarse de la mesa, se fué al jardín. Mamá cargó a la bebé y la llevó para acostarla. Pepe se quedó terminando de comer su postre.

"¿Puedo tomar otro dulce más?" preguntó a su mamá en el momento que esta salía del comedor.

"Has tenido una ración sobre el desayuno, otra sobre el almuerzo y otra sobre la comida. Tres veces es suficiente para un día, hijo", contestó la madre, al subir las escaleras.

Pepe miró al plato de dulces, que se hallaba alto, sobre una repisa encima de la chimenea. Eran muy lindos estos dulces porque cada uno había sido envuelto en un papel muy brillante. Mientras más los miraba, más deseos tenía de comérselos.

"Me gustaría poder comerlo todo de una sola vez", dijo Pepe en alta voz.

"Bien, ¿por qué no lo haces entonces?", respondió una vocecita.

Pepe miró a su alrededor pero no pudo ver a nadie.

"Estoy bajo la mesa", dijo la vocecita.

Pepe levantó el mantel y miró debajo de la mesa.

"¿Dónde estás?" llamó, "Y ¿quién eres tú? "

"Aquí estoy" le respondió la vocecita. "Soy el Pericote Gris que vive en el garage".

Pepe vió, por fin, al Pericotito Gris sentado sobre sus dos patitas de atrás, mientras con las dos patitas delanteras comía las migajas. ¿"Qué estás haciendo? Si la cocinera te ve allí te barrerá con su escoba", dijo Pepe.

¡Oh, No! Ella nunca lo haría. Tiene miedo a los ratones. En cuanto me vea correrá gritando, tapándose los ojos con su delantal", dijo el inteligente Pericote, inclinando su sabia cabecita. "¡No sé por qué nos tienen tanto miedo, cuando los ratones no herimos a nadie".

"Tú eres un simpático Pericote, añadió Pepe. ¿Comes siempre migajas?"

"¡Oh, no! A mí me gusta más el queso. Yo lo como cada vez que lo encuentro".

"Es raro que eso te guste más. A mí me gusta más el dulce", dijo Pepe mirando al plato de confites que estaba sobre la repisa. "Me agradaría poder comer todo lo que deseo, pero mi mamá dice que solo una ración después de cada comida".

"A mí me gustaría poder comer mucho queso; pero mi mamá dice que NO", añadió el Pericote Gris.

¿Por qué dice tu mamá que no?, preguntó Pepe.

"Ella cree que el queso es bueno, pero que no se debe comer tanto. Un poquito de esto y otro poquito de eso, repite siempre mamá, hace crecer fuerte a un ratoncito".

"Lo mismo dice la mía que tanto dulce no es bueno".

"¿Por qué?" preguntó el Pericote Gris, volviendo la cabeza hacia donde estaba Pepe para escucharlo mejor.

"Mamá piensa que si yo tomo tanto dulce no beberé mi leche, ni comeré mis zanahorias, ni mis arvejas, ni otras cosas que hacen crecer fuertes a los niñitos. Pero yo no creo que PODRÍA comer tanto dulce como para dejar de comer otras cosas".

¿Quisieras que yo te de un confite del plato?" dijo a Pepe el Pericote. "¿Tú? ja, ja, ja!, ¿Cómo? Si tú eres más pequeño que yo. Y ya ves que YO no puedo alcanzar porque está muy alto", respondió, poniéndose en puntillas cerca de la repisa.

"Dices que no puedo, pues bien, mírame entonces", exclamó el ratoncito, y rápido como un pestañeo de ojos, subió corriendo por un lado de la chimenea y dio un salto hasta la repisa. En seguida empujó con su naricita hasta que un dulce, cubierto con una brillante envoltura, cayó del plato al suelo, a los pies de Pepe.

"¡Oh, gracias, buen Pericote Gris", dijo Pepe, al par que desenvolvía el papel azul brillante que cubría el dulce que estaba ansioso de comérselo. Luego se acordó de que el Pericote Gris deseaba queso. "¿Te gustaría que te dé un pedazo de queso? " le preguntó.

"Por supuesto, me gustaría mucho que me des un pedazo de queso", contestó el Pericote Gris y dió un salto de la repisa.

Pepe levantó la tapa de vidrio de la quesera y la puso en el suelo diciéndole: "Allí tienes todo el queso que desees comer".

"¡Oh, que rico!, muchas gracias Pepe", dijo el Pericote dando un gran mordizco al queso.

Después oyó que Pepe decía: "¡Qué bueno ha estado ese dulce! Quisiera comer otro", sin desprender sus ojos de la fuente de dulces.

"Es fácil, muy fácil, voy a alcanzarte otro", respondió el Pericote Gris. Y una vez más subió rápidamente por el costado de la chimenea y saltó a la repisa. "Aquí tienes otro, y otro y otro", le dijo a Pepe, empujando al suelo todos los dulces del plato. "¡Está lloviendo dulces!", decía Pepe, riéndose, al recogerlos.

El Pericote Gris bajó de un salto y fue de nuevo a la fuente de queso. Él comió y comió y comió. Tan ocupados estaban ambos comiendo que ninguno habló por largo rato. Después de que Pepe había acabado de comer el último dulce, dijo: "Yo creo que este dulce no ha estado tan rico como los otros".

"Algo pasa con este último bocado de queso", agregó el Pericote Gris, poniéndose la patita delantera sobre su estómago. "Yo,...... yo no creo que me siento muy bien", decía. Su voz estaba débil y temblorosa.

Pepe puso la mano sobre su estómago... "Yo,... yo tampoco me siento muy bien, dijo, y su voz estaba igualmente débil y temblorosa.

"Mi... mi estómago me duele", se quejaba Pepe.

"Mi... mi estómago me duele", chillaba el Pericote Gris,

Los dos comenzaron a llorar.

Al oír la mamá bajó de los altos, y dirigiéndose a Pepe le preguntó: "¿Qué tienes? ¿Por qué estás llorando hijo?" Pepe le contó a su mamá lo del dulce. Todo ha sucedido por culpa del Pericote Gris" "¡Él tiene la culpa!, replicó, mientras lo señalaba, pero el animalito ya se había escapado.

"¡Pobre Pericote Gris! .... está enfermo también. ¿Quién tendrá la culpa? ¿Quién le daría el queso?" Preguntó, con ternura la mamá. "OH! Yo se lo di! ¡Yo se lo di", contestó Pepe, llorando.

Nuevamente puso la mano sobre su estómago y dijo: "Hoy sí no creo que me gustan los dulces más que todo".

"El dulce es bueno, replicó la mamá, pero no sirve comer mucho de él. Ven, harías mejor en ir a tu cama".

Eso que tú dices del dulce, también le ha dicho su mamá al Pericote Gris acerca del queso", le contó Pepe a su madre cuando ya estuvo bien abrigado en su cama.

"¿Qué le dijo?" Preguntó la mamá,

"Que el queso es bueno, pero que no sirve comer mucho de él.

¿Crees, mamita, que la señora Ratona castigará al Pericote Gris? "

"No, Pepe", respondió ella, "porque yo creo que el Pericote Gris ya se ha castigado solo. ¿No piensas tú lo mismo?"

"Sí, yo pienso así también".

"Toma tu remedio. Esto curará tu dolor de estómago". El remedio era amargo, pero Pepe lo bebió valientemente, obedeciendo a su mamá.

"¡Pobre Pericote Gris!" dijo una y otra vez Pepe, acurrucado debajo de su cobija.

"Si, pobre Pericote Gris" respondía la mamá.

"¡Ojalá él también esté mejor de su dolor!" decía Pepe. Estoy segura de que la señora Ratona sabe lo que ha de hacer para curarlo", contestó la mamá, al mismo tiempo que apagaba todas las luces del cuarto, menos un foquito azul, inmediato a la cama de Pepe. Luego lo besó y le dió las BUENAS NOCHES.

ENTRETENIMIENTO DESPUÉS DEL CUENTO

El niño y sus amigos pueden aprender un nuevo juego: un grupo hará de pericotes y el otro de gatos. Los pericotes avanzan hacia el queso (una piedra chata) y lo huelen. Los gatos están escondidos detrás de la puerta de la cocina (una línea de palitos). De repente la Sra. Ratona (la jefe) grita fuerte: Corran, pericotes, corran! ¡Los gatos están viniendo! Los pericotes echan a correr, tratando de llegar a sus casas antes de que los gatos los cacen. Los pericotes que son cogidos se transforman en gatos y luego ayudan a cazar a los pericotes.

## El Botecito y la Ola Gigante

Un lindo día la "Familia Bote de Velas" salió para navegar. Eran papá, mamá, hermana, hermano y bebé botes. Todos lucían hermosas banderas que flameaban de sus astas.

"¡Oh, miren, allí están el Señor y la Señora Bote de Remos ensayándose. Vamos a parar y saludarlos", dijo la Mamá Bote de Velas.

"Muy bien", contestó Papá jalando sus velas para detenerse.

"Mamá", dijo el Hermano Bote, "mientras tú y papá están visitando al Señor y a la Señora Bote de Remos ¿podemos ir mi hermana, el botecito y yo hasta la roca grande para ver pescar a Papá Pelícano?".

"Bien, pueden ir, pero si es que no van a ponerse muy cerca de la Ola Gigante. Cuiden mucho del Botecito" les aconsejó la madre.

"Oh, sí, sí, haremos lo que tú dices", le prometieron a su mamá.

Luego ordenándole a su hermanito que se pusiera entre los dos, se fueron navegando hasta el sitio donde Papá Pelícano pescaba para alimentar a su familia. El Hermano, la Hermana y el Bebé Bote se fijaron que Papá Pelícano para pescar: primero abría su gran pico, luego cogía un pez y después lo pasaba a su gran bolsa que cuelga debajo de su pico.

"Ya me cansé de ver a Papá Pelícano pescando. Hagamos alguna otra cosa", dijo la Hermana Bote.

"Ya sé que haremos, gritó el Hermano Bote. Te apuesto a correr a la playa y regresar"

"Eso es, muy bien, —contestó la Hermana Bote—. Uno, dos, tres, vamos".

Se fueron lejos, olvidándose por completo de la promesa de cuidar al Bebé Bote. El Botecito pensó para sí: "Voy a ver hasta qué sitio puedo llegar navegando yo solo. Ahora no hay papá, ni mamá, ni hermano, ni hermana que estén diciendo TEN CUIDADO CON LA OLA GIGANTE!"

Inmediatamente sopló sus pequeñas velas y se aventuró a ir mar adentro.

"¡Qué divertido es esto!", repetía riéndose. Más, la diversión duró muy poco porque pronto vió que una gran ola ¡LA OLA GIGANTE! avanzaba y avanzaba muy cerca de él. Tuvo tal susto el Botecito que ni siquiera pudo ondear su pequeña banderita.

Pero...... justamente, cuando la Ola Gigante iba ya a hundirlo llegó volando Papá Pelícano, se puso al frente y abriendo su gran pico lo puso a salvo dentro de su bolsa.

Papá Pelícano echó a volar hasta un sitio donde ya no había peligro alguno para los botes bebés. Abrió de nuevo su gran pico y el Botecito salió navegando derecho a los brazos de Mamá Bote de Velas.

Papá y Mamá Bote de Velas, muy contentos, agradecieron muchas veces a Papá Pelícano por haber salvado a su Bebé Bote de la OLA GIGANTE.

El Hermano y la Hermana fueron los más felices botes de vela del agua porque el Bebé Bote se había salvado y podían estar juntos nuevamente.

"Nunca, nunca más te dejaremos lejos de nuestra vista cuando volvamos a jugar cerca
de la Ola Gigante", le prometieron. Y, nunca, nunca más lo dejaron......

ENTRETENIMIENTO DESPUÉS DEL CUENTO

El niño puede tener la "Familia Bote de Vela" para jugar haciéndola él mismo. Lo más sencillo de ser ejecutado por sus tiernas manecitas es un cuadrado de papel al cual se le dobla una esquina hacia el centro para formar el fondo del bote; la esquina opuesta es la vela, en donde colocará una banderita de color.

## Tan lindo como útil

Rosa María estaba cortando figuras de una revista para pegarlas en su álbum de recortes. Su mamá cosía y su papá leía el periódico.
"¡Mira! qué linda ovejita blanca!" dijo Rosa María a su mamá, mostrándole la figura que acababa de cortar.
"Es tan linda como útil", respondió la madre.
"¿Qué hace la Ovejita Blanca para mí?" preguntó Rosa María.
"Te da su lana para abrigarte. Tu chompa es de lana, lo mismo las abrigadoras frazadas que te defienden del frío de la noche".
"Linda, linda Ovejita Blanca", y pegó la Ovejita Blanca en su álbum de recortes.
"¿Ves?" dijo Rosa María, levantando otra figura para que su mamá la viera.
"¡La linda Vaca Blanca y Negra!"
"Es tan linda como útil respondió nuevamente la madre.
"¿Qué hace la Vaca Blanca y Negra para mí?"
"Te da leche para hacerte fuerte".
"¡Linda Vaca Blanca y Negra!" y pegó la Vaca Blanca y Negra al lado de la Ovejita.
"Mamá, ¿ves la linda Gallina Roja?
La mamá miró a la Gallina Roja y repitió "Es tan linda como útil".
Rosa María, recortando con muchísimo cuidado la figura de la Gallina Roja, preguntó otra vez a su madre "¿Qué hace la Gallina Roja para mí?"
"Pone un huevo para tu desayuno".
"¡Linda, linda Gallinita Roja! y pegó la figura de la Gallina Roja al lado de la Vaca Blanca y Negra.
Después de un rato, cansada de recortar y pegar figuras, cerró su libro de recortes y se acercó a su mamá para preguntarle "¿Rosa María es linda también?"
"Es tan linda como útil contestó la madre".
"Ya sé lo que voy a hacer" exclamó Rosa María.
"¿Qué es lo que vas hacer", hijita? "
"Pondré mi álbum de recortes sobre el estante de juguetes. Recogeré todos los pedacitos de papel y los echaré a la canasta de papeles".

"Linda, linda Rosa María!" —dijo sonriendo la madre—. Mientras tú guardas tu álbum de recortes y recoges todos los pedacitos de papel yo haré el té y las tostadas". La mamá dobló su costura y la puso en el costurero.

"¡Linda, linda mamita!", decía Rosa María al poner su álbum de recortes al lado de su libro de cuentos. Luego recogió del suelo todos los pedacitos de papel, aún los más chiquititos, y los puso en la canasta de papeles.

Después del té y las tostadas el Papá llamó a Rosa María diciéndole: "Ya es hora de los cuentos. Toma tu libro y ven. Yo te leeré un cuento".

"Lindo, lindo Papito!" cantaba Rosa María, cogiendo el libro de cuentos. Luego, se subió sobre las rodillas de su padre.

Su papá le leyó tres lindos cuentos: uno acerca de la Ovejita Blanca que da lana para abrigarnos; otro acerca de la Vaca Blanca y Negra que da leche para hacernos fuertes y otro sobre la Gallina Roja que pone huevos para el desayuno.

ENTRETENIMIENTO DESPUÉS DEL CUENTO

Al niño le distraerá mucho hacer un álbum de figuras. Dele unas cuantas hojas de papel grueso de envolver. (Si el papel está arrugado, plánchelo con una plancha caliente). Provéale de una revista, unas tijeras sin punta y goma. No olvide darle una canasta para que ponga los desperdicios de papel. Hay que adiestrar al niño lo antes posible en el buen hábito del orden, enseñándole a recoger las cosas, a colocarlas en su sitio, a no dejar nada tirado, etc.

# Galletitas de Figuras

Era el cumpleaños de Pepe. Cumplía cinco años. La cocinera le preparó en el horno galletitas en forma de personas para celebrar su cumpleaños. Habían con crema blanca, con crema de chocolate, con crema color amarillo limón y con crema roja de menta. Las colocó unas al lado de otras sobre la mesa de la cocina y se fue a los altos para otros quehaceres.

En cuanto salió la cocinera, las galletitas se pusieron de pie y comenzaron a caminar. ¿Pero crees tú que esta gente de galleta era amable y se saludaban unas a otras diciéndose "Buenos días ¡Qué linda estás! ¿Cómo es hoy tu sabor?" ¡Oh! NO, ¡todo lo contrario! El señor Galleta de Chocolate fue donde el Señor Galleta de Amarillo Limón y le dijo: "Yo soy mejor que tú porque soy de chocolate". "Te equivocas, le respondió, yo soy la mejor galleta porque soy de Amarillo Limón".

Entonces se presentó la Galleta Roja de Menta e inflándose de orgullo les replicó: "Mírenme ¡qué linda estoy ! " Los niños pensarán que ¡SOY LA MÁS BONITA!

"NO, ellos dirán que YO SOY LA MÁS RICA" gritó la Galleta Blanca, dándole a la Galleta Roja de Menta tal golpe en el pecho que todos sus botones de caramelo cayeron rodando por el suelo.

"Qué mala eres. Ve lo que has hecho. Mis lindos botones de caramelo!" dijo llorando la Galleta Roja de Menta.

Y de este modo, momentos después, se formó tal laberinto entre esta gente de galleta que todas rodaron cayéndose unas encima de otras, malogrando sus lindas cremas.

Pepe, al oír el ruido, fue a la cocina "¿Qué sucede aquí? ¿Qué significa todo esto" les dijo.

La primera que habló fué la Galleta blanca diciendo "¡YO SOY LA MÁS RICA!"

"No, yo soy" gritó la Galleta de Chocolate.

"No, yo soy" gritó la Galleta Roja de Menta.

"No, yo soy, yo soy, yo soy" dijeron todas al mismo tiempo. Nadie podía entender lo que decían.

"Bien, si dejan de hablar, exclamó Pepe, yo les diré cuál es la mejor y tomando un bocado de cada una de ellas comenzó a reir."

"¿De qué te ríes? ¿De qué te ríes?" le preguntaron sorprendidas.

"Me río", contestó Pepe, "porque todas tienen exactamente el mismo sabor. Y ¿saben por qué? Porque están hechas de los mismos ingredientes: harina, mantequilla, azúcar, huevos y leche. Solamente su vestidura de crema es lo que les hace parecer diferentes. Luego se cogió la cabeza, muy afligido, y señalando a la cocinera dijo: "¡Oh, qué lástima! Ella va a tener más trabajo poniéndoles otra vez crema. Y esto no le va a gustar porque está muy ocupada hoy día".

Todas las galletitas de figuras, agachando la cabeza muy avergonzadas, fueron a acostarse quietecitas una al lado de otra sobre la mesa de la cocina.

Al entrar la cocinera y ver el desperdicio de la crema de todas las galletas y lo feas que estaban exclamó: "¿Qué les ha sucedido a mis galletas? "

Pepe le contó que habían peleado tontamente creyéndose unas mejores que otras.

¡Oh, qué malcriada es esta gente de galleta! Y no tengo más crema. ¿Qué haré?" "¡Yo sé lo que haremos!" —dijo Pepe—. Recoger todas las cremas, colocarlas en una taza, mezclarlas bien y después vestir con esta mezcla a toda la gente de galleta".

"¡Oh, qué buena idea! respondió la cocinera y mezcló la crema roja, amarilla, chocolate y blanca. De esto resultó una nueva crema con la que adornaron a la gente de galleta, Pepe, palmoteando, gritó: "Les llamaremos la Familia Arco Iris, porque han resultado todos los colores del Arco Iris".

Por la tarde los amigos de Pepe vinieron a la fiesta. Jugaron varios juegos hasta la hora del té en que se les invitó a sentarse alrededor de mesitas en el jardín.

La cocinera presentó en una fuente grande a la gente de galleta. Todos los niños exclamaron: "¡Miren la Familia Galleta! ¡Qué linda crema! ... todos los colores del Arco Iris! "

Cuando las probaron dijeron ¡UM; UM! ¡Qué ricas están todas! Gracias, gracias, Cocinera!

Pepe pasó un feliz cumpleaños y estuvo muy contento de que a sus amiguitos les gustase tanto las galletas "Familia Arco Iris".

ENTRETENIMIENTO DESPUÉS DEL CUENTO

El niño es un artista de nacimiento. Dele facilidades para que dibuje, pero déjele usar su propia imaginación. No le sugiera cómo dibujar o colorear la "gente de galleta".

## Cantos de la Ciudad Durmiente

El enorme y rojo sol iba ocultándose y la noche amigablemente iba llegando...

"Ven Rosa María ya es hora de subir a nuestra Ciudad Durmiente", dijo la madre.

"¿También es hora de que el Canario Amarillo vaya a su Ciudad Durmiente?" preguntó Rosa María.

"Vamos y veremos", contestó la mamá, y las dos salieron al balcón donde vivía el Canario Amarillo con su madre en una pequeña casa hecha de palitos. La jaulita se movía de un lado a otro con el suave viento de la noche.

"Oh! ¿Oyes cantar a la madre del canario?"
¿Qué está cantando mamá?"
"Escucha y oirás".
"Duerme, pajarito, cierra tus alitas,
Duerme y descansa, mientras mamá canta.
Duerme y descansa, duerme y descansa,
Seguro y calientito en tu nidito".

"¡Ah, sí, ya es hora de que el Canario Amarillo vaya a su Ciudad Durmiente. ¿Es hora de que vaya el pollito también? " volvió a preguntar Rosa María.

"Vamos y veremos", dijo su mamá, y las dos se fueron al jardín a ver la casa de los pollos, donde vivía la Gallina Madre y su pollito.

"Sh, susurró la mamá, ¿oyes? la Gallina Madre está cantando".
"¿Qué está cantando, mamá? "
"Escucha y oirás"
Duerme, mi pollito, cierra tus ojitos,
Las plumas de mamá te abrigarán.
Duerme y descansa, duerme y descansa,
Seguro y calientito en tu nidito".

"¡Ah! sí, ya es hora de que el pollito vaya a su Ciudad Durmiente. ¿Es hora de que duerma también el Conejito Bebé? " agregó Rosa María.

"Vamos y veremos", repitió la mamá.
En el rincón de la casa del pollito había una caja.
"Mira, dijo a Rosa María su mamá. La Coneja Madre y su conejito bebé están ya en su caja".

También le canta la Coneja Madre a su conejito?" quiso saber Rosa María.
"Escucha y oirás", le dijo su mamá.
"Duerme Conejito, dobla tus orejas,
Calma tu miedo, mamá te cuidará.
Duerme y descansa, duerme y descansa
Seguro y calientito en tu nidito".
"Ah!, sí ya es hora de que el Conejito vaya a su ciudad Durmiente. ¿También es hora de que vaya el Gatito, ¿no es cierto mamita?"
"Vamos y veremos, hijita", respondió otra vez la mamá y ambas se fueron hasta el garage donde vivían la Gata Madre y su Gatito. La Familia Gato tenía una cama sobre la paja.
"Escucha el canto de la Gata" dijo a Rosa María su mamá,
"Duerme, mi Gatito, vestido de piel,
Es un ronquido suave el canto de mamá.
Duerme y descansa, duerme y descansa,
Seguro y calientito en tu nidito".
"Ah! Si, ya es hora de que el Gatito vaya a su Ciudad Durmiente.
"Y ahora te toca a ti, Rosa María, ir a tu Ciudad Durmiente", dijo la madre.
"Sí, mamá, ya es hora". Y diciendo esto subieron por las escaleras de la Ciudad Durmiente.
Rosa María se puso una gruesa pijama blanca y saltó a su cama. Luego dió gracias a Dios por los favores del día y abrigándose debajo de su colcha blanca y rosa, dijo: "Este es mi nido".
"Si, tu nidito", cantó su mamá.
"Duérmete Rosa María, y abrígate,
Que ya llegó la noche amiga.
Duerme y descansa,
Duerme y descansa,
Segura y calientita en tu nidito".
Las estrellas iluminaron la apacible noche y Rosa María, el Gatito, el Conejito, el Canario Amarillo y el Pollito pronto se quedaron dormidos en la Ciudad Durmiente.

ENTRETENIMIENTO DESPUÉS DEL CUENTO

Enséñele a su niño canciones de cuna. Si gusta puede usar estas líneas del verso "Duerme y descansa, duerme y descansa. Seguro y calientito en tu nidito", adaptando el verso a alguna música familiar a sus niños. Pero es mejor sugerirle que forme él mismo su propio canto de cuna. Y lo hará muy bien.

# Bibliografía

'Abdu'l-Bahá. *Tablas del Plan Divino*. Editorial Bahá'í de España, 2013.
'Abdu'l-Bahá. *Selección de los Escritos de 'Abdu'l-Bahá*, #202. Editorial Bahá'í de España, 1985
'Abdu'l-Bahá. *La Sabiduría de 'Abdu'l-Bahá*. Editorial Bahá'í de España, 1966.
'Abdu'l-Bahá, Letter to Martha Root, translated by Ali-Kuli Khan in 1920. Disponible en linea: https://bahai-library.com/abdulbaha_martha_root_1920
Amatu'l-Bahá Rúhíyyih Khánum en colaboración con John Ferraby. *The Passing of Shoghi Effendi*. London: Bahá'í Publishing Trust, 1958.
*Bahá'í Administration*. Bahá'í Publishing Trust, Wilmette, IL, 1974 edition.
Bahá'í World Centre. *The Bahá'í World*, Vol. VIII: 1938-1940. Wilmette, Illinois: Bahá'í Publishing Committee, 1942.
Bahá'í World Centre. *The Bahá'í World*, Vol. IX. 1940-1944. Wilmette, Illinois: Bahá'í Publishing Committee, 1945.
Bahá'í World Centre. *The Bahá'í World*, Vol. X: 1944-1946. Wilmette, Illinois: Bahá'í Publishing Committee, 1949.
Bahá'í World Centre. *The Bahá'í World*. Vol. XI 1946-1950. Haifa, Israel: Bahá'í World Centre, 1956.
Bahá'í World Centre. *The Bahá'í World*. Vol. XII: 1950-1954. Wilmette, Illinois: Bahá'í Publishing Committee, 1956
Bahá'í World Centre. *The Bahá'í World*. Vols. XIV 1963-1968. Haifa, Israel: Bahá'í World Centre, 1968.
Bahá'í World Centre. *The Bahá'í World*. Vols. XV 1968-1973. Haifa, Israel: Bahá'í World Centre, 1976.
Bahá'u'lláh. *Las Palabras Ocultas* #52 (Árabe). Editorial Bahá'í de España, 2009
Bahá'u'lláh. *Pasajes de los Escritos de Bahá'u'lláh*. Editorial Bahá'í de España, 2017.
Bahá'u'lláh. *The Kitáb-Aqdas* #88. Editorial Bahá'í de España, 2016.
Cameron, Glenn y Wendi Momen. *A Basic Bahá'í Chronology*. George Ronald, 1996.
Cobb, Stanwood. *Security for a Failing World*. Bahá'í Publishing Trust, 1941.
Dodge, Isabelle. *Early Bahá'í Activity in Perú*. Archivo Nacional Bahá'í del Perú.
Editorial Bahá'í de España. Recopilación de Escritos Bahá'ís sobre la Enseñanza. Terrassa, 1978.
Eugenia Pritchard. *Eve Nicklin*. Archivo Nacional Bahá'í del Perú. (s.f.).
Garris, Mabel R. *Martha Root: Lioness at the Threshold*. Wilmette, Illinois: Bahá'í Publishing Trust, 2000.
Holley, Marion. "May Ellis Maxwell." En *The Bahá'í World*: Vol. VIII (1938–1940). Wilmette: Bahá'í Publishing Trust, págs. 631–642, 1942.
Hornsby, Helen. *Heroes of God, History of the Bahá'í Faith in Ecuador 1940-1979*. Quito, Ecuador: Arqtelier, 1984.
Howard, Jorge. *Libertad Religiosa en America Latina?* Buenos Aires: Imprenta Metodista, 1945.
Lamb, Artemus. *The Beginnings of the Bahá'í Faith in Latin America: Some Remembrances*. West Linn OR 97068: M L VanOrman Enterprises,

Noviembre 1995. Disponible en línea: https://bahai-library.com/lamb_bahai_latin_america/
Lamb, Artemus. *Remembranzas: Los Comienzos de la Fe Bahá'í en América Latina.* Disponible en línea: https://bibliotecabahai.com/index.php/libros/otros-autores/2044-artemus-lamb-remembranzas/file
Loulie A. Matthews. Bahá'í Teaching in Latin America to 1940. En *The Bahá'í Centenary 1844-1944* (págs. 195-197). Wilmette, Illinois, National Spiritual Assembly of the Bahá'ís of the United States and Canada, 1944. Disponible en línea: https://file.bahai.media/7/7a/Centenary-1844-1944.pdf
Mario León. *Carta a un Pionero.* Archivo Nacional Bahá'í del Perú. (s.f.).
Marques, G. *Leonora Armstrong, A Mãe Espiritual da América do Sul e do Brasil.* Brasil: Editora Bahá'í, 2006.
McKay, Doris, en colaboración con Paul Vreeland. *Fires in Many Hearts.* Manotick, ON, Canada: Nine Pines Publications, 1993.
Nicklin, Eve. *Historia de los Albores de la Causa Bahá'í en el Perú.* Archivo Nacional Bahá'í del Perú. (s.f.).
Nicklin, Eve. *Léeme un Cuento.* Lima, Perú: Librería Internacional del Perú, 1945.
Nicklin, Eve. *Libro de Actas de la Asamblea Espiritual de Lima.* Archivo Nacional Bahá'í del Perú. (s.f.).
Nicklin, Eve. *The Crusading Years.* Archivo Nacional Bahá'í del Perú. (s.f.).
Orbinson, Virginia. Bahá'í Youth Day. Archivo Nacional Bahá'í del Perú. (s.f.).
*Pontiac Daily Leader.* Funeral of Mrs. Thomas. Pontiac, Livingston County, Illinois: 23 Agosto 1906.
Reindorp, Reg. *An Autobiography.* Independent publicacion, 1988.
Reis, Fred. *Prelude to History.* Archivo Nacional Bahá'í del Perú. (s.f.).
Root, Martha. *A Bahá'í Pilgrimage to Sudamérica.* Star of the West. Octubre, 1920, Vol. XI.
Root, Martha. *Star of the West,* Vol XI, No. 7, 13 july, 1920, págs. 107- 118 y No. 12, 16 octubre, 1920, págs. 206-216.
Ruhiyyih Rabbani, *La Perla Inapreciable.* Buenos Aires: Editorial Bahá'í Indo-Latinoamericana, 1973.
Shoghi Effendi. *The Bahá'í Faith: 1844-1950: Information Statistical and Comparative.* Wilmette, IL: Bahá'í Publishing Committee, 1950.
Shoghi Effendi. *Citadel of Faith: Messages to America 1947-1957.* Wilmette, Illinois: Bahá'í Publishing Trust, 1980.
Shoghi Effendi. *Dios Pasa.* EBILA, 1977.
Shoghi Effendi. *El Advenimiento de la Justicia Divina.* EBILA, 1972.
Shoghi Effendi. *Messages to America: 1932-1946.* Wilmette, Illinois: Bahá'í Publishing Committee, 1947.
Shoghi Effendi. *Messages to the Bahá'í World: 1950-1957.* Wilmette, Illinois: Bahá'í Publishing Trust, 1971.
Shoghi Effendi. *The Decisive Hour: Messages from Shoghi Effendi to the North American Bahá'ís, 1932–1946.* Wilmette, Illinois: Bahá'í Publishing Trust, 2001 (reprint).
Shoghi Effendi, "The Challenging Requirements of the Present Hour," published in *Citadel of Faith: Messaages to America, 1947-1957*, Bahá'í Publishing Trust, Wilmette, Ill., 1965.

Sims, Barbara. *Traces that remain: A Pictorial History of the Early Days of the Bahá'í Faith among the Japaneses.* Japan: Bahá'í Publishing Trust, 1989.

Stockman, Robert H. "Latin America and the Caribbean". En *The world of the Bahá'í Faith* (Robert Stockman, editor), págs. 557-568. Routledge, Taylor & Francis Group, 2022.

The Universal House of Justice, 1968-1973. *Messages from the Universal House of Justice,* p. 14. Wilmette, Illinois: Bahá'í Publishing Trust, 1976.

The Universal House of Justice. *Messages from the Universal House of Justice 1963-1986: The Third Epoch of the Formative Age.* Wilmette, Illinois: Bahá'í Publishing Trust, 1996. Compiled by Geoffry W. Marks.

The Universal House of Justice. *Wellspring of Guidance: Messages 1963-1968.* Wilmette, Illinois: Bahá'í Publishing Trust, 1970.

The Universal House of Justice. *Wellspring of Guidance: Messages 1968-1973.* Wilmette, Illinois: Bahá'í Publishing Trust, 1976

William, Lee. *Report to the General Board of Health on a preliminary inquiry into the sewerage, drainage and supply of water, and the sanitary condition of the inhabitants of the Parish of Dudley in the county of Worcester.* London, 1852.

Zinky, Kay. *Martha Root, Herald of the Kingdom.* New Delhi, India: Bahá'í Publishing Trust, 1983.

www.ingramcontent.com/pod-product-compliance
Lightning Source LLC
Chambersburg PA
CBHW071957290426
44109CB00018B/2049